Slatco Sterzenbach
Change als Chance

W0180307

SLATCO STERZENBACH

CHANGE ALS CHANCE

VERÄNDERUNG **ERFOLGREICH** GESTALTEN

ARISTON

Bibliografische Information der Deutschen Bibliothek

Die Deutsche Bibliothek verzeichnet diese Publikation
in der Deutschen Nationalbibliografie; detaillierte bibliografische Daten sind
im Internet unter http://dnb.de abrufbar.

Penguin Random House Verlagsgruppe FSC® N001967

4. Auflage
© 2016 Ariston Verlag in der Penguin Random House Verlagsgruppe GmbH,
Neumarkter Straße 28, 81673 München
Alle Rechte vorbehalten

Umschlaggestaltung: Hauptmann und Kompanie Werbeagentur, Zürich
unter Verwendung eines Motivs und nach einer Idee von Roman Kuhn
Satz: Satzwerk Huber, Germering
Druck und Bindung: CPI Books, Leck
Printed in Germany

ISBN: 978-3-424-20165-9

*Glücklich leben ... wollen alle; doch wenn es darum geht,
zu verstehen, was zu einem glücklichen Leben führt, sind
sie blind ... Daher müssen wir uns zunächst das Ziel vor
Augen halten, das wir anstreben. Dann müssen wir schau-
en, wie wir am schnellsten dorthin gelangen können.*

Lucius Annaeus Seneca d.J. (4 v. Chr.–65 n. Chr.),
römischer Philosoph und Dichter

Inhalt

Lebe deinen Traum 13

Bevor es losgeht 15

Slatco der Rebell – wie ich wurde was ich bin 20

Dem Mutigen gehört die Zukunft 24

I   Die Chancen erkennen oder Veränderungen sind immer
und überall möglich 27

Die Bremse im Kopf lösen 28

Veränderung geschieht schnell 33

Veränderung ist die Essenz des Lebens 37

Die Wahrheit findest du im Kleinen 40

Du zuerst 42

Wie oft bist du verrückt? 45

Vergiss die überholten Glaubenssätze 48

Warum nicht jetzt? 50

Übernimm Verantwortung für dich 52

Null zu eins 54

II Change your Mindset oder Die Macht des Unbewussten
bestimmt unser Handeln 59

Die Wirkungskette Denken, Sprechen, Fühlen 60

Die Wahrheit liegt in der Wortwahl 61

Der erste Platzhalter »eigentlich« 63

Das Stress erzeugende »muss« und
der »innere Schweinehund« 63

7

Der zweite Platzhalter »man«.................... 66

Du sendest die Botschaft....................... 67

Das leere Versprechen »versuchen«............... 68

Der Bullshit-Buzzer............................ 69

Leerwörter der Verzagten....................... 70

Die selbstbestätigende Wirklichkeitsschleife........... 72

Das Unterbewusstsein steuert das Bewusstsein......... 77

Meta-Programme, die uns unbewusst steuern......... 80

Sinnesvorlieben prägen unsere Persönlichkeit....... 81

Visuell, kinästhetisch und auditiv Arbeitende....... 82

Die Qual oder die Lust der Wahl................. 84

Von weg oder hin zu?......................... 86

Bist du ein Global- oder ein Detail-Sortierer?....... 88

IT-Programmierer oder Verkäufer?............... 89

»Ja, aber ...« der Gegenbeispiel-Sortierer........... 91

»Echt jetzt ... ?« – der Gleichbeispiel-Sortierer....... 93

Bist du internal oder external orientiert?........... 94

Bist du prozedural oder ergebnisorientiert?......... 96

Warten auf Godot oder *James Bond?*.............. 97

Informationen wirken! Immer !.................... 100

Manipulation durch Priming.................... 102

Stimmungen beeinflussen die Intelligenz.......... 104

Wie die Verankerungstechnik wirkt............... 105

Die begründete Bitte......................... 106

Teuer ist gleich gut.......................... 106

Wechselseitiges Verhalten..................... 106

Eine Informationsdiät wirkt Wunder.............. 107

Wahr-nehmen, was ist......................... 110

Die Karte ist nicht die Landschaft................ 111

It is what it is.............................. 112

Der alltägliche Trancezustand................... 114

Die Realität ist ein Mythos.................... 115

Das doppelschneidige Schwert der Bewertung......... 117

Das Ergebnis sehen, statt den Prozess beobachten 123
   Die Walt-Disney-Methode 125
Was ist Erfolg? 128
Erster Erfolgsfaktor – Vision entwerfen 134
   Nur große Visionen sind kraftvoll 137
   Visionen und Respekt 139
   Dunkle Visionen vertreiben 139
   Visionboard entwerfen 141
   Visionen und die Lust am Abenteuer 142
   Schreibe deine Löffelliste 143
Zweiter Erfolgsfaktor – Fokussieren 144
   Mentaltraining bewirkt wahre Wunder 145
   Absichtsvolles Denken 147
   Die Ambivalenz von Zielen 149
   Loslassen vor Erreichen 152
   Mein Tipp für dich: vier Ziele pro Jahr 153
   Bringe den tanzenden Geist zur Ruhe 155
   Spitz wirkt besser als stumpf 158
Dritter Erfolgsfaktor –
Hindernisse strategisch ausräumen 161
   Krise oder Sinn-Phase? 168
   Reframing ist wirksam 169
   Es wird nur noch besser 171
   Love it, leave it or change it 172
   Modelling of Excellence – Nachmachen 173
   Italiener für mehr Zeit im Leben 175
   Das WAND-Prinzip für die Selbstmotivation 177
   Weg, weg und noch mal weg 181
   Die Tomaten-Methode für ein perfektes
   Selbstmanagement 185
   Das GTD-Prinzip 185
Vierter Erfolgsfaktor – Trainieren und Rituale nutzen . . . 187
   Die Stunde der Kraft – Morgenritual 189

Bewegung als Erfolgsritual 190
Training, Training und noch mal Training 191
Sokrates, der Geher 193
Gesundheit als Basis für dein Erfolgstraining 194
Kalorien garantiert, Bewegung vielleicht. 195
1,19 Prozent mit 100 Prozent ROI 197
Homo Fahrstuhlensis. 199
Training anstelle Bewegung 200
Schnellkurs in Sachen Fitness 200
Vorsicht Trainingsfalle! 202
Bewegung, Epigenetik und Gesundheit 204
Warum Diäten nicht funktionieren 206
Fast Food statt *Fertig*food 207
Gesund, leicht und lecker – schnell 207
Smoothies und Powerfood. 208
Lebens-Mittel anstelle Tot-Mittel. 209
Low Carb anstelle Carboloading 210
15 – 30 – 55 Prozent für die Gesundheit? 210
Insulin »produziert« Fett 213
Die Bausteine unseres Körpers. 213
Fünfter Erfolgsfaktor – Glaubenssätze ändern 216
Die wirksamste Diät ist keine Diät. 220
Fünf Prozent Bewusstsein 221
Paradigmenwechsel gefällig? 223
Erfolgsbarrieren oder Der Vorstadt-Gleichwahn 225
Vernunft und Realismus 226
Ratschläge sind auch Schläge 227
Blut muss fließen. 227
Der Ernst des Lebens 232
Sei ein Gefühlsdetektiv 233
Alles ist Glaube. 233
Eine kleine Glaubensreise 235

III Change your life oder Die zwölf Bereiche unseres Lebens
und ihre bewusste Gestaltung 241

Das Lebensrad 242
100 Prozent Verantwortung. 242
Der erste Schritt 243
Fragen, die dich unterstützen 245
Und, wie ist es? 248
Wahnsinniger Gott oder liebendes Universum? 249
Erfolgsplan für die physische Dimension 252
Gesundheit – Fitness – Entspannung 252
Erfolgsplan für die mentale Dimension 257
Sinn - Geist - Beruf. 257
Erfolgsplan für die emotionale Dimension 262
Partner – Freunde – Familie 262
Erfolgsplan für die materielle Dimension 267
Wohltätigkeit – Konsum – Freizeit 267
Essenz 272

Danksagung 275
Literatur 279

Lebe deinen Traum

Es ist eins, dass sich das ganze Universum für uns einsetzt,
damit unsere Träume verwirklicht werden,
etwas ganz anderes ist es,
sich vollkommen unnötigen Herausforderungen zu stellen.

Paulo Coelho,
brasilianischer Schriftsteller (*1947)

Schummriges Licht. Vor mir das Bett. Aufgedeckt. Wir sind allein. Es ist ruhig. Nur dieses leise Stöhnen und schwere Atmen sind zu hören. Sie liegt nackt vor mir. Mit meinen Händen gebe ich unsicher mein Bestes. Will ihr nicht wehtun. Ich bin 18 Jahre alt und habe so etwas noch nie gemacht. Seit einer halben Stunde versuche ich es, teils zweifelnd, teils überzeugt. Denn es ist das erste Mal. Sie windet sich, atmet schwer und schwitzt. Dann verlässt mich mein Mut. Ich stürze aus dem Zimmer und will am liebsten um Hilfe rufen. Doch was soll ich nachts um 3 Uhr schon von anderen an Hilfe erwarten? Also gehe ich wieder zurück zu ihr.

Da liegt sie. Regungslos. Der schwere Atem ist nicht mehr zu hören. Sie ist tot.

Das habe ich als junger Krankenpfleger im Auguste-Viktoria-Klinikum in Berlin erlebt. Meine Aufgabe war, eine über Achtzigjährige zu waschen, in der Abteilung für Innere Medizin. Sie lag im Sterben und hatte die sogenannte Schnappatmung. Das wusste ich damals nicht. Ich wusste nur: Ich war der letzte Mensch, der kurz vor ihrem Tod noch bei ihr war. Ein ihr Unbekannter, der sie wusch. Es war meine erste Begegnung mit dem Tod.

Was ich damals auf dieser und auf anderen Stationen, etwa in der Abteilung für chronisch Kranke, immer wieder hörte, war folgender Satz: »Ach, wenn ich noch mal jung wäre, würde ich einiges anders machen.« Die Menschen resümierten am Ende ihres Lebens, dass sie Chancen, die ihnen Tag für Tag gegeben waren, nicht wahrgenommen hatten. Sie bereuten es, eine andere, eine neue oder einfach eine bessere Entscheidung *nicht* getroffen zu haben. Viele Menschen leben ihre Träume nicht und fürchten sich vor notwendigen Veränderungen. Andere fragen sich, warum sie etwas Neues ausprobieren sollten, obwohl sie nicht glücklich sind.

So viele Menschen warten auf das Später. Wenn sie im Kindergarten sind, würden sie alles dafür geben, endlich in der Schule zu sein. Wenn sie dann in der Schule sind, würden sie alles dafür geben, endlich die Schule abzuschließen, um eine Ausbildung zu machen oder zu studieren. Sobald sie studieren, würden sie alles dafür geben, endlich einen richtigen Job zu haben und Geld zu verdienen. Haben sie dann den ersten Job, würden sie alles dafür geben, mehr Geld zu verdienen, um ein Haus zu kaufen. Und wenn sie dann in der Mühle des Jobs gefangen sind, würden sie alles dafür geben, endlich in Rente zu gehen. Als Rentner stellen sie schließlich fest, dass sie immer alles gegeben, aber nie gelebt haben. Genau das waren meine prägenden Erfahrungen im Krankenhaus.

Wie kam es dazu, dass ich Krankenpfleger werden wollte und mittlerweile »einer der gefragtesten Motivationstrainer Deutschlands« bin (*Süddeutsche Zeitung*)? Wie wurde aus einem unsportlichen Jungen ein durchtrainierter Extremsportler mit einem Ruhepuls von nur 28 Schlägen pro Minute in der Nacht? Wie verlief mein Weg und was waren die geheimen Mechanismen für diese Veränderung? Sicherlich hast du eigene Vorstellungen, wo du hin möchtest und was du verändern möchtest in deinem Leben. Der Inhalt ist dabei erst einmal unwichtig. Es geht vor allem um die Struktur der Veränderung. Ich lade dich zu einer vergnüglichen Reise der Veränderung ein und werde dich dabei begleiten.

Bevor es losgeht

Die Veränderung ist für uns ein Segen

William Shakespeare (1564–1616),
englischer Dramatiker

Dieses Buch verändert dich. Dieses Buch verändert dein Leben.
Willst du das wirklich?
Dein Bekannten- und Freundeskreis wird sich eventuell verändern.
Dein Job und/oder deine Beziehung werden sich vielleicht verändern. Dein Körper und dein materieller Wohlstand werden sich verändern.
Übrigens: Das wird so oder so der Fall sein. Die Frage ist nur: Wirst du in Zukunft die Richtung der Veränderung bewusst bestimmen? Wirst du hinter dem Steuer sitzen? Oder werden es wieder einmal die anderen sein, der Kollege, der Chef, der Nachbar, der Freund ... und du sitzt hinten und schaust nur zu?
Die Veränderung im Außen beginnt immer bei uns selbst. Also bei dir! Und es ist eine Chance, wenn du dich weiterentwickelst, dich veränderst und Gewohntes hinterfragst. Egal, ob für dich selbst, in deinem Job oder in den Beziehungen zu Menschen, die dir wichtig sind. Das Schöne ist, du wirst merken, mit wie vielen Dingen du im Leben wirklich zufrieden sein kannst. Ja, ich verwende dieses aus der Mode gekommene Wort. Zufrieden zu sein hört sich ja fast schon so an wie: »Ich habe eine ansteckende Krankheit.« Die große Unbekannte bist du. Ich kenne dich nicht. Ich weiß nicht, in welchem Abschnitt deines Lebens du dich gerade befindest. Darf ich Vermutungen anstellen?
Erstens: Du bist mit deinem Leben irgendwie unzufrieden, weißt nur nicht warum. Irgendwas läuft nicht so, wie du dir es vorgestellt

hast, obwohl du alles hast, was »man« zum Leben und zum Glücklichsein angeblich benötigt. Und du fragst dich: Wer zur Hölle ist Slatco Sterzenbach, und warum sollte *der* ausgerechnet *mir* sagen können, wie mein Leben besser wird?

Zweitens: Du bist selbst ein Coach und suchst nach neuen Ansätzen, die deine Arbeit noch wirksamer und interessanter machen, weil du gehört hast, dass es der Slatco »echt draufhat«, Menschen in kürzester Zeit zu verändern.

Drittens: Du warst in einem meiner Vorträge oder Seminare und hattest das Gefühl, dass das, was ich erzähle, Substanz hat und dass ich nicht nur theoretisch über Dinge rede, sondern sie selbst erlebt habe und lebe. Dass ich dir sozusagen Tipps aus der Praxis gebe.

Viertens: Du bist mal wieder in der Buchhandlung herumgestreunt, und das Cover meines Buches hat dich angesprochen. Der Titel des Buches hat etwas in dir wachgerufen.

Nichts davon? Dann schreibe mir, warum du dieses Buch gekauft hast und was du dir davon erhoffst, und natürlich auch, was das Buch mit dir gemacht hat. Ich brenne vor Neugierde!

Hier ist meine E-Mail-Adresse: office@change-als-chance.com

Und noch eine Warnung vorweg:

Es ist nicht mein Job, dir zu schmeicheln oder nett zu dir zu sein. Im Gegenteil. Mein Job ist es, dich zu ärgern und dich zu piksen. Natürlich liebevoll. Denn da, wo der Ärger ist, liegen oft die Wahrheit und das Potenzial in unserer Veränderung. Doch dazu später mehr. Wenn du dich über manche Passagen in diesem Buch ärgerst, dann ist das mein persönliches Geschenk an dich. Denn dann darfst du genauer hinschauen, warum du dich ärgerst. Meiner Erkenntnis nach ärgern wir uns im Wesentlichen über vier Dinge:

> Wenn jemand etwas tut, was wir uns selbst nicht erlauben.
> Wenn jemand sich so verhält, wie wir es bei uns selbst nicht mögen.

> Wenn jemand etwas tut, das unseren Werten zuwiderläuft.
> Wenn jemand etwas tut, das unsere Freiheit verletzt oder uns einschränkt.

Natürlich wirst du in diesem Buch nichts finden, was die beiden letzten Punkte betrifft. Denn ich werde deine Werte achten und deine Freiheit nicht verletzen.

Und noch etwas ... Vielleicht fragst du dich, warum ich dich so selbstverständlich duze?!

Würde ich dich mit »Sie« ansprechen, würdest du dich bei unbequemen Fragen womöglich nicht angesprochen fühlen; du würdest, ohne dass es dir bewusst wäre, innerlich ausweichen. Denn das »Sie« ist doppeldeutig: Zum einen ist es die Höflichkeitsanrede im Singular, zum anderen die Anrede im Plural. Du könntest also denken: Er meint die anderen, nicht mich. Und es gibt noch einen zweiten Grund für das »du«: Dies ist ein sehr persönliches Buch. Es geht um dich. Es geht um deine Veränderung. Es geht um dich als Führungskraft. Als Selbst-Führungskraft und auch als Führungskraft für dein Team, ganz gleich, ob es deine Kollegen im Büro oder auch deine Familie ist.

Mein Ziel ist es, dein Wegbegleiter auf deinem Weg zu mehr Erfolg, Erfüllung und Erwachen zu sein. Dass ich dieses Buch schreibe, heißt nicht, dass ich nicht die gleichen Hindernisse und täglichen Herausforderungen habe, denen du dich stellen darfst. Auch ich bin nur ein Übender. Und manchmal ist es hart, die Begrenzungen, die wir alle haben und die Erfolg und Erfüllung verhindern, zu erkennen. Das kann wehtun. Das ist genau der Grund, warum wir uns so vor Veränderungen fürchten.

Wir haben Angst davor, uns zu verändern, den gewohnten Bereich zu verlassen, ins Ungewisse aufzubrechen. Weil wir nicht wissen, was uns erwartet. Doch wenn ich eines nach 49 Jahren Lebenserfahrung sagen kann, ist es das: Egal, was kommt, es wird immer nur noch besser! Überprüfe das für dich selbst: Würdest du noch einmal eine deiner früheren Beziehungen führen wollen? Ist die aktuelle nicht besser, bewusster und erfüllter als die letzte? Ist dein Job, den du jetzt ausübst, nicht ein wenig besser als der vorherige? Verdienst du nicht jetzt mehr Geld als zuvor? Natürlich gab es da diese Phasen, die schmerzten, dich beutelten, in denen du dich am liebsten leidend in die Ecke verzogen hättest. Doch wie sagte Arnold Schwarzenegger einmal so schön: »Der Schmerz ist gut. Der Umgang mit der Schmerzzone unterscheidet den Champion vom Nicht-Champion. Ich mag den Schmerz, der mich zum Champion macht.«

Wenn du Sport treibst, kennst du dieses Gefühl. Das Training ist manchmal mörderisch, und du fragst dich, warum mache ich das hier? Aber das Gefühl nach der Anstrengung – körperlich und mental – ist einfach wunderbar. Und genau so wird es mit diesem Buch sein. Es wird Passagen geben, bei denen es dir zunächst unbehaglich wird. Doch wenn du sie aufgenommen und reflektiert hast, kommt das umso größere Wohlbehagen. Denn ich werde Klartext sprechen. Du wirst einen Erkenntnisgewinn haben, und danach wird es einfach nur noch besser. Versprochen!

> Im ersten Teil werde ich mit dir darüber sprechen, was ich mit Veränderung meine und warum du dich bisher damit so schwergetan hast. Nach der Lektüre dieses Buches wird es dir leichtfallen, dich zu verändern. Du wirst ein Bewusstsein dafür bekommen, welche Veränderungen du dir wünschst, welche dein Leben bereichern können. Ich werde dich dazu einladen, dich auf diese Veränderungen zu freuen. Auf dem Weg dahin begleite ich dich.

> Im zweiten Teil werde ich dir die unbewusste Macht vorstellen, die dein Handeln leitet. Es geht um den irrsinnigen Glauben, wir hätten unser Leben größtenteils bewusst unter Kontrolle. Und es geht darum, wie wir mit dieser Erkenntnis, dass es keinesfalls so ist, umgehen. Du wirst die fünf Erfolgsfaktoren ken-

nenlernen, die eine Voraussetzung für gewünschte Veränderungen sind.

> Im dritten Teil lernst du die zwölf Bereiche des Lebens kennen. Du prüfst, wie zufrieden du in diesen einzelnen Bereichen bist und was du konkret tun kannst, das heißt verändern wirst, um in allen Bereichen erfüllt zu sein.

Wir unternehmen eine aufregende Reise zum Ich, eine Reise, die du mit allen Sinnen bewusst erlebst. Du selbst bist der Kapitän und steuerst dein Schiff. Es wird stürmisch, und ab und zu peitscht der Regen aufs Deck. Doch immer wieder wird sich die Sonne durchsetzen und dich für dein Durchhaltevermögen belohnen. Vergiss frühere Reisen, deren Ziel du nicht kanntest, die du als Passagier im Trockenen, aber unbewusst und machtlos erlebt hast.

Health & Peace
Dein Slatco Sterzenbach

Übrigens: Ich verzichte der besseren Lesbarkeit halber auf die Weiblichkeitsformen bei Substantiven, Frauen sind selbstverständlich stets mitgemeint.

Slatco der Rebell –
wie ich wurde was ich bin

Beug nicht den Nacken
Dem Joch des Glücks, dein unverzagter Mut
Muss über jeden Unfall triumphieren

William Shakespeare (1564–1616),
englischer Schriftsteller

In der Schule legte ich mich mit den Lehrern an. Ich protestierte, wenn sie Mitschüler benachteiligten – nicht immer zugunsten meiner Noten. Doch das war mir egal. Später, als ich eine Ausbildung zum Krankenpfleger machte, legte ich mich mit der Oberschwester, der Stationsschwester, ja sogar mit dem Chefarzt an. Ich konnte es nicht ertragen, wenn sie ältere Patienten lieblos behandelten. In der Personal-Hierarchie war mein Platz knapp über dem einer Reinigungskraft. Ich wusste genau, dass ich mit meiner Unfähigkeit, mich unterzuordnen, eine Karriere bis hin zum Chefarzt gefährden würde. Und so kam es, dass ich mit zwanzig meinen ersten Berufswunsch, Arzt zu werden, aufgab. Dabei spielte aber noch eine andere Überlegung mit: Ich rechnete mir aus, dass ich mindestens 13 Jahre brauchen würde, um alles richtig zu machen, mich mit denen da oben gut zu stellen und dann irgendwann endlich selbstverantwortlich handeln könnte – als Chefarzt oder in eigener Praxis. Und das war mir zu viel Lebenszeit, denn ich hatte als Krankenpfleger schnell erkannt, dass Zeit neben Gesundheit das höchste Gut in unserem Leben ist. Also zog ich den Schluss, präventiv wirksam zu werden, und begann ein Lehramtsstudium an der FU Berlin mit den Fächern Sport und Germanistik. Ich stellte mir gern vor, wie ich Schüler inspirieren würde.

Nach fünf Jahren, in denen ich mich selbst finanzierte, um unabhängig zu sein, wurde mir während eines Praktikums im letzten Semester klar: Lehrer will ich auch nicht werden! Konsequent brach ich das Studium ab. Das Lehrerzimmer war doch nicht der Ort meines Wirkens: Dort war zu wenig Motivation spürbar. Da gab es zu viele Menschen, die mit dreißig schon tot waren, es aber erst mit über siebzig wahrnehmen sollten. Zumindest war es an dieser Schule so. Es mag andere geben, die ich nicht kennenlernen durfte. Die Kinder dagegen liebte ich, lebendig und neugierig, wie sie waren.

Und so fing ich wieder etwas Neues an: Diplomsportwissenschaften für Prävention und Rehabilitation. Nun hatte ich gefunden, was mir lag. Die Suche hatte sich gelohnt. Nebenbei betrieb ich Networking, wie wir heute auf Neudeutsch sagen. Ich arbeitete im Fitnessstudio als Trainer und sammelte mit dem Andreas-Bredenkamp-Konzept erste Erfahrungen, die mir später als Dozent bei Seminaren helfen sollten. Nach diesem Konzept wies ich zwölf Mitglieder in zwölf Zeitstunden auf einmal ein, statt je eine Einzelstunde Einweisung ins Training zu geben. Wie aus Bewegung ein effizientes Training wird, war mein Thema.

1997 war es dann so weit: Als Gast auf der FIBO, der Fitness- und Bodybuilding-Messe in Essen, zu der ich für einen Wettkampf eingeladen war, lernte ich das SPINNING®-Konzept und Johnny G. kennen. Vom ersten Augenblick an war ich fasziniert. Da fuhr ein Mann mit freiem Oberkörper auf einem genialen »Ergometer«, trank durch die Nase, sprang vom Bike, fiel in den Spagat und verkündete so etwas wie »Everybody is special« oder »Find the champion within« oder »Energy flows, where attention goes«. Der SPINNING®-Virus hatte mich mit jungen dreißig Jahren gepackt.

Ein Jahr später war ich einer der ersten acht Ausbilder, die nach diesem einmaligen Konzept arbeiteten, und in den darauffolgenden Jahren sollte ich weltweit von den USA über Europa bis nach Japan über 6.000 Trainer aus- und weiterbilden. Konsequent ging ich meinen Weg und hinterfragte – wie immer – das, was ich vorfand. Es war jedenfalls anders als das, was ich mir vorstellte. Also entwickelte ich meinen eigenen Stil, kombinierte SPINNING® mit Mentaltraining. Und viele Trainer wollten dann nur noch bei mir die Ausbildung machen, weil sie von dieser bis dahin einzigartigen Art und Weise des Trainings gehört hatten.

Viele Kollegen bezeichneten mich nun als Spinning-Guru. Noch heute, fast zwanzig Jahre später, sprechen mich Trainerkollegen mit leuchtenden Augen auf die einzigartigen SPINNING®-Stunden an, die sie nach der neuen Methode verbrachten.

Ein paar Jahre später machte ich mich von der Firma SCHWINN, der das SPINNING®-Konzept gehörte, unabhängig und gründete meine eigene Firma. Ich organisierte neue, andersartige Trainingscamps: Ich ließ die SPINNING®-Bikes mitten in eine schöne Landschaft stellen. Die Teilnehmer genossen die freie Natur, die frische Luft und den Ausblick.

Es war eine logische Folge meines Werdegangs, dass ich bald auch Führungskräfte einzeln trainierte, und so wurde ich 2001 von einem der größten Ausbildungsverbände in der Fitnessbranche zum Ausbilder für Personal Trainer engagiert. Auch nun veränderte ich methodisch das, was bis dahin üblich war in diesem Metier, weil ich mehr erreichen wollte. Und der Erfolg bestätigte mich.

In dieser Zeit wurde ich immer häufiger darum gebeten, Workshops, Seminare und Vorträge in Firmen zu machen und zu halten. Also entwickelte ich in den folgenden Jahren in Seminaren und Vorträgen das Thema »der perfekte Tag« mit den Bestandteilen Motivation, Bewegung, Ernährung, Mentaltraining und Entspannung immer weiter fort. Und während dieser Lehrtätigkeit hörte ich nie auf, meinen Körper zu trainieren. Als Triathlon-Teilnehmer war ich genauso eigenwillig wie im Job: Während die meisten Sportler zwischen 15 und 20 Stunden pro Woche trainierten, investierte ich nie mehr als 10 Stunden für die IRONMAN®-Vorbereitung – und lief trotzdem so schnell wie die anderen. Ich hinterfragte wie immer die gängigen Methoden, probierte aus, testete und entwickelte meine eigenen. Natürlich gab es eine Wechselwirkung zwischen meinem Training für den IRONMAN® und meinem Job: Seit 2014 halte ich Vorträge zum Thema *Change*, Veränderung, mit dem Claim IRON.MIND®- Mental Transformer. Was mentale Transformation, die Wandlung des Denkens, der eigenen Einstellungen und Werte, bedeutet und wie tief greifend sie ist, habe ich während meiner beruflichen und persönlichen Entwicklung erlebt: 2013 war für mich ein Jahr, in dem ich bei mir »aufräumte«. Mir war bewusst geworden, was mir wirklich wichtig ist. Ich verkaufte fast alles, was ich besaß, und zog mit elf Kisten, meinem Rennrad und meinem Auto nach Mallorca. Diese Veränderung ging schnell und war leicht – eine wertvolle Lebenserfahrung. Gern gebe ich dir die Essenz davon in diesem Buch weiter. Du wirst selbst, inspiriert von dem, was ich dir erzähle, den Prozess deiner Wandlung einleiten und die Geheimnisse eines erfüllten, energiereichen Lebens erfahren. Werde zum Rebell deines eigenen Lebens!

Dem Mutigen gehört die Zukunft

Die Zukunft hat viele Namen.
Für die Schwachen ist sie das Unerreichbare.
Für die Furchtsamen ist sie das Unbekannte.
Für die Mutigen ist sie die Chance.

Victor Hugo (1802–1885), französischer Schriftsteller

Du fragst dich sicherlich, ob dieses Buch dein Leben so verändern wird, wie du es dir wünschst. Und vielleicht denkst du auch, dass Veränderung immer nur unangenehm ist und keine Chance bedeutet, dass die Welt voller Probleme und negativer Umstände ist. Hier findest du die häufigsten Gründe, warum Menschen sich vor Veränderung fürchten und warum Veränderung deswegen genau das Beste ist, was du in dein Leben holen möchtest. Du hattest bisher Angst, dass dich andere dann nicht mehr mögen.

»Wenn dich alle mögen, dann hast du etwas falsch gemacht«, ist ein Spruch, den ich gerne zusammen mit dem Bild von einem Tiger in meinen Vorträgen zeige. Viele Menschen leben, um anderen Menschen zu gefallen, die sie nicht einmal kennen, geschweige denn mögen. Sie kaufen Dinge, die sie nicht brauchen, und zwar mit Geld, das sie nicht haben, um die Nachbarn zu beeindrucken. Die aber interessiert das überhaupt nicht. Eines ist sicher: Es wird immer Menschen geben, die dich *nicht* mögen. Wenn wir vorsichtig geschätzt davon ausgehen, dass vielleicht nur ein Prozent der Bevölkerung dich mögen wird, kannst du allein in Deutschland noch knapp 800.000 Menschen kennenlernen, die dich mögen. Warum also investierst du deine Energie in die anderen 99 Prozent? Warum gehst du nicht auf die Suche nach den Menschen, die dich so mögen, wie du bist?

Was ich gelernt habe: Je mehr ich so bin und das tue, was ich wirklich mag, desto besser und ehrlicher sind meine Freundschaften und umso mehr Flow habe ich mit Menschen, die in meiner Nähe sind. Die anderen verabschieden sich wie von ganz allein. Die Frage, die sich dir also stellt, ist: Wie lange möchtest du noch mit Menschen deine Zeit verbringen, die dich so lieben, wie du NICHT wirklich bist.

Eine Rolle zu spielen kostet viel Energie, und das führt dich irgendwann ins Burn-Out, löst einen Herzinfarkt aus oder vielleicht sogar eine Krebserkrankung. Die Krankenhäuser und die Praxen von Psychiatern sind voll von solchen Menschen.

Viel spannender wird die Frage sein: Welche wunderbaren Menschen wirst du neu in dein Leben ziehen, die dich positiv aufbauen und unterstützen auf deinem neuen Weg? Was hindert dich?

> Du hattest bisher Angst, dass du eine Entscheidung im Nachhinein bereust.
> Du hattest bisher Angst, dass etwas teuer wird und zu viel Geld kostet.
> Du hattest bisher Angst, allein zu sein, wenn du dich von deinem Partner trennst.
> Du hattest bisher Angst, deinen Job zu verlieren.
> Du hattest bisher Angst, deine Sicherheit zu verlieren.
> Du hattest bisher Angst, dass du unter der Brücke landest, wo es natürlich kalt ist.
> Du hattest bisher Angst, dass du dann mehr arbeiten musst.

Der Philosoph Seneca hat einmal gesagt, wenn du alle Sorgen loswerden willst, dann stelle dir einfach vor, dass all das, wovor du Angst hast, eintrifft. Und dann prüfe, ob deine Angst wirklich begründet ist. Denn du wirst feststellen, dass das, wovor du Angst hast, entweder unwichtig ist oder nicht lange andauert. Der »Geist wird matt« und hat keine Energie mehr, wenn du mit Angst durchs Leben gehst.

I
Die Chancen erkennen

oder Veränderungen sind immer
und überall möglich

Die Bremse im Kopf lösen

*Es ist merkwürdig, wie geistige Güter von den Menschen
so vollkommen anders gewertet werden als materielle.*

Franz Marc (1880–1916), dt. Maler

Es war ein wunderschöner Sommertag, und auf meinem Trainingsplan standen 100 Kilometer Radfahren in Wettkampfgeschwindigkeit, also 36 km/h, um mich für den nahenden IRONMAN®-Wettkampf in Klagenfurt vorzubereiten. Alles lief wie geplant, nur dass sich an diesem Tag meine Beine eigenwillig schwer anfühlten und auch der Puls circa 15 Schläge höher war als sonst.

Als ich dann nach guten zwei Stunden und 46 Minuten, also genau nach der Zielvorgabe, zu Hause ankam, brachte ich das Bike in den Trainingskeller. Und als ich das Rad in die Halterung abstellen wollte, bemerkte ich, dass die Hinterradbremse die ganze Tour über an der Felge geschleift hatte. Das war der Grund, warum der Puls erhöht und die Beine so schwer waren.

Diese Geschichte zeigt, welche Kraft begrenzende, limitierende Glaubenssätze auf unsere Leistung haben können. Auch wenn wir bewusst etwas wollen, ist es manchmal schwer zu erreichen, und oft boykottieren wir uns, bevor wir überhaupt anfangen. Wir können bewusst Gas geben und uns alles abverlangen. Wenn wir unbewusste Glaubenssätze haben, die dem Ziel entgegenwirken, wird es schwer, es zu erreichen. Wenn wir positiv denken, schaffen wir mehr, als wir ahnen. Die schleifende Bremse zeigt es.

»Du musst hart arbeiten, um erfolgreich zu sein«, ist ein Spruch, der negative Glaubenssätze fördern kann. Wir akzeptieren, dass es schwerfällt, statt genau hinzuschauen. So, wie ich mein Hinterrad vorher hätte untersuchen können, so kannst du auch in den Bereichen, wo etwas »schwer« läuft, genauer hinschauen. Nur durch bewusste Reflexion, durch das Beobachten der Gedanken und durch die Wahrnehmung unserer Gefühle lässt sich diese Schwere überwinden. Wenn sich etwas schwer anfühlt, hat das nicht nur mit der Sache als solcher zu tun. Es gibt einen sehr engen Zusammenhang zwischen Gedanken und Emotionen. Und wenn wir unser Leben verändern wollen, dürfen wir lernen, unsere Emotionen bewusst wahrzunehmen und genau hinzuschauen beziehungsweise zu überlegen, welche Gedanken wir hatten, als unsere Emotionen entstanden sind.

Die ältesten Fundstücke des modernen *homo sapiens* stammen aus Afrika und sind etwa 160.000 bis 195.000 Jahre alt. Die Sprechfähigkeit setzte möglicherweise schon vor 1,5 Millionen Jahren beim *homo erectus* ein, vielleicht aber auch erst beim *homo sapiens.* Belegbare Hinweise gibt es nicht. Der heutige moderne Mensch, also *homo sapiens,* existiert also im Verhältnis zum Entwicklungsbeginn der Lebewesen, vor 4000 Millionen Jahren in der Erd-Urzeit, erst seit verschwindend kurzer Zeit.

Der Mensch ist also ein sehr junges Produkt der Evolution, welches immer noch tierischen Mustern folgt. Wir folgen uralten Trieben, auch wenn wir das als moderne Menschen nicht gern hören und es an unserem Ego kratzt. Der Psychologe Hans-Georg Häusel beschreibt dieses Verhalten in seinem Buch *Limbic Success!* im sogenannten Instruktionsmodell. Das limbische Areal in unserem Gehirn, das für Emotionen zuständig ist, instruiert uns zu folgendem Verhalten:

1. **Die Balance-Instruktion** ➡
   Emotional Festigkeit und Sicherheit erhalten, das Alte bewahren. Ein Gleichgewicht anstreben. Jede Veränderung als Bedrohung abwehren, Störungen und Überraschungen vermeiden. Energie nicht unnötig einsetzen.

Wir neigen alle stark zu innerer und äußerer Stabilität, wobei dieses Streben unterschiedlich ausgeprägt ist. Häusel spricht daher von limbischen Typen.

2. Die Dominanz-Instruktion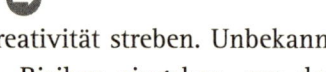
Das Überleben sichern, gegebenenfalls mit Kampf, sich sexuell durchzusetzen, um die Fortpflanzung sicherzustellen. Nach Macht streben, Status zeigen, die Konkurrenz ausstechen, die Autonomie bewahren.

Du bemerkst, wie stark unser Leben in Wirtschaft und Politik von der Dominanz-Instruktion bestimmt ist. Hier wird auch das Unmenschliche des Menschseins deutlich. Es geht ums nackte Überleben. Aber: Das Streben nach Dominanz ist sicherlich auch der Nährboden für Entwicklung und Fortschritt.

3. Die Stimulanz-Instruktion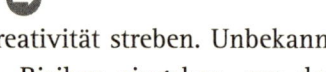
Nach Innovationen und Kreativität streben. Unbekannte Reize und Abwechslung suchen. Risiken eingehen, um das Unbekannte kennenzulernen oder auszuprobieren.

Der starke und schnelle Medienkonsum, u.a. Fernsehen und Facebook sind dieser Stimulanz-Instruktion geschuldet. Gern brechen so geprägte Menschen mit Gewohnheiten.

Kennst du das auch, dass du Dinge tust und dich im Nachhinein fragst: »Was zur Hölle hat mich dazu denn bitte getrieben?«
Du ahnst es schon. Jemand mit starker Balance-Instruktion wird sich schwerer tun mit Veränderungen im Leben als jemand, der eher von Stimulanz getrieben ist.
Falls wir alle die gleichen physischen und psychischen Grundlagen haben, warum freut sich dann der eine auf Veränderung und der andere macht einen großen Bogen darum?

Hier spielt unsere Prägung eine Rolle. In welcher Umgebung du groß geworden bist, welche Schlüsselerlebnisse du hattest und vor allem die Frage: Wie hast du diese Erfahrungen bewertet und verarbeitet? Was wurde dir vorgelebt? Manche Wissenschaftler gehen sogar davon aus, dass unsere Vorlieben und Verhaltensweisen von der vorvorigen Generation mitgeprägt sind. Wenn also deine Oma vergewaltigt oder dein Großvater als Kind regelmäßig geschlagen wurde, hat das – so die Meinung dieser Wissenschaftler – Konsequenzen für dein Leben. Die Information dieser traumatischen Erlebnisse wird danach in den Zellen und somit in den Genen gespeichert. Und dieses veränderte Erbgut wird an die nächste Generation übertragen.

Ich kann mir vorstellen, dass dies für viele Menschen eine sehr merkwürdige Vorstellung ist, und es gibt dafür meines Wissens auch noch keine wissenschaftlich gültigen Beweise. Heißt es deswegen, dass es nicht sein kann? Die einzige Frage, die dich bewegen sollte, lautet: Was machst du mit dieser Information? Ich bin ein Freund des JETZT! Egal, wie die Ausgangsbedingungen sind, du hast JETZT die Kraft, etwas zu verändern.

Lass uns deine Einstellung zur Veränderung prüfen. Wie stark stimmst du folgenden Sätzen auf einer Skala von eins bis zehn zu? Zehn bedeutet starke Zustimmung, eins ist die absolute Verneinung:

	1	2	3	4	5	6	7	8	9	10
Veränderung tut weh.										
Veränderung ist gut.										
Früher war alles besser.										
Das haben wir schon immer so gemacht.										
Das haben wir noch nie so gemacht.										
Alles wird schlimmer.										

	1	2	3	4	5	6	7	8	9	10
Ich liebe meine Routinen und Rituale.										
Ich kann ja sowieso nichts ändern.										
Wenn meine Umwelt sich endlich ändern würde, dann ...										
Ich habe als kleines Würmchen ja sowieso keine Chance.										
Veränderungen hatte ich schon genug in meinem Leben.										

Du spürst, dass es mit solchen Sätzen und Gedanken schwerfallen wird, eine Veränderung in dein Leben zu bringen. Wie wäre es damit?

> Veränderung ist Leben.
> Veränderung ist der Grund, warum wir nicht noch immer in der Höhle am Feuer sitzen, sondern Autos, Smartphones und Flugzeuge haben.
> Was sich nicht verändert, stirbt oder ist schon tot.
> Veränderung gibt uns die Chance, noch besser zu werden.
> Es wird im Leben immer nur noch besser, wenn wir bereit sind, Veränderung in unser Leben zu lassen.
> Abwechslung ist cool.
> Ich bin Täter und Gestalter meines Lebens.
> Ich kann hier und heute einen kleinen Schritt in eine neue Richtung gehen, um eine komplett andere Lebensweise anzunehmen.
> Wir überschätzen oft, was wir an einem Tag schaffen, und unterschätzen, was wir in einem Jahr schaffen können.
> Kleine Schritte bewirken in Summe eine große Veränderung.

Veränderung geschieht schnell

Alle Schlachten im Leben dienen dazu, uns zu lehren.
Auch die, die wir verlieren.

Paulo Coelho, brasilianischer Schriftsteller (*1947)

2009 bin ich viel gereist. Im Januar war ich auf den Malediven, im April in der Karibik, im Juni in Indien, im August in der Türkei und im Oktober auf Hawaii. Und dieses Jahr 2009 sollte mein MIND. SET für immer verändern. Es war nicht nur ein Reisejahr, es war auch ein Jahr vieler neuer Erfahrungen und Ereignisse. Einer meiner besten Freunde beendete durch mein Coaching den IRONMAN® auf Hawaii, ich schwamm mit wilden Delfinen, und meine damalige Frau Katja erhielt die Diagnose »malignes Melanom«, das ist der aggressive und meist tödlich verlaufende Hautkrebs. Es wurde alles gut. Sie ist geheilt.

Diese so unterschiedlichen Erfahrungen lösten viele mentale Prozesse in mir aus. Sicherlich trug die Vipassana-Meditation in Indien den größten Teil dazu bei. Vipassana (*pali*, bedeutet Einsicht) ist eine weltweit verbreitete Form des Buddhismus, bei der es darum geht, sich durch Einsicht von unabänderlichen Daseinsmerkmalen zu befreien und im Leben das Nirwana zu erreichen. Oder sehr einfach und pauschal ausgedrückt, sich von allen belastenden Gedanken und allem Leid zu befreien. Bei der Vipassana-Meditation, die auch Achtsamkeitsmeditation genannt wird, verbringst du zehn Tage schweigend und ohne Blickkontakt zum größten Teil im Sitzen. Jeden Tag zehn Stunden Meditation. Die ersten drei Tage konzentrierst du dich nur auf die Innenkante deiner Nase, um zu spüren, dass die eingeatmete Luft kühler ist als die ausgeatmete. Bei 38 °C Außentemperatur eine große Herausforderung. Was du dabei lernst? Du lernst, deinen Geist zu fokussieren. Einfach wahrzunehmen, was ist. Ohne zu bewerten. Und das ist die beste Anleitung zum Glück, die ich derzeit kenne.

Bleib ganz entspannt, dieses Buch ist kein esoterisches Buch. Wenn du meinen Bestseller *Der perfekte Tag* kennst, weißt du bereits: Slatco ist ein Praktiker, mit beiden Füßen fest auf dem Boden der wirklichen Welt stehend ... was immer das auch zu bedeuten hat. Du fragst dich vielleicht: Ist das nicht ein bisschen verrückt, zehn Tage zu meditieren? Ja, vielleicht. Doch wer will schon normal sein. Du etwa?

Normal zu sein und es nicht ändern zu wollen bedeutet doch in den meisten Fällen:

> Einen Job zu haben, der keine Freude bereitet.

> Eine Beziehung zu führen, in der sich die Partner mehr Energie nehmen als geben, sich ständig kritisieren, als sich lieber gegenseitig zu unterstützen auf dem Weg zum besseren Ich.

> Den eigenen Körper zu vernachlässigen, sich ungesundes Zeug unter die Nase zu schieben und keinen Sport zu machen, um dann Zucker, Bluthochdruck oder andere Zivilisationskrankheiten zu bekommen.

> Zeit gegen Geld zu tauschen und sich finanziell von jedem Monat zum nächsten zu retten und auf eine Gehaltserhöhung zu hoffen.

Zumindest ist dies das Bild vom Normalbürger, wenn ich mir die Statistiken des Bundesamtes anschaue oder einfach auf die Straße gehe und mich umschaue. Also, freue dich auf einen ver-RÜCKT-en Weg. Freue dich auf die Veränderung, die dieses Buch bei dir bewirken wird.

Wenn ich den Leuten erzähle, dass ich 17-mal an einem IRON-MAN®-Wettkampf teilgenommen habe, halten viele mich für verrückt. Ja, auch das ist ein bisschen verrückt. Doch viel verrückter ist es doch, mit dem Fahrstuhl ins Fitnessstudio zu fahren, um sich dort auf den Stepper zu stellen! Viel verrückter ist es, nur wenig bis gar keine Nahrungsmittel zu essen, die lebendig sind, wie Obst und Gemüse, Fisch und Fleisch. Viele der in Supermärkten angebotenen Lebensmittel haben nichts mit »Leben« zu tun, weil die Inhaltsstoffe abgetötet und verarbeitet sind. Dann dürfen sich die Menschen nicht über mangelnde Lebenskraft und Krebserkrankungen wundern.

Und viel verrückter ist es weiterhin, einen Großteil des Tages einen Job zu erledigen, der keine Freude bereitet; ein Burn-Out ist dann nicht ausgeschlossen. Verrückt ist es auch, aus »Sachzwängen« oder aus Gewohnheit mit einem Menschen einen Großteil seines Lebens zu verbringen. Ein solches Nebeneinanderherleben raubt mehr Energie, als welche zu geben. Ein Mensch, den du deinen Lebenspartner nennst und dem du eventuell manchmal sagst, dass du ihn oder sie liebst, während Nähe, Zärtlichkeit und Sexualität schon lange nicht mehr stattfinden zwischen euch, nimmt dir die Lebensenergie.

Mithilfe dieser Vipassana- oder Achtsamkeits-Meditation habe ich ein neues, bis dahin mir unbekanntes Bewusstseinsniveau erreicht. Es war eine sehr intensive Erfahrung, bei der ich direkt und ungeschminkt meinen mich begrenzenden Glaubenssätzen gegenübersaß. Wann nehmen wir uns schon die Zeit, uns mit uns selbst ehrlich auseinanderzusetzen? Die Arbeit an sich selbst ist die härteste überhaupt – und die wertvollste zugleich. Wie ein Meditationslehrer es zu sagen pflegte: Es wird nicht leichter, aber es wird erfüllter. Du wirst dir von Tag zu Tag immer mehr deiner mentalen Begrenzungen bewusst, die dich in deinem Leben bisher eingeschränkt haben. Die Erkenntnis ist der erste Schritt zur Veränderung.

Am fünften Tag dieser Meditation waren wir Teilnehmer im Aufmerksamkeitstraining so vorangeschritten, dass wir in der Lage waren, im Rhythmus mit der Ein- und Ausatmung den gesamten Körper – Zentimeter für Zentimeter – wahrzunehmen. Da ich im

Fersensitz (auch Kriegersitz genannt) saß, hatte ich am ersten Tag schon nach wenigen Minuten heftige Schmerzen und Taubheitsgefühle. Dann aber geschah am fünften Tag das Unfassbare: Plötzlich war der Schmerz weg. Ich empfand nur noch Energie, nur noch Glück. Grenzenlos. Mein Zeit- und Raumgefühl war verschwunden. Ich hatte diesen Zustand schon einmal bei einem Meditationskurs in Berlin 1985 erlebt. Doch danach hatte ich dieses Gefühl einfach vergessen. Ein Quantenphysiker würde wahrscheinlich sagen, dass ich das wahrgenommen habe, was wir alle sind: Lichtwesen. Hört sich das für dich wie verdrehte Esoterik an? Es ist alles andere als das. Wenn du dich schon einmal mit der Quantenphysik beschäftigt hast, und das ist eine knallharte Wissenschaft, weißt du, wovon ich spreche. Letztlich bestehen wir wie alles auf dieser Welt und im Kosmos aus Masse oder Materie, die nach Albert Einsteins berühmter Formel nichts anderes als Energie oder Licht ist. Ich weiß, dass einige Leser noch einen langen Weg vor sich haben, um die Tragweite dieser Erkenntnis zu verstehen und zu erfühlen. Solche epochalen Erkenntnisse haben in der Vergangenheit Glaubenssätze abgelöst wie »die Erde ist eine Scheibe« oder »Zugfahren ist zu schnell und für den menschlichen Körper gefährlich«. Mich hat meine Meditationserfahrung eines ganz klar spüren lassen: Alles, was wir brauchen, ist in uns selbst. Und somit auch der Kern für Veränderungen. Diese Erfahrung war sicherlich die Voraussetzung für den nächsten Schritt, den Schritt der positiven Transformation. Die Befreiung von vielen mich begrenzenden Glaubenssätzen.

Veränderung ist die Essenz des Lebens

Wir brauchen nicht so fortzuleben, wie wir gestern gelebt haben. Macht euch nur von dieser Anschauung los, und tausend Möglichkeiten laden uns zu neuem Leben ein.

Christian Morgenstern (1871–1914), dt. Schriftsteller

Einer meiner Glaubenssätze war – über 24 Jahre lang im Leistungssport Triathlon –, ich sei ein schlechter Läufer. Jeder Lauf war eine Qual. Ich war oft verletzt. Den Flow, von dem die Läufer mir immer erzählten, suchte ich vergebens. Meine Ergebnisse, die Laufzeiten, waren entsprechend mäßig, und jeder Lauf fühlte sich schwer an. Doch dann lernte ich eine Technik kennen, mit der du spielerisch in wenigen Minuten Glaubenssätze verändern kannst. Also dachte ich mir, das wäre doch cool, wenn ich diesen begrenzenden Glaubenssatz »Ich bin ein schlechter Läufer!« auflösen würde.

Wie gesagt, 24 Jahre lang war das Laufen eine Qual für mich, musste ich mich immer aufraffen. Ich erlebte einen Flow beim Schwimmen. Es fiel mir sehr leicht. Radfahren hatte ich schon immer geliebt. Nur das Laufen war wie eine lästige Aufgabe eben auch noch zu erledigen.

Und was geschah nach dieser Übung, die 30 Minuten dauerte? Von da an war dieses Gefühl der Schwere weg. Dieses Gefühl »Ich muss noch laufen« war weg. Ich lief plötzlich einfach gerne. Natürlich war ich nicht sofort schneller, jedoch fühlte sich das Laufen komplett anders an als zuvor. Ich erlebte einen Flow. Es war Freude.

Ist das nicht auch der Sinn des Lebens, bei dem, was du tust, Freude, Zufriedenheit und Leichtigkeit zu empfinden?

Ich beschäftige mich nun seit meinem 18. Lebensjahr mit Motivation und Persönlichkeitsentwicklung. Mit Achtzehn las ich die Autobiografie von Mahatma Gandhi, die mich sehr beeindruckte. Und ich las die Autobiographie des Yogi Paramahansa Yogananda. Ich meditierte während meiner Abiturzeit und konnte fünf Stunden ohne Unterbrechung konzentriert lernen. Mit zwanzig las ich unter anderem *Das Powerprinzip* von Anthony Robbins. Während meines Lehramtsstudiums besuchte ich alle Didaktik- und Rhetorik-Kurse, weil ich wusste, dass es nicht nur auf den Inhalt ankommt, sondern immer auch vor allem um die Art und Weise, wie der Inhalt vermittelt wird. Mehrere Hundert Bücher habe ich zu diesen Themen gelesen. Doch den Durchbruch für mich habe ich erst 2009 bei der Vipassana-Meditation erleben dürfen. Seitdem habe ich mich von vielen unbewussten Begrenzungen lösen können.

Seit also knapp 30 Jahren beschäftige ich mich täglich damit, wie Veränderung leicht geschehen kann. Und erst jetzt habe ich das Gefühl, einigermaßen verstanden zu haben, wie Veränderung funktioniert. Und immer noch habe ich das Gefühl, ein Lernender zu sein. Seit meinem Schlüsselerlebnis habe ich weitere moderne Techniken kennengelernt und weiterentwickelt, um Veränderung zu bewirken. Und genau diese Techniken wende ich im Executive-Coaching mit Geschäftsführern, Vorständen und Leistungssportlern wie auch in meinen Seminaren und Vorträgen an.

Dieses Buch heißt *Change als Chance*, weil Veränderung die Essenz von Leben ist. Wenn sich nichts mehr verändert, stirbt das Leben ab. Es kann nicht mehr wachsen. Viele Menschen haben Angst vor Veränderung, vielleicht auch du. Und genau diese Angst möchte ich dir nehmen. Ich möchte dir eine Welt zeigen, in der Veränderung leichtfällt. Es ist wie mit der roten und blauen Pille in dem Film *Matrix*. Du entscheidest, wie weit du dich vortraust.

Ich möchte, dass du von Zeile zu Zeile dieses Buches immer mehr verstehst, nachvollziehst, wie Veränderung wirklich geht, und wie du dieses Wissen für dich nutzen kannst. Und während du Kapitel um Kapitel liest, wirst du mehr und mehr positive Dinge in dein

Leben bringen. Es geschieht wie von selbst. Du wirst es sehen. Deine Wahrnehmung wird sich verändern, du wirst immer schneller wahrnehmen, was dir guttut und was nicht. Und genau darum geht es. Diesen natürlichen, inneren Kompass wieder zu aktivieren. Denn jede Veränderung auf diesem Planeten, in jeder Firma, in jedem Team, beginnt immer zuerst bei dir selbst. Nur wenn du gelernt hast, dich selbst zu erkennen und zu verändern, bist du in der Lage, andere erfolgreich zu motivieren, zu führen und somit zu verändern. Nur wenn du dein Inneres veränderst, wird sich das Äußere deinen Vorstellungen entsprechend verändern. Ob du diesen Glaubenssatz mit mir teilst, entscheidest du. Es ist meine »Wahrheit«. Ob es deine werden wird, wirst du allein entscheiden. Achtung: Überprüfe immer alle Aussagen von mir, ob sie für dich nachvollziehbar und glaubhaft sind. Ich nehme dich auf eine Reise in meine Welt mit. Ob es deine werden wird, entscheidest du.

Die Wahrheit findest du im Kleinen

Wo kämen wir hin, wenn alle sagten, wo kämen wir hin,
und niemand ginge, um einmal zu schauen, wohin man
käme, wenn man ginge.

Kurt Marti (*1921), schweizerischer Pfarrer und Schriftsteller

Die Teilnehmer waren genervt. Sie spürten innerlich Widerstand. Ich konnte es an ihren Gesichtern ablesen. Sie waren *not amused*. Und es war ein Bruch in meinem Vortrag im Haus eines DAX-Konzerns. Es dauerte eine Weile, bis sie meiner Anweisung folgten: Ohne ersichtlichen inhaltlichen Zusammenhang mit meinem Vortrag bat ich die knapp 300 Zuhörer unvermittelt, ihre Plätze zu verlassen und sich einen neuen Platz zu suchen. Auf dem Weg dorthin sollten sie sich zwei Kollegen vorstellen, die sie noch nicht kannten. Ein Raunen erfüllte den Saal, und mit anfänglicher Verzögerung setzten die einzelnen Leute sich in Bewegung. Ich konnte den Widerstand förmlich spüren, die Gesichter sprachen Bände. Als dann nach einer gefühlten Ewigkeit – es war das erste Mal, dass ich diesen Test durchführte – alle wieder saßen, fragte ich die Teilnehmer, was sie in dem Moment meiner Aufforderung gefühlt und gedacht hatten. Sie antworteten u.a.: »Muss das jetzt sein?«, oder »Was soll der Quatsch, jetzt muss ich meinen ganzen Kram mitnehmen?«, und auch: »Ich will aber nicht woanders sitzen.« Ist es nicht faszinierend? Bewusst waren vorher alle damit einverstanden, dass es wichtig ist, sich zu verändern und dass es einige große Veränderungen in ihrer Firma geben würde, die notwendig waren, um marktfähig zu bleiben. Doch schon eine so kleine Veränderung wie einen Sitzplatzwechsel erlebten sie mit Unbehagen und spürten Widerstand.

Warum ist das so und was können wir daraus lernen?

Zum einen ist es für uns lebensnotwendig, Routinen, gewollte Gewohnheiten und vertraute Verhaltensweisen im Alltag zu haben. Es spart Energie. Es lässt Entspannung zu. Zum Zweiten kann das Gehirn somit einen Großteil der Dinge, die wir täglich tun, unbewusst bewältigen. Denn jede Veränderung kostet erst einmal Energie. Ob sie als gut oder schlecht empfunden und bewertet wird, spielt dabei noch gar keine Rolle. Sie verlangt Aufmerksamkeit. Und Aufmerksamkeit ist anstrengend, denn bewusstes Verhalten setzt Konzentration voraus.

Da gibt es Menschen, die von »großen Veränderungen« im Unternehmen sprechen, die auf sie zukommen und für die sie angeblich bereit sind, denn es wurden ja auch schon viele Change-Management-Prozesse ausgeführt, Software-Lösungen entwickelt und die Arbeitsprozesse optimiert.

Nur der wichtigste Faktor im Unternehmen, der den Erfolg macht, ist noch nicht bereit: der Mensch.

Und warum sollte jemand, der schon vom Platzwechsel während eines Vortrags genervt ist, sich auf die Veränderung seiner kompletten Arbeitswelt freuen?

Warum sollte jemand, der immer die gleiche Arbeit unter den gleichen Bedingungen ausführt, immer zur selben Zeit aufsteht und denselben Arbeitsweg nimmt, sich auf Veränderung freuen? Und wie sollte sie ihm leichtfallen?

Überprüfe dich selbst: Wie ist es um deine Einstellung bestellt, wenn es um Veränderungen in deinem Leben geht? Freust du dich und sagst innerlich: »Das wird bestimmt superspannend und besser!«, oder eher: »O Gott, bitte nicht. Ich will so bleiben, wie ich bin.«

Ich verspreche dir, es wird superspannend!

Du zuerst

Die besten Reformer, die die Welt je gesehen hat,
sind die, die bei sich selbst anfangen.

George Bernard Shaw (1856–1950), irischer Dramatiker

Eines Tages kam eine Mutter mit ihrem Sohn zu diesem Mann, den sie alle aufsuchten. Sie bat ihn, er solle ihrem Sohn sagen, keinen Zucker mehr zu essen. Sie war 10 Kilometer durch die unerträgliche Mittagshitze gelaufen und hatte ihren Zehnjährigen an diesem Tag eigens von der Schule befreit. Der Mann kniete sich nieder, schaute dem Jungen in die Augen, richtete sich wieder auf und sagte zur Mutter: »Frau, bitte komme in einer Woche noch einmal wieder. Dann werde ich deinem Sohn sagen, er soll keinen Zucker mehr essen.« Die Mutter machte sich also auf den Heimweg, und ging die beschwerlichen 10 Kilometer zurück zu ihrem Heimatdorf. Eine Woche später nahm sie diese Strapaze erneut auf sich und ging mit ihrem Sohn zu diesem einzigartigen Mann. Auch dieses Mal bat sie ihn wieder, er solle ihrem Sohn sagen, keinen Zucker mehr zu essen. Der Mann hockte sich wieder hin, schaute dem Sohn in die Augen, und jetzt sagte er ihm: »Iss bitte keinen Zucker mehr.« Die Mutter schaute den Mann erstaunt an. Dann fragte sie ihn, warum er das nicht schon vor einer Woche gesagt habe. Darauf der weise Mann: »Da habe ich selber noch Zucker gegessen.« Die Rede ist von Mahatma Gandhi. Er hat ein ganzes Land befreit. Er hat Geschichte geschrieben. Millionen von Menschen sind ihm gefolgt.

Szenenwechsel: Sommer 2012, München: Sie saßen in meinem Seminar, und ich konnte sehen, wie schwer es dem Paar fiel, aus sich herauszugehen und mit Spaß und Neugierde an dem Seminar teilzunehmen. Nun, es war ja auch der erste Tag ... ich hatte noch Zeit. Sie erzählten, dass sie so viele Schwierigkeiten mit ihren beiden Halbwüchsigen hätten. Diese waren 15 und 16 Jahre alt. Die beiden hätten keine Vorstellung davon, was sie einmal werden wollen und seien zu nichts zu motivieren. Alle Ratschläge und Empfehlungen der Eltern, diesen oder jenen vernünftigen Job zumindest mal anzufangen, lehnten die Kinder ab.

Im Verlauf des Seminars brachte der Vater immer wieder Einwände hervor, dass es ja nicht so einfach sei, einen spannenden Job zu finden, dass er selbst immer Stress mit seinem Chef habe und dass es zu viel zu tun gäbe. Auch die Mutter klagte ständig über ihre Arbeitsbedingungen.

Ich konnte mir gut vorstellen, wie der Energiefluss bei dieser Familie abends war, wenn die Eltern von der Arbeit kamen, um sich lautstark über ihre Jobs auszulassen – vor den Kindern. Und dann wunderten sie sich, dass ihr Nachwuchs keinen »vernünftigen« Job ausüben wollte?!

Hallo? Wach werden, dachte ich! Da fließt Energie nur auf einem sehr niedrigen Niveau.

Kinder spüren das. Und natürlich sagt ihnen ihr Gefühl: Den Quatsch mache ich nicht. Ich will doch Spaß in meinem Leben haben. Und genau deswegen sage ich jedem, der etwas in seiner Umgebung ändern will, sei es den eigenen Partner, sei es das Verhalten der eigenen Kinder oder den Teamgeist im Berufsleben: Du gehst zuerst!

Das Ende dieser Familiengeschichte: Am vierten Tag des Seminars war das Elternpaar wesentlich besser drauf, die beiden hatten viele begrenzende Glaubenssätze hinter sich gelassen. Und ein Jahr später erhielt ich eine E-Mail vom Vater, dass er und seine Frau sich einen neuen Job gesucht hätten. Sie hätten nun viel mehr Spaß, und auch die Kinder hätten ihr Verhalten und ihre Einstellung positiv verändert – merkwürdig, oder?

Wenn du möchtest, dass deine Kinder sportlich und motiviert durchs Leben gehen, sei sportlich und motiviert. Wenn du möchtest, dass deine Mitarbeiter begeistert im Job sind, sei begeistert und helfe ihnen dabei, herauszufinden, was genau sie begeistert. Wenn du mehr Liebe und Respekt in deiner Beziehung erleben möchtest, gebe mehr Liebe und Respekt und frage deinen Partner, was es braucht, damit er oder sie das auch so fühlt. Eine der besten Schlüsselfragen, die du deinem Partner oder deiner Partnerin stellen kannst, um eine erfüllte Beziehung zu führen, ist: In welchen Situationen fühlst du am meisten, dass ich dich liebe? Und dann schreibe mit und mache genau das mit dem Herzen. Du wirst merken, diese Frage, beziehungsweise was du damit veränderst, ist magisch.

Erinnere dich an die Geschichte von Mahatma Gandhi, der die Frau mit dem Sohn wegschickte, weil er selbst noch Zucker aß. Dieses Mindset verändert.

Wie oft bist du verrückt?

Begeisterung aber ist die Mutter alles Großen.

Franz Grillparzer (1791–1872),
österreichischer Dramatiker

Manchmal, wenn ich provokativ drauf bin, beginne ich meine Seminare mit der Frage: »An welchem Ort auf diesem Planeten sind die meisten Lebensträume?«

Oft erhalte ich Antworten wie: »In der Schule«, oder »Im Büro« oder »Im Bett«. Doch meine These ist: auf den Friedhöfen. Hier sind viele Träume begraben. Träume, die Menschen hatten, Menschen, die sich nicht getraut haben, diese Träume zu erfüllen.

Die meisten Menschen stehen morgens nur auf, weil die Harnblase drückt oder der Wecker klingelt.

Was lässt dich morgens aufstehen?

Wenn du kleine Kinder beobachtest, die stehen morgens mit einem Lächeln auf. Sie wollen die Welt erobern. Sie strahlen und haben keine Sorgen oder Ängste. Und mit zunehmendem Alter schwindet diese sichtbare und spürbare Energie. Es kommen immer mehr Begrenzungen im Leben dazu, die Energie rauben. Immer mehr Erfahrungen, die wehtun. Immer mehr Sätze von Eltern und anderen, die unbewusst ausgesprochen werden oder sogar gut gemeint sind, aber nicht gut wirken.

Neulich habe ich eine Frau gecoacht, die ihr Leben lang Probleme mit ihrem Gewicht hatte und sich immer zu dick fühlte. Ausgelöst durch einen Satz in ihrer Kindheit, der ihr auch sofort einfiel: Als sie mit ihrer Mutter Fernsehen schaute und dort eine sehr schlanke Frau von hinten zu sehen war, bei der sich die Schulterblätter abzeichneten, sagte die Mutter beiläufig: »So eine schlanke Tochter habe ich mir immer gewünscht.« Seit diesem Erlebnis in ihrer Kindheit beurteilt die Tochter Menschen stets nach ihrer Figur. Ein schöner Mensch, ein liebenswerter Mensch, muss schlank sein.

Im Coaching, das nur einen Tag in Anspruch nahm, habe ich mit ihr diesen Glaubenssatz geändert, und in wenigen Wochen verlor meine Coachee 20 Kilogramm und erreichte ihr Traumgewicht. Denn sie lernte, sich wertzuschätzen, und es fiel ihr leicht, sich Zeit für Sport zu nehmen und sich gesund zu ernähren.

Und genau darum geht es: Du darfst lernen, mehr Dinge in dein Leben zu bringen, die dir Freude bereiten. Und das bedarf eines neuen BEWUSST-seins.

Bevor du jetzt weiterliest, möchte ich, dass du die Übung entweder sofort machst oder dir zumindest einen festen Termin in deinen Kalender einträgst, an dem du folgende Übung machst. Diese Übung ist sooooooo wertvoll! Sie ist grundlegend für die Veränderung, die du dir in deinem Leben wünschst.

Noch einmal: Warum liest du dieses Buch? Genau, du willst Dinge in deinem Leben verändern. Also mache diese Übung. Dieses Buch bringt dir deutlich weniger, wenn du diesen Prozess, durch den ich dich begleite, nicht mitmachst. Das wäre so, als wenn ich dir vorschlüge, mit mir walken oder joggen zu gehen, ich dann losgehe und du auf dem Sofa liegen bleibst und dich wunderst, warum sich dein Energie-Level nicht verändert.

Okay? Ist das ein Deal? Bist du dabei? Jetzt? Der Termin ist festgelegt?

Super: Dann kommt hier die Aufgabe: Schreibe 50 »Energie-Engel« auf, die dir Kraft geben. Damit meine ich kleine Dinge: Tätigkeiten, Situationen, Gegenstände, Orte, die dich erfreuen:

> ❭ Was gibt dir Energie?
> ❭ Wer gibt dir Energie?
> ❭ Welche Umgebung gibt dir Energie?
> ❭ Welche Tätigkeit gibt dir Energie?

> Welches Essen und Trinken geben dir nachhaltig gute Energie?
> Welche Entspannungstechniken geben dir Energie?
> Welche Musik gibt dir Energie?
> In welchem Raum in deiner Wohnung fühlst du dich am wohlsten?
> Wie sieht ein Stuhl oder Sessel aus, auf dem du dich wohlfühlst?

Beispiele gefällig? Ein Glas Wein mit einem Freund, ein Kinobesuch, Sport, ein gutes Buch, eine Massage, eine Tasse Tee am Nachmittag, Yoga, ein aufgeräumtes Büro, ein Stück Lachs mit frischem, knackigem Gemüse ... Es dürfen also Dinge sein, die sich leicht umsetzen und in den Tag integrieren lassen. Diese Liste heftest du dir an die Wand oder an den Spiegel oder an ein Möbel, wo du sie immer wieder siehst. Zum Beispiel an den Kühlschrank, und wenn du morgens zum Kühlschrank gehst, schließt du die Augen, zeigst blind mit dem Zeigefinger auf die Liste und schaust, was du dir an diesem Tag noch gönnen wirst. Was wird es wohl sein, auf das du dich dann den ganzen Tag innerlich freuen kannst?

Ich plane entweder am Abend zuvor oder morgens als erste Aktivität meinen Tag: Dann erledige ich die Dinge, die am wichtigsten in meinem Business sind und die mich am schnellsten voranbringen und mir ein Gefühl der Erfüllung geben, das Gefühl, etwas geschafft zu haben. Deswegen sind diese Zeilen zu 90 Prozent morgens in der Früh zwischen sechs und neun Uhr entstanden. Zu meiner Tagesplanung gehört auch der Sport. Für mich ist Sport das beste Lebenselixier. Das bedeutet nicht, dass er das auch für dich ist. Du darfst das selbst für dich herausfinden.

Und wenn du es wirklich wissen willst, erarbeitest du dir eine Liste mit hundert Dingen, die du schon immer tun wolltest. Dann kommen garantiert alte, irgendwann weggedrückte Wünsche und Ideen in dir hoch, Verrücktes, Albernes, das du in dein neues Leben bringen kannst. Diese Dinge werden dir Spaß bringen und Energie geben. Wie oft bist du albern in der Woche? Wie oft lachst du herzhaft im Alltag? Jeder Tag ist eine neue Chance, das Leben zu genießen!

Vergiss die überholten Glaubenssätze

Es gibt keine Grenzen.
Nicht für den Gedanken, nicht für die Gefühle.
Die Angst setzt die Grenzen.

Ingmar Bergman (1918–2007),
schwedischer Film- und Theaterregisseur

Viele Lebensweisheiten der vorangegangenen Generation sagen uns nichts mehr und helfen uns nicht.

> »Lieber den Spatz in der Hand als die Taube auf dem Dach.«
> »Du musst hart arbeiten, um erfolgreich zu sein.«
> »Nur wenn du studierst, wirst du einen gut bezahlten Job bekommen.«
> »Wenn du angestellt bist, hast du mehr Sicherheit.«
> »Bleibe dem Unternehmen treu und wechsle nicht so oft die Firma.«
> »Sport ist Mord.«
> »Geld verdirbt den Charakter.«
> »Heirate, zeuge Kinder, baue ein Haus und du wirst glücklich.«
> »Gesundheit hat man oder man hat sie nicht.«

Du kennst all diese Sätze. Was du lernen wirst, ist, dass wir Menschen auf zwei Wegen Wissen aufnehmen: entweder durch ständige Wiederholung oder durch sehr emotionale Erlebnisse. Und da du wahrscheinlich einige der oben zitierten Sätze in deiner Kindheit sehr häufig gehört hast, hast du sie unbewusst als Wahrheiten aufgenommen. Es ist ein Glaube daraus geworden.

Du wirst während der Lektüre dieses Buches immer mehr Sätze finden, die dein Leben bisher negativ beeinflusst haben, dich in deinem Potenzial begrenzt haben. Wie aber willst du zu mehr Lebenslust, Lebensfreude und Lebenskraft kommen, wenn dir unbewusst ständig Sätze wie »Das Leben ist hart« im Kopf herumspuken – noch so ein Satz, der immer wieder zitiert wird. Ich habe vor Jahren diesen Satz, der mein Leben früher sehr stark prägte, durch einen neuen Glaubenssatz ersetzt. Wie kam es dazu?

Mein ganzes Leben war von zwei Parametern bestimmt: erstens Leistung und zweitens Vergleich. Das bedeutete für mich oft Kampf und Verbissenheit.

Wenn du diesen Satz »Das Leben ist hart« auch verinnerlicht hast, hat das Konsequenzen. Denn unbewusst wird dein Kopf nach einer Bestätigung dafür suchen. Unser Gehirn ist so konzipiert, dass es ständig nach Beweisen für Annahmen sucht, die uns wichtig sind. Du wirst die Welt da draußen auch so *wahr*-nehmen. Es wird deine persönliche Wahrheit sein, die dir nicht weiterhilft.

Ich weiß mittlerweile, dass es auch anders geht. Dass du das Leben im *Flow* erleben darfst. Dass es sich leicht anfühlen darf. Dass du mehr Freude empfinden darfst.

»Das Leben darf leicht sein« ist mein neuer Leit- und Glaubenssatz geworden. Und das ist sicherlich einer der Gründe dafür, warum ich heute stehe, wo ich stehe, warum ich mit meiner eigenen Firma erfolgreich und im privaten Leben glücklich bin.

Und nun lade ich dich dazu ein: Überlege, welcher begrenzende Satz in deinem Kopf herumgeistert – vielleicht sind es ja auch mehrere? Und dann suche dir mindestens einen neuen Satz, der dich in einen guten Zustand bringt. Welchen Leitsatz wirst du finden? Ich bin neugierig darauf!

Warum nicht jetzt?

Wenn später einmal, warum nicht jetzt?
Und wenn nicht jetzt, wie dann später einmal?

Aurelius Augustinus (354–430),
römischer Staatsmann und Philosoph

Wenn wir endlich die Schule abgeschlossen haben, freuen wir uns auf das Studium oder die Ausbildung. Wenn wir endlich die Ausbildung abgeschlossen haben, freuen wir uns auf den ersten Job und das erste Gehalt. Wenn wir den ersten Job haben, wünschen wir uns einen neuen. Wenn wir mehr Geld verdienen, wünschen wir uns ein Haus. Und wenn wir das Haus abbezahlt haben, freuen wir uns auf mehr Freizeit und/oder auf die Rente. Und wenn wir die Rente erreicht haben, wird uns so richtig und deutlich bewusst, dass wir bald sterben.

> »Später, wenn ich mehr Geld habe, dann ...«
> »Wenn ich mehr Zeit habe, dann ...«
> »Wenn ich mein Studium abgeschlossen habe. dann ...«
> »Wenn ich meine Ausbildung abgeschlossen habe, dann ...«
> »Wenn ich mein Haus abgezahlt habe, dann ...«
> »Wenn die Kinder aus dem Haus sind und der Rauhaardackel tot, dann ...«
> »Wenn ich in Rente bin, dann ...«

Fällt dir etwas auf? Wie viele Menschen leben für die Zukunft statt in der Gegenwart?! Doch Leben findet nur in der Gegenwart statt. Diese Wenn-dann-Kausalität bringt uns zwar nicht um, aber unser Leben ist dann ganz schnell *um*.

Es gibt für mich ein universelles Gesetz: Wenn du den Weg nicht genießt, wirst du auch das Ergebnis nicht genießen können. Denn wenn der Weg von Mühe, Schuld, Schulden und Härte begleitet ist, wie soll ich dann das Ergebnis genießen können? Wenn du es *jetzt* nicht lernst, das zu genießen und wahrzunehmen, was gerade *jetzt* in diesem Augenblick ist, wie kannst du dann von dir die Fähigkeit erwarten, dich über das Erreichen deines Ziels zu freuen? Das bedeutet, du darfst *jetzt* lernen, dein Leben zu genießen und dich daran zu erfreuen – so wie es gerade ist.

Das ist übrigens für mich ein Grund, warum ich mir bisher kein Haus und keine Wohnung gekauft habe. Denn ich hatte nie genügend Geld, um eine Wohnung oder ein Haus selbst zu finanzieren – zumindest so eine Bleibe, die mir wirklich gefallen würde. Ich hätte Schulden aufnehmen müssen. Und das Wort Schulden leitet sich von Schuld ab. Ich glaube daran, dass das Aufnehmen von Schulden unbewusst etwas mit dir macht: Du fühlst dich schuldig. Du gibst etwas aus, was du nicht hast. Das ist für mich genauso, als wenn ich ausatmen würde, ohne vorher eingeatmet zu haben. Das Bild mag dir seltsam vorkommen, aber ich persönlich empfinde es so.

Wie lernst du nun, den Augenblick zu genießen? Die Bremsen und begrenzenden Glaubenssätze in deinem Leben aufzulösen? Ein positives Gefühl für Veränderung zu entwickeln? Mehr Spaß und Lebenslust in dein Leben zu bringen? Indem du dein Mindset änderst!

Übernimm Verantwortung für dich

Das größte Lebenshindernis ist die Erwartung.
Abhängig vom Morgen, verliert sie das Heute.

Lucius Annaeus Seneca d.J. (4 v. Chr.–65 n. Chr.),
römischer Philosoph und Dichter

Es ist der 8. August 2015. Ich bin mit drei Freunden zwischen Beelitz und Trebbin im Süden von Berlin mit dem Rennrad unterwegs. Wir holen eine Gruppe von Radfahrern ein. Wir haben verabredet, zusammen weiterzufahren. Diese Sportler sind etwas unruhiger als wir, haben einen anderen Rhythmus, wie ich rasch bemerke. Wir fahren sehr gleichmäßig mit gleich bleibender Wattleistung, und wir sind sehr konzentriert, achten auf nahende Hindernisse wie Ampeln oder Unebenheiten des Bodens.

Plötzlich, ich fahre in dritter Reihe, ein lautes »Vorsicht«. Und da ist es auch schon zu spät. Die Fahrer an der Spitze haben eine nahende Baustelle nicht gesehen. Beim Bremsen komme ich mit meinem Vorderrad in den Schnellspanner des Hinterrads meines Freundes Peer. In wenigen hundertstel Sekunden sind alle Carbonspeichen weggesäbelt – bei einer Radumdrehung von 40 Kilometern pro Stunde. Ich lande bei meiner Vollbremsung im Kies, denn hier im Baustellenbereich gibt es keinen asphaltierten Bodenbelag mehr. Beim Stürzen breche ich mir das Schlüsselbein und hole mir einen Bänderriss.

Das ist ja nun schon eine Weile her, inzwischen geht es mir wieder gut. Ich übernehme 100 Prozent Verantwortung für dieses »Schicksal«. Denn ich bin nicht, wie ich es sonst tue, meiner Intuition gefolgt. Ich hätte lieber mit meinen drei Freunden allein weiterfahren sollen, weil mir die andere Gruppe zu chaotisch war. Ich hatte meine innere Stimme einfach ignoriert.

Nach dem Sturz wurde ich operiert. Habe ich meine Verantwortung für meine Gesundung beim Arzt an der Praxistür abgegeben? Mitnichten. Ich habe schon im Rettungswagen den inneren Film des Sturzes, der unangenehme Gefühle immer und immer wieder in mir wachrufen würde, mit einer mentalen Technik »zerstört«. Ich kann den Sturz heute nicht mehr sehen und fühlen. Ich habe schon im Rettungswagen 100 Prozent Verantwortung für meine Heilung übernommen. Denn ich weiß, dass unangenehme Gefühle das Immunsystem schwächen. Ein starkes Immunsystem ist so wichtig für eine gute Heilung. Und deshalb habe ich nach der Operation jeden Tag zwei Mal Mentaltraining gemacht und mir vorgestellt, wie kleine Männchen, Reparaturzellen, den Knochen wieder zusammenschustern, wie sie ihn lackieren, kleine Bindegewebssträngen einbauen, damit das Knochengewebe schnell wieder belastungsfähig ist. Ich habe mir vorgestellt, wie ich den Arm, der sechs Wochen in einer Schlinge stillgehalten werden musste, mit Bizepscurls und Trizepsdrücken trainieren würde. Und die Folge? Die Muskelatrophie war bei mir deutlich geringer als bei Menschen mit vergleichbaren Verletzungen, die kein Mentaltraining machen. Warum das wirklich funktioniert, werde ich dir später noch erklären, sodass du es für dich selbst nutzen kannst. Auch meine Knochenverletzung heilte in den sechs Wochen sensationell gut, obwohl das Operationsverfahren nicht optimal war. Wegen der Schürfwunden und dem damit verbundenen Infektionsrisiko war es nicht möglich, stabilisierende Platten in den Knochen zu schrauben. Der Chirurg hat die beiden Knochenstücke stattdessen mit einem Faden mittels Flaschenzugtechnik angenäht – eine sehr labile Konstruktion. Die Schulter ist ja ständig in Bewegung, selbst wenn der Arm in einer Schlinge liegt. Der Schulterexperte hatte diese spezielle Technik bei einem Professor abgeschaut. Doch dieser Professor, den ich zusätzlich konsultierte, sagte mir, dass sie mittlerweile drei Fäden nehmen würden, um die Stabilität zu erhöhen, weil sie einige instabile »Rückläufer« gehabt hätten.

Auch hier übernahm ich wieder Verantwortung für meinen Heilungsprozess, indem ich mir diese Zweitmeinung einholte. Und ich nahm in der Heilungsphase hochdosiert Glucosamine und Vitamin C ein, weil ich weiß, dass Vitamin C sehr wichtig für die Brückenbindungen in Kollagenfasern ist.

Solche Unfälle geschehen, das ist nicht zu ändern. Doch die Frage ist, wie du damit umgehst. Jammerst du und spielst das arme Opfer? Oder handelst du, informierst dich über Lösungswege und übernimmst die volle Verantwortung für dich?

Null zu eins

Du wirst staunen, es gibt nur zwei Möglichkeiten und nichts dazwischen: entweder 0 oder 1, also null oder eins. Das sind die Grundbausteine unseres digitalen Zeitalters. Wir können mit ihnen unsere hochkomplexe Welt und sogar den Kosmos erklären. Vom kleinsten atomaren Teilchen bis hin zu unvorstellbar großen kosmischen Nebeln von Sternensystemen.

NULL bedeutet, du übernimmst NULL Verantwortung. NULL bedeutet NULL Perspektive. NULL bedeutet NULL Chance auf den großen Erfolg. NULL bedeutet NULL Möglichkeit, ein erfülltes Leben zu leben. Ich weiß, das hört sich krass an. Die Null sieht fast aus wie ein »O«.

»O« wie Opfer!

Die EINS enthält immer einen Gedanken mehr. Mit der EINS sind wir immer schon einen Schritt weiter in unserem Denken. EINS bedeutet, EINS zu sein mit den eigenen Wünschen, ungeachtet der von uns negativ bewerteten Situationen da draußen in der Welt.

EINS zu NULL fühlt sich besser an als NULL zu EINS – oder?

Also:

Übernimm Verantwortung!
Immer!
Jederzeit!
Überall!
In allen Bereichen deines Lebens!

Für mich ist Selbstverantwortung also »digital«. Entweder habe ich null Prozent oder 100 Prozent Verantwortung. Punkt. Fertig. Entweder verstehe ich mich als Gestalter meines Lebens oder als Opfer. Und ein bisschen Opfer zu sein, das geht nicht. Ein Beispiel: Wenn eine Frau oder ein Mann in einer Beziehung lebt, in der sie oder er geschlagen wird, ist sie oder er ebenso verantwortlich dafür wie der Mann oder die Frau, der sie oder die ihn schlägt. Ich weiß, das klingt hart. Aber: Die oder der Geschlagene hat die Wahl zu gehen. Es ist ihre oder seine Wahl, bei diesem Partner zu bleiben.

Auch ein unzufriedener Angestellter hat immer die Wahl, einen neuen Weg einzuschlagen, sei es, zu einer anderen Firma zu gehen oder sich selbstständig zu machen. Es gibt immer Lösungen. Nur meist erscheint es uns schwerer, die Lösungen umzusetzen, als das Leiden zu erdulden.

Wir wissen, dass der Dreiklang in der Psychologie Täter-Opfer-Kläger keinen Ausweg bietet. Es ist ein Teufelskreis! Bei genauerem Hinsehen wird oft klar, dass das Opfer meist mitverantwortlich für sein Leiden ist. Der einzige Weg, da herauszukommen, ist: Alle Beteiligten übernehmen Verantwortung für sich selbst, für ihr Tun. Meine Exfrau und ich werden immer wieder gefragt, wie wir es geschafft haben, nach neun Jahren Beziehung und sechs Jahren Ehe unsere Beziehung so entspannt zu beenden und beste Freunde zu bleiben. Weil wir beide Verantwortung übernommen haben und unsere je eigene Rolle in dem Trennungsprozess angenommen haben. Wir haben es geschafft, unser Ego zurückzustellen, Selbstmitleid gar nicht erst aufkommen zu lassen. Wir wissen, dass wir *beide* an der Entwicklung unserer Beziehung beteiligt waren und dass es gut so ist, wie es ist. Wir haben beide zu 100 Prozent Verantwortung übernommen. Unser Match ist mit 1:1 zu Ende gegangen. Keiner hat gewonnen oder verloren, wir können beide völlig entspannt neue Wege gehen.

Das Wunderbare daran: Wir sind nach wie vor in Kontakt und unterstützen uns weiterhin gegenseitig, nur eben nicht mehr als Partner, die zusammen leben, sondern als Seelenpartner, als sehr gute Freunde. Und ganz ehrlich: Das ist so wertvoll. Denn wir haben das Korsett der Erwartungen, das Beziehungen oft einschnürt, bis beiden Partnern die Luft wegbleibt, gelöst und entsorgt. Denn wenn Menschen Erwartungen hegen, verhalten sie sich passiv. Eine wartende Haltung ist letztlich eine Opfer-Haltung. Wir warten darauf, dass der andere aktiv wird und so oder so handelt. Und wir sind enttäuscht, wenn er oder sie es nicht tut. Genau das ist der Antrieb für den typischen Opfer-Täter-Kreislauf. Und das Schlimme daran ist, dass diese vermeintlich bequeme Wartehaltung uns entmachtet!

Höre also auf, anderen Menschen Macht über dein Leben zu geben. Denn genau das machst du, wenn du dich selbst als Opfer verstehst. Höre auf zu leiden. Du wirst mit diesem Buch lernen, zu 100 Prozent Verantwortung für dich selbst zu übernehmen.

»Leiden ist leichter als Handeln«, sagt Reinhard K. Sprenger in seinem Bestseller *Das Prinzip Selbstverantwortung*. Und da hat er recht. So viele Menschen sind ständig am Jammern über ihr Leid und ihr Schicksal, statt endlich mal ihren A... – also ihren Gesäßmuskel, den Musculus gluteus maximus, zu bewegen und etwas zu verändern.

Es wird Zeit, dass immer mehr Menschen aufwachen und Verantwortung für sich übernehmen, um selbst zur Quelle der von ihnen gewünschten Veränderungen zu werden. Denn aus sich selbst zu schöpfen, führt zum Ziel. Gehe du voran, kümmere dich nicht darum, was die anderen tun, so wirst du erreichen, was du möchtest, und kannst sogar beispielhaft für andere sein. Denn wir leben in einer Zeit der epidemisch wuchernden Unverantwortlichkeit. Das verrät manchmal schon unsere Sprache. Wir sagen: Wir geben bei politischen Wahlen »unsere Stimme ab«. Und was bedeutet das wortwörtlich? Wir geben unsere Stimme, unsere Verantwortung, ab. Die Politiker werden es schon richten, denken wir. Und wie sieht es im Bereich der Arbeit und in unserem Privatleben aus?

In den Firmen haben wir Kollegen, die aufgrund ihrer Position verantwortlich sind, und in unserem Privatleben haben wir vermeintlich keine Wahl. Doch das ist falsch, wir haben immer die Wahl! Reinhard K. Sprenger beschreibt übrigens in dem erwähnten Buch auch eindrucksvoll die inneren Mechanismen und Strukturen in Firmen, wenn es um das Delegieren von Verantwortung geht. Ich musste herzhaft lachen, als ich eine seiner Kapitelüberschriften las: »Im Unternehmen ist der Kelch der Verantwortung ein Wanderpokal.« Herrlich. Und traurig zugleich.

Nur wenn du Verantwortung übernimmst, wird dieses Buch das Gute bei dir bewirken, das sich dein Bewusstsein, deine Seele, dein Herz verspricht.

II
Change your Mindset

oder Die Macht des Unbewussten
bestimmt unser Handeln

Die Wirkungskette
Denken, Sprechen, Fühlen

Im Anfang war das Wort, und das Wort war bei Gott, und Gott war das Wort.

Evangelium nach Johannes

... Und dann kam das Missverständnis.

Slatco Sterzenbach

Mir stehen als Coach mehrere Wege offen, bei meinen Kunden die Sachlage oder Lebenssituation zu analysieren und dann möglicherweise zu intervenieren. Jahrelang habe ich mich als Personal Trainer bei Einzelcoachings auf das Verhalten des Menschen konzentriert. Ich habe etwa Ess- und Trainingsgewohnheiten beobachtet und den Entspannungswert (die Herzfrequenz-Variation) analysiert und bewertet, bevor ich zu Verhaltensänderungen anregte.

Beim Studieren der Gewohnheiten des Kunden maß ich die sich daraus ergebenden Parameter und stellte etwa Folgendes fest. Jemand, der oft Kohlenhydrate aß und ein zu intensives Training betrieb, hatte einen messbar schlechten Fettstoffwechsel. Und dann ging mir immer wieder das Zitat aus dem *Talmud* durch den Kopf, dessen Tiefgründigkeit sich mir aber noch lange nicht erschloss:

Achte auf deine Gedanken, denn sie werden deine Worte.
Achte auf deine Worte, denn sie werden deine Gefühle.
Achte auf deine Gefühle, denn sie werden dein Verhalten.

Achte auf deine Verhaltensweisen, denn sie werden
deine Gewohnheiten.
Achte auf deine Gewohnheiten, denn sie werden dein Charakter.
Achte auf deinen Charakter, denn er wird dein Schicksal.
Achte auf dein Schicksal,
indem du jetzt auf deine Gedanken achtest.

Aus dem Talmud

Das äußerlich Sichtbare ist ein Ergebnis unserer Gedanken. Wie wahr dies doch ist! Nun, als Coach kann ich zwar (noch) nicht die Gedanken meiner Kunden lesen. Doch ich kann genau hinhören, was und wie sie reden. Denn die Muster ihres Denkens legen sie mit ihrer Sprache offen. Unbewusst zeigen sie die Regeln ihres Denkens, unbewusst offenbaren sie, nach welcher Strategie sie denken, leben und arbeiten. Daraus lässt sich ableiten, welche ihre Motivationen sind.

Und das geht natürlich auch umgekehrt: Wenn ich Sprache bewusst anwende, ändern sich meine inneren Bilder, das intern Gehörte, und letztlich ändert sich damit auch das Gefühlte. Das bedeutet: Wörter lösen Gefühle aus. Und genau dieses Wissen wende ich bei meinen Vorträgen, Seminaren und vor allem in meinen Einzelcoachings an. Dieses Wissen erhältst du nun mit diesem Buch. Es wird deine Sicht über die Welt verändern. Und damit ein Stein der Basis sein, die du dir für deine Veränderung schaffst. Für die Veränderung, die du *für dich* anstrebst.

Die Wahrheit liegt in der Wortwahl

Es war ein Vortrag vor über 350 Führungskräften in München. Es war mein Bestseller-Vortrag, »Der perfekte Tag«, in dem es darum geht, wie wir mit wenigen kleinen Veränderungen im Alltag durch neue positive Gewohnheiten unseren Energielevel um ein Vielfaches steigern können. Der Gehalt dieses Vortrags ist, vereinfacht wiedergegeben, folgender:

> Iss mehr Obst und Gemüse.
> Treibe drei Mal pro Woche 30 Minuten Ausdauersport.
> Belaste zwei Mal pro Woche für mindestens 15 Minuten deine Muskeln mit intensivem Training.
> Schlafe mindestens sechs, besser siebeneinhalb Stunden.
> Höre mit dem Rauchen auf und reduziere deinen Alkoholkonsum.

Du wirst sagen: »Ja, das kenne ich schon«.
Es sind also keine weltbewegenden neuen Erkenntnisse. Und genau das war auch der Grund, warum ich irgendwann auf die Idee kam: Wir sind Wissensgiganten und Umsetzungsdilettanten.
Es ist allerdings eine Kunst, diese grundlegenden, im Prinzip sehr einfachen Lebensregeln so zu kommunizieren, dass es »klick« im Kopf meiner Zuhörer macht. Eine Sprache, die Emotionen hervorruft, die Informationen mithilfe von Metaphern und Symbolen im Gehirn des Zuhörers verankert, ist das Mittel, um einen Veränderungsprozess einzuleiten. Dann werden diese so einfach klingenden Imperative auch verinnerlicht und umgesetzt.
Nach dem Vortrag kam der Vorstand einer großen Bank zu mir, stellte sich mit verschränkten Armen vor mich hin und brachte schwer atmend hervor:
»Herr Sterzenbach, Sie haben ja recht. Eigentlich ... müsste ... man ... mal Sport machen.«
Dieser Satz, so geäußert, war und ist ein gefundenes Fressen für jeden, der sich bewusst mit Sprache (und Körperhaltung) auseinandersetzt. Warum?

Der erste Platzhalter »eigentlich«

Mache bitte jetzt sofort folgendes Experiment mit deiner/m Liebsten. Gehe zu ihr/ihm hin und sage ihr/ihm mit einem tiefen Blick in die Augen: »Schatz, eigentlich liebe ich dich!«
Ich verspreche dir, es wird eine angeregte Diskussion zwischen euch beiden geben. Der Abend wird vermutlich gelaufen sein.
Wir alle wissen, dass »eigentlich« ein Platzhalter für Ausreden ist. Das Wort lässt ein Hintertürchen offen. Und gleichzeitig, obwohl alle das genau wissen, verwenden so viele Menschen, selbst hochgebildete und sprachlich trainierte Menschen, dieses Wort immer und immer wieder unbewusst. Du schwächst dich damit in deiner Wirksamkeit erheblich, denn du gibst dir unbewusst schon die Erlaubnis, das Gesagte nicht zu tun, zu erreichen oder nicht wirklich zu fühlen. Und genau das möchte ich verhindern.

Das Stress erzeugende »muss« und der »innere Schweinehund«

Kommen wir zum zweiten Unwort des Vorstands. Hier haben wir gleich zwei Erfolgsverhinderer in einem Wort: zum einen das Stress erzeugende »muss« und zum anderen den Konjunktiv. Was du dir immer wieder bewusst machen darfst, lieber Leser, ist: Wir selbst sind, was wir (unbewusst) denken und fühlen. Wir selbst beeinflussen damit, wer wir sind. Und jetzt erinnere dich mal, wann du das Wort »müssen« oft gehört hast? Richtig, in deiner Kindheit. Da fing es an mit dem »müssen«. Es sei denn, du bist nach Laisserfaire-Regeln erzogen worden, aber das sind wohl die wenigsten von uns.
»Du musst noch dein Zimmer aufräumen.«
»Du musst noch deine Hausaufgaben machen.«
»Du musst erst aufessen, bevor du spielen darfst.«

Der Muss-Katalog deiner Kindheit und Jugend ist 1000 Seiten lang. Wie hast du dich dabei gefühlt, wenn solche Sätze kamen? Mies. Richtig! Es war Stress. Du hattest ein negatives Gefühl. Und ein negatives Gefühl war noch nie ein guter Begleiter auf dem Weg zum Ziel.

»Ich muss noch eine Diät machen.« – Wie fühlt sich dieser Satz an?

Genau! Dein Unbewusstes wird das innere Kind in dir wachrufen, das rebelliert hat: »Ich muss gar nichts!« Und schon steht der »Schweinehund« – wenn es ihn denn wirklich geben sollte – parat. Übrigens: Auch der »innere Schweinehund«, den du bemühst und der dich angeblich besiegt, spielt keine andere Rolle, als deine persönliche Verantwortung zu tragen. Du willst sie nicht übernehmen, also soll er für dich herhalten. Was ist ehrlicher?

»Da gibt es diesen Schweinehund, der hält mich vom Joggen ab«, versus »Ich nehme mir bisher noch keine Zeit für das Joggen, da ich andere Prioritäten habe.«

Im zweiten Satz sendest du eine Ich-Botschaft, die signalisiert, dass du dein Leben selbst gestaltest. Du hast Macht über dein eigenes Tun, niemand bestimmt über dich. Das kostet dich auch wesentlich weniger Energie, als dir Ausreden zu überlegen und die Verantwortung abzugeben. Das fühlt sich nicht gut an.

Kommen wir zurück auf »muss« versus »darf«. Auch hier ist die Ich-Botschaft wesentlich: Was also kannst du sagen, wenn du eine Diät machen möchtest?

»Ich stelle gerade meine Ernährungsweise um, damit ich mein Traumgewicht schnell und mit Spaß erreiche.«

Welcher Satz fühlt sich besser an? Was denkst du, welcher Satz wird dir eher helfen, dieses Ziel zu erreichen? Und vor allem: Wie oft wirst du gute oder negative Gefühle in diesem Prozess haben? Denn diesen Satz wirst du dir wahrscheinlich mehrmals täglich vorsagen. Ich bin immer wieder erstaunt, wie viele Motivationstrainer sich auf die Bühnen dieser Welt stellen und einen wahren »Muss-Regen« auf ihre Zuhörer niederprasseln lassen. Ich habe mir mal den Spaß erlaubt und bei einem dieser Trainer mitgezählt: In nur 90 Minuten waren es 132-mal »Ihr müsst ...«. Dieser Trainer darf seine Sprache überdenken und ändern, wenn er wirksamer werden möchte, denn er erreicht genau das Gegenteil von dem, was hoffentlich seine Intention ist: Veränderung bei den Teilnehmern zu bewirken.

Wie fühlen sich diese Sätze für dich an?
»Ich muss zur Arbeit«, versus »Ich darf zur Arbeit.«
»Ich muss Diät halten«, versus »Ich erreiche mein Wunschgewicht mit Spaß.«
»Ich muss mich verändern«, versus »Ich darf mich verändern.«
»Ich muss heute noch mit einem potenziellen Kunden telefonieren«, versus
»Ich darf heute noch mit einem potenziellen Kunden telefonieren.«
»Ich muss heute noch zum Sport gehen«, versus »Ich darf heute noch zum Sport gehen.«

Etwas *zu dürfen* ist ein Privileg. Das damit verbundene Gefühl ist: Wir sind berechtigt, wir haben die Möglichkeit und die Freiheit, etwas zu tun. Wir können die Chance nutzen und selbstverantwortlich und selbstbestimmt wählen.
Wenn du also in deinem Tun noch wirksamer werden möchtest und du leichter deine Ziele erreichen willst, wähle das Wort »dürfen« statt »müssen«. Ich weiß, es gibt Menschen, die benötigen »müssen«, um sich zu motivieren. In meiner Welt sind das eher

wenige, die diesem Reaktionsmuster folgen. Die meisten reagieren auf »müssen« unbewusst mit »Ich muss gar nichts!«

Der zweite Platzhalter »man«

Und nun kommen wir zu einem »Weichmacher«, der dich unbewusst deiner Verantwortung enthebt und somit deine Motivation, deine Energie zu handeln und zu verändern erschlaffen lässt.

Wenn jemand in deinem Umfeld, sei es im Sportclub, auf dem Elternabend oder am Arbeitsplatz sagt: »Da sollte man mal was ändern«, dann weißt du sofort, wer es garantiert nicht machen wird. Du weißt, er oder sie ist es jedenfalls nicht.

Erspüre doch einmal, was für ein Gefühl du hast, wenn du dir innerlich sagst: »Man hat Sex.« Fühl das doch bitte mal nach. Ich weiß, als Mann wird es dir schwerfallen, und du wirst es wohl nicht hinbekommen. Oder doch? Wer weiß? Fühlst du etwas? Nicht wirklich, oder?

So, und nun zum Vergleich: Schließe deine Augen und sage dir leise innerlich vor: »Ich habe Sex.« Bemerkst du den Unterschied? Erscheinen da plötzlich große Bilder, und kannst du weitere Sinneswahrnehmungen aus deinen Erinnerungen abrufen? Düfte? Geräusche? Berührungen? Magisch – oder?

Das Wörtchen »man« *dissoziiert* uns, das heißt wörtlich (aus dem Lateinischen) es trennt, es spaltet uns. Und zwar trennt es unsere Gefühle von uns ab. Bisher wirst du »man« so oft unbewusst genutzt haben, dass es dir gar nicht aufgefallen ist. Ich erlebe fast wöchentlich in meinen Vorträgen und Seminaren, dass es alle verwenden. Ich erkläre es dann, und alle nicken. Und in den Pausen? Was passiert? Alle sind wieder im »man«-Modus, ohne es zu bemerken.

Der Satz »Dafür hat man keine Zeit« nimmt dich aus der Verantwortung, genauso wie die Aussage, dass es da einen Schweinehund gibt, der dich angeblich von irgendetwas abhält. Du schiebst die

Verantwortung weg von dir, nach draußen. Die anderen, die Gesellschaft ist »man«.

Mal ehrlich, bist du schon mal der Gesellschaft begegnet? Ich nicht. Wenn du in Zukunft sagst: »Ich habe mir bisher dafür keine Zeit genommen«, erst dann emanzipierst du dich von anderen. Du machst dich frei, übernimmst die Macht über dich, die Verantwortung. Dann bist du »assoziiert«, also mit dir eins, mit deinem eigenen Gefühl. Mit dem Wörtchen »man« stehlen wir uns weg, weichen vor dem Konkreten aus, haben keine eigene Meinung mehr. »Man« sind immer die anderen, das kann ja nicht falsch sein. Das »man« wirkt auch wie ein Schutzschild vor möglichen Angriffen gegen uns und unsere eigene Meinung.

Vielleicht machst du heute und morgen einmal folgende Aufmerksamkeitsübung: Du beobachtest beziehungsweise hörst einmal genau hin, wie die Menschen in deinem Umfeld sprechen. Du konzentrierst dich nur darauf, wie oft jemand das Unwort »man« verwendet. Du wirst erstaunt sein. Selbst in den Medien wirst du es ständig hören, sehen und lesen.

Dieses Erkennen ist der erste Schritt auf dem Weg, deine Sprache zu verändern. Und die Sprache wird deine Gedanken ändern. Damit hast du einen weiteren Grundstein gelegt für deine Veränderung.

Du sendest die Botschaft

Was passiert da in deinem Kopf, wenn du nicht von dir selbst, sondern von »man« oder vom »inneren Schweinehund« sprichst? Dieser Wortgebrauch raubt dir die Antriebsenergie. Wir haben gerade »assoziiert« und »dissoziiert« unterschieden. Assoziiert bedeutet, du siehst dich unmittelbar an der Situation beteiligt. Du bist sozusagen in der Szene drin. Du nimmst die Perspektive von innen ein, als wärest du dabei. Deine inneren Bilder haben 3-D-Format. Entsprechend intensiv ist dein Gefühl.

Wenn du in der »man«-Form oder vom Schweinehund sprichst, bist du nicht bei dir. Du wirst merken, wenn du genau hinschaust, dass die inneren Bilder flach sind, zweidimensional wie eine Postkarte. Du siehst dich von einem externen Standpunkt aus, bist nicht dabei. Im Extremfall siehst du dich sogar als nicht beteiligt.

Willst du dich aber in Bewegung setzen, motivieren, dann ist die gefühlte Beteiligung, die Emotion, wesentlich. *E*-Motion ist die *Gemüts*-bewegung. Gefühle bringen dich in Bewegung, ein neues Verhalten in dein Repertoire aufzunehmen. Die Ich-Botschaft hilft dir dabei – immer. Mit ihr schickst du den Schweinehund ein für alle Mal in die Wüste und streichst das *Un*-Wörtchen »man« aus deinem Wortschatz.

Das leere Versprechen »versuchen«

Wir alle wissen, was geschieht, wenn jemand antwortet: »Ich werde versuchen, pünktlich zu sein.« Die Formulierung schließt die Möglichkeit des Scheiterns schon ein. Wer nur versucht, der übernimmt keine Verantwortung. Er meint unbewusst, dass es Faktoren gibt, die er nicht beeinflussen kann. Natürlich können Dinge geschehen, die unser pünktliches Erscheinen verhindern. In 15 Jahren, die ich als Vortragsredner aktiv bin, bin ich nur einmal 10 Minuten zu spät gekommen. Ich kam von einem Vortrag in der Schweiz und hatte am nächsten Tag einen in Berlin. Es schneite wie verrückt, und es war kalt. Der Flieger musste immer wieder abgetaut werden. Als es endlich von Zürich aus losging, flogen wir nicht wie geplant nach Berlin, sondern nach Frankfurt. Es gab dort einen Anschlussflug, der zeitlich knapp nach Ankunft unseres Fliegers startete, und so rannte ich über die ewig langen Flure, um diesen Anschlussflug zu erreichen. Eine Minute bevor das Gate geschlossen wurde, kam ich klitschnass geschwitzt, aber glücklich an. Zum Glück bin ich so fit, dass mir der Sprint zum Gate gelang. In Berlin war dann natürlich auch ein Schneechaos, und überall staute sich der Verkehr. Ich brauchte mehr als eine Stunde vom Flughafen Tegel zum Hotel in Neukölln. Ich hatte dem Veranstalter von unterwegs aus mitgeteilt, dass ich es nicht pünktlich schaffen werde, und er dehnte die Pause vor meinem Vortrag einfach etwas aus.

Ich plane immer so viel Pufferzeit ein, dass Unvorhergesehenes meine Pläne nicht stört. Wenn der Vortrag am Morgen ist, bin ich schon am Vorabend da, selbst wenn ich dafür den Nachtzug nehmen muss. Weil ich möchte, dass die manchmal bis zu tausend Zuhörer den Tag so beginnen dürfen, wie sie ihn geplant haben. Pünktlich!

Ich versuche nie pünktlich zu sein. Ich bin es einfach. Fertig.

Wie oft »versuchst« du etwas? Mein Tipp: Mache es einfach!

Ich versuche keine Diät. Ich mache eine Diät, weil ich mich dazu entschließe. Ich gebe auf den Bühnen mein Bestes; ich versuche es nicht nur.

Der Bullshit-Buzzer

In meinen Seminaren habe ich direkt neben mir auf meinem Platz ein nützliches kleines Gerät stehen, das auf Knopfdruck laute Brummtöne abgibt, Bullshit-Buzzer. Ich drücke ihn sofort, wenn eines der Unworte – »man«, »eigentlich«, »müssen«, »versuchen« – fällt. Dann dröhnt es »Bullshit«. Keiner von den Teilnehmern möchte diesen Ton verursachen. Und dennoch: Es ist erstaunlich, wie lange Menschen brauchen, um das Bewusstsein für diese Unwörter zu entwickeln. Das gilt vor allem für den eigenen Gebrauch der Wörter. Wenn ich sie mit dem Bullshit-Buzzer unterbreche, fragen sie anfangs oft nach »Wie? Ach, echt? Habe ich wirklich *eigentlich* gesagt?«

Nach einer gewissen Zeit verläuft das Seminar ohne Ton-Störungen des Buzzers. Die Teilnehmer sprechen bewusster. Doch kaum sind sie in der Pause, höre ich hier und da wieder »man« und »eigentlich«. Die Entspannung setzt ein, die Aufmerksamkeit lässt nach. Bis sich der Entschluss, diese Unwörter künftig zu meiden, im Unbewussten festgesetzt hat, dauert es eine ganze Weile.

Warum achte ich so sehr darauf? Weil wir uns damit ungewollt – da unbewusst – schwächen, bevor wir überhaupt handeln. Wir schwächen uns mit diesen Wörtern auch in Situationen und bei Zielsetzungen, die uns wichtig sind.

Mein Ziel ist, dass du als Leser – so wie meine Teilnehmer in Seminaren – bewusst UND unbewusst in eine einzige Richtung gehst.

Leerwörter der Verzagten

Die in der deutschen Grammatik sogenannten Modalverben »müssen, können, sollen« verraten uns etwas über die Auffassung des Sprechers, über sein Denken, den Hintergrund des Gesagten. Im Neurolinguistischen Programmieren (NLP) bezeichnen wir diese Wörter auch als *Modaloperatoren.* Sie lassen in ihrer Bedeutung mehrere Möglichkeiten zu. »Wir sollten weniger Fett essen« bedeutet, dass jemand dies fordert. Doch das heißt noch nicht, dass wir es auch tun wollen und werden. Die Modaloperatoren schwächen die Gültigkeit des Gesagten ab, was sich angenehmer, höflicher anhört. Mit den Modalverben bilden wir auch den Konjunktiv: »Wir könnten uns ja um 20 Uhr verabreden.«

Vergleiche bitte die Wirksamkeit und Durchsetzungskraft dieser Sätze:

»Wir könnten uns ja um 20 Uhr verabreden«, versus »Lass uns um 20 Uhr treffen.«

»Ich würde mich ja gerne mehr einbringen bei diesem Projekt«, versus »Zu dem Projekt trage ich Folgendes bei: ...«

»Ich müsste mal mit meinem Chef über mein Gehalt sprechen«, versus »Ich mache jetzt einen Termin mit meinem Chef, um über eine Gehaltserhöhung zu sprechen.«

Merkst du den Unterschied? Die ersten Sätze gehören den Verzagten, den Mutlosen, sie drücken keine Realität, sondern Potenzialität, also Möglichkeiten aus.

Erfolgreiche, das heißt auch entschlossene, aktive Menschen sprechen anders. Sie wählen Worte der Tat, keine Modaloperatoren. Ihre Sprache bildet die Realität ab.

Du erinnerst dich an den zitierten *Talmud*: Das Außen verändert sich, wenn sich deine Sprache verändert. Deine Sprache verändert sich, wenn sich dein Innen, dein Glaube und deine Gedanken verändern. Und das Innen und Außen wirken wechselseitig. Es ist ein Kreislauf. Und genau um diesen Kreislauf geht es.

Mein Tipp: Wenn du in einer Partnerschaft, beruflich wie privat bist, achtet gegenseitig darauf und helft dem anderen, indem ihr euch darauf hinweist, wenn ihr wieder eines dieser Unwörter verwendet. Meine Exfrau und ich haben uns immer sofort darauf aufmerksam gemacht, und es hat uns sehr geholfen, wirksamer in dem zu werden, was wir wirklich wollen. Vielleicht kauft ihr euch auch einen Bullshit-Buzzer?

Die selbstbestätigende Wirklichkeitsschleife

Die Wirklichkeit ist die Hölle, aber sie ist der einzige Ort,
wo man ein gutes Stück Steak bekommen kann.

Woody Allen (1935*),
amerikanischer Regisseur und Schauspieler

Schon Jahrtausende gibt es unterschiedliche Vorstellungen davon, wie wir uns unsere Realität erschaffen. Wie wir auf das, was wir wahrnehmen, reagieren. Schon der griechische Philosoph Platon hat mit seinem berühmten Höhlengleichnis gezeigt, dass das, was wir wahrnehmen, nicht die Wirklichkeit an sich, sondern unsere eigene Wirklichkeit ist: Wie die Schatten an der Wand einer Höhle, die vom Schein eines Lagerfeuers hervorgerufen werden, sehen wir nur Abbilder der Wirklichkeit. Viele weitere Denker haben später über die Wahrnehmung von Wirklichkeit nachgedacht und ihre Modelle dazu entworfen.

Ich arbeite gern mit einem ganz einfachen Modell, das mein von mir sehr geschätzter Kollege Alexander Hartmann in seinem Buch *Mit dem Elefant durch die Wand* vorstellt. Er hat es James Tripps *Hypnotic-Loop* entliehen.

IMAGINATION

Wir haben ständig Bilder und Sprache im Kopf – die meiste Zeit unbewusst. Das Geschehen vor unserem inneren Auge läuft wie ein Film ab, und wir hören auch Stimmen. Manchmal bekannte und manchmal unbekannte Stimmen. Unsere Gedanken – laut Hirnforschung und psychologischen Erkenntnissen haben wir 70.000 täglich – kommen und gehen zumeist unbewusst! Wir nehmen sie nicht wahr.

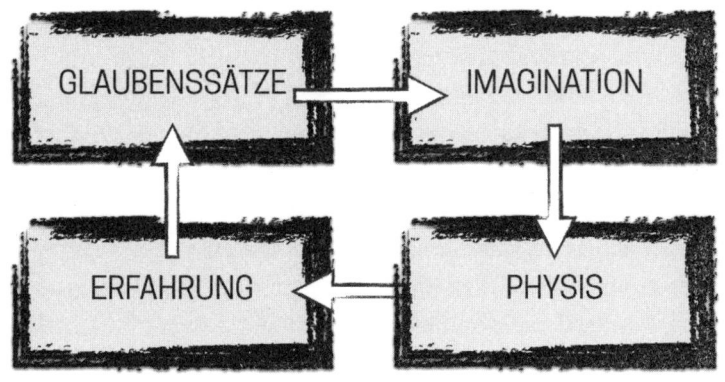

Reality-Loop

Das rechte obere Feld in der Grafik steht für diesen unaufhörlich wirksamen Mechanismus des Imaginierens in unserem Gehirn.

PHYSIS

Bitte stell dir vor, du stehst an einem Abgrund und kippst leicht nach vorn ...

Bemerkst du es? Du nimmst sofort eine Veränderung deines Körpers wahr. Und jetzt als Kontrast dazu etwas Schönes: Erinnere dich an den besten Sex, den du je hattest. Erinnere dich an das, was du sehen konntest. Was konntest du hören? Wie hat es sich angefühlt?

Der britische Arzt, Naturforscher und Physiologe William B. Carpenter wies schon Mitte des 19. Jahrhunderts darauf hin, dass unsere Wahrnehmung zum größten Teil unbewusst erfolgt. Seine Experimente dazu wurden später mehrfach bestätigt, unter anderem mit folgendem vierwöchigen Experiment: Mehreren Menschen wird ein Arm eingegipst. Dann werden sie in zwei Gruppen eingeteilt. Die Probanden der einen dürfen mit dem eingegipsten Arm nichts machen. Die Durchblutung der Muskulatur wird regelmäßig gemessen. Die Menschen der anderen Gruppe haben die Aufgabe, sich zwei Mal am Tag für fünf Minuten vorzustellen, und zwar nur vorzustellen (!), wie sie mit dem eingegipsten Arm Muskelübungen mit Gewichten machen, Bizepscurls und Trizepsdrücke. Auch bei ihnen wird die Durchblutung der Armmuskeln gemessen. Das Ergebnis der ersten Gruppe: sehr starker Muskelschwund. (Du kennst das vielleicht aus persönlicher Erfahrung, wenn du mal einen Bruch hattest.) Die Probanden der anderen Gruppe, die das Mentaltraining absolviert haben, weisen im Experiment eine bis zu 50 Prozent bessere Durchblutung auf als die Probanden der mental passiven Gruppe. Ohne dass sie tatsächlich Gewichte gehoben oder sich bewegt haben, hat die Imagination der mental aktiven Menschen dies bewirkt. Nach vier Wochen sind ihre Muskeln längst nicht so atrophiert, also dünner geworden, wie bei der anderen Gruppe. Wir nennen das Ideo-Motorik, von Idee, Vorstellung, und Motorik, also Bewegung.

Die von mir oben zuerst erwähnte Übung, ein Sexerlebnis nachzuempfinden, war eine Übung für die Ideo-Emotionalität.

Eine Vorstellung bewirkt ein Gefühl.

Und dann gibt es noch die Ideo-Sensorik. Wir liegen draußen in der Natur und haben beim Einschlafen ein paar Ameisen gesehen, könnten schwören, dass sie uns »gebissen« haben und gerade auf unserem Arm entlanglaufen. Doch der Blick auf den Arm verrät uns: keine Ameise.

Das bedeutet, unsere inneren Bilder und Gedanken lösen unmittelbar Veränderungen in unserer Physis aus – und zwar messbar. Das ist der Grund, warum wir genau darauf achten dürfen, welche Bilder wir in unseren Kopf hineinlassen (Nachrichten, Horrorfilme ...). Negative Bilder stressen uns, das System, das unser Organismus ist. Messbar! Und ein gestresster Organismus alarmiert das Immunsystem. Jetzt weißt du, warum ich seit über zehn Jahren Informationsdiät mache. Ich achte nicht nur darauf, was ich beim Essen in den Mund nehme, sondern auch darauf, was ich beim Medienkonsum über die Sehrinde in mein Hirn lasse.

ERFAHRUNG

Körperlich fühlbare Momente, Erleben, formen unsere Erfahrungen. Unsere Ein-*drücke*. Es drückt sich etwas in unser Gedächtnis ein. Wir erfahren und erfühlen die Welt. Jeden Moment. Und häufig erfahrene Gefühle prägen unser Bild von der Welt. Unsere Glaubenssätze.

GLAUBENSSÄTZE

In dieser gelben Box steckt alles, was wir über die Welt und uns selbst denken. Alle Überzeugungen, die gesellschaftliche, politische und private Dinge betreffen. Umwelt, Wirtschaft, Politik, Arbeit, das andere Geschlecht, der eigene Wert, Geld, Sex, Liebe ... einfach alles ist hier enthalten.

Cogito ergo sum – Ich denke, also bin ich, formulierte der französische Philosoph René Descartes und leitete damit eine neue Epoche der Philosophie ein, der *philo-sophia*, der »Liebe zur Weisheit«. Der Erkenntnis von uns selbst. Gedanken und Glaubenssätze beeinflussen deine inneren Bilder. Wenn du aufgrund deiner Erfahrungen glaubst, dass alle Männer beziehungsweise Frauen fremdgehen, hast du entsprechende Bilder im Kopf. Aufgrund des Prinzips der Resonanz, des Echos, das du mit deinem Denken erzeugst, wirst du mehr und mehr Geschichten von Bekannten und Freunden oder aus den Medien aufnehmen, die von einem Mann beziehungsweise einer Frau erzählen, der oder die fremdgegangen ist.

Die selektive Wahrnehmung unterstützt dieses Phänomen noch: Du selektierst, du wählst unbewusst aus, was dich besonders interessiert. Und das ist in dem Fall die Bestätigung deines Denkens. Du willst wissen, ob es stimmt.

Die inneren Bilder, die du hast, rufen negative Gefühle gegenüber deinem männlichen oder weiblichen Lebenspartner hervor. Diese Gefühle verändern auch deine Physis. Dein Unterbewusstsein wird dich in deinem Glauben bestätigen wollen. Das nennen wir selbsterfüllende Prophezeiung. Du wirst, ohne dass es dir bewusst ist, besonders aufmerksam sein für Informationen über genau dieses

Thema. Deine Glaubenssätze wirken wie Filter deiner Wahrnehmung. Und das, was den Filter passiert, wirst du als *wahr* interpretieren. Und damit wird es wahrscheinlich auch zu *deiner Wahrheit* werden. Hier ist die Resonanz wirksam. Es darf dich also nicht wundern, wenn *genau das in dein Leben gelangt, was du glaubst.* Das Schöne ist, es funktioniert auch bei positiven Glaubenssätzen, die du für dich gewinnen kannst. »Das Leben darf leicht sein.« »Das Universum liebt mich.« »Ich habe ein Recht darauf, reich, glücklich und gesund zu sein.«

Doch wie kommst du zu neuen, guten Glaubenssätzen, wenn deine Vergangenheit negative Sätze immer wieder bestätigt hat?

Zuerst darfst du lernen:

> Wie genau darf meine Informationsdiät aussehen? Auf welche (Junk-)Media verzichte ich in Zukunft? TV? Radio? Zeitung? Magazine? Facebook?

Und dann:

> Die Frage ist nicht, wie du dich mental positiv beeinflusst, wie du dich hypnotisierst, sondern, wie du aus deiner täglichen negativen Hypnose herauskommst.

In meiner Realität und nach dem, was ich bisher über unser Bewusstsein weiß, sind wir nur selten wirklich bewusst im Augenblick, sondern meist unbewusst wie in Trance – sei es beim Autofahren, beim Fernsehen, beim Zähneputzen, beim Staubsaugen, beim Kochen, beim E-Mail-Schreiben ... Nur sehr selten sind wir uns dessen bewusst, was wir wirklich tun und gerade in diesem Moment denken.

Diese Erkenntnis ist der erste Schritt zur Veränderung: Wenn wir achtsam sind, uns unsere Gedanken bewusst machen, werden wir die Tür für eine Veränderung aufstoßen.

Das Unterbewusstsein steuert das Bewusstsein

Es ist leichter, zum Mars vorzudringen, als zu sich selbst.

C. G. Jung (1875–1961), schweizerischer Psychiater

In meinem Trailer rede ich davon, dass Veränderung nicht auf der Inhaltsebene stattfindet, sondern in Mustern auf der Ebene des Unbewussten. Wenn du ihn dir anschauen willst, hier findest du ihn: www.slatco-sterzenbach.com

Warum mache ich einen Unterschied zwischen den Mustern auf der Ebene des Unbewussten und der Inhaltsebene bei einer Veränderung?

Wenn du bei mir im Seminar oder Vortrag sitzt, hörst du meinen Worten zu und siehst die Bilder, die ich entweder am Flipchart entwickle oder mit dem Beamer an die Wand projiziere. Diese Informationen sind auf zwei Ebenen wirksam. Auf der bewussten und der unbewussten Ebene, auf der Inhaltsebene und auf der Ebene des Unbewussten, wo Verhaltens- und Denkmuster gespeichert sind.

Dein explizites Bewusstsein konzentriert sich auf die Inhalte, auf die Informationen und auf die Geschichten. Und gleichzeitig fragt sich dein implizites Bewusstsein, also dein Unterbewusstsein: Was habe ich davon? Was kann ich daraus lernen? Wie fühlt sich das für mich an? Es sucht nach Verknüpfungen zu bereits Erfahrenem und dem Glaubenssystem, welches über Jahre gespeichert und verfeinert wurde. Das geht rasant schnell, ohne dass dein Verstand davon etwas mitbekommt. Es ist wie mit der Regierung und dem Pressesprecher. Der Pressesprecher weiß oft als Letzter, was »abgeht«. So ist es auch mit unserem expliziten und impliziten Bewusstsein.

Bevor ich einen Vortrag halte, setze ich mich mit dem Ziel und dem im Moment gültigen Glaubenssystem der Teilnehmer auseinander. Das ist das Wichtigste. Ich frage mich:

> Was sind die primären Glaubenssätze der Teilnehmer?
> Was ist das Ziel meines Vortrags?
> Was ist das Ziel des Kunden, was er mit meinem Beitrag bei den Zuhörenden/Seminarteilnehmern erreichen möchte? Oder: Was möchte er, dass die Teilnehmer nach meinem Vortrag anders machen und anders denken?

Also überlege ich mir vorher, welche Geschichten, welche Glaubenssätze und welchen emotionalen Zustand die Teilnehmer verinnerlicht haben. Der Inhalt der Story oder der Fakten ist für die erwünschte Veränderung unwichtig. Es können ganz verschiedene Inhalte sein, je nach Auftraggeber. Wichtig ist aber die emotionale, unbewusst erfolgende Reise, auf die ich meine Teilnehmer mitnehme.

Wenn ich zum Beispiel meinen Vortrag »Change als Chance« halte, kann ich davon ausgehen, dass mich eine Firma gebucht hat, die gerade große Veränderungen vor sich hat und die Mitarbeiter eventuell Angst vor dieser Veränderung haben.

Fakt ist, Veränderung ist Normalität. Doch das Wissen darum mindert nicht die unbewussten Ängste der Mitarbeiter: Werde ich meinen Job behalten? Muss ich danach etwas anderes machen? Muss ich sogar an einen anderen Ort ziehen? Sehe ich meine Kollegen noch? Werde ich weiterhin so bezahlt wie bisher? Ändern sich meine Arbeitszeiten? Muss ich meine Routine aufgeben?

Das alles ruft negative Emotionen hervor. Unsicherheit macht sich breit. Meine Aufgabe ist es dann, die Mitarbeiter von der Überzeugung: »O Gott, da kommt eine Veränderung. Veränderung ist unangenehm«, zu der Überzeugung »Cool, es gibt was Neues, und ich darf dabei sein«, zu bringen.

Wenn ich meinen Vortrag gleich mit einer Erzählung darüber beginnen würde, wie toll Veränderung ist, würde ich meine Zuhörer verlieren. Ich hole sie da ab, wo sie sind. Und nehme sie dann Schritt für Schritt mit von der Einstellung »Veränderung ist doof« zu der Überzeugung »Veränderung ist normal und ein Zeichen von Leben«. Oder von der Einstellung »Veränderung war schon oft im Nachhinein gut« wie »Der Komfort bei der Entwicklung von der Schreibmaschine mit TippEx zum Computer mit Löschtaste« hin zu »Veränderung ist immer ein Zeichen, dass es besser wird«. Und dieser gefühlte Wechsel funktioniert durch den Austausch von Mustern auf der Ebene des Unbewussten.

Sicherlich kennst du Vorträge, wo der Inhalt angeblich so wichtig war und du dabei eingeschlafen bist. Doch Storys, die sich auf der Ebene des Unbewussten abspielen, Emotionales bewirken, langweilen nie.

Meta-Programme,
die uns unbewusst steuern

Andere erkennen ist weise.
Sich selbst erkennen ist Erleuchtung.

Laotse (6. Jh. v. Chr.), chinesischer Philosoph

Sie: »Du liebst mich ja nicht. Nie zeigst du mir, dass du mich liebst. Du könntest mir mal Blumen mitbringen. Oder, dass du mal aufstehst und das Frühstück machst. Und wenn du unterwegs bist, nie schreibst du mal eine Karte oder eine SMS. Geschweige denn, dass du mir mal einen kleinen Zettel mit einem Herzen hinlegst oder so.«

Er: »Was soll denn das nun schon wieder? Natürlich liebe ich dich. Wer hat dich denn neulich massiert, als es dir so schlecht ging, hm? Und es ist ja auch kein Wunder, dass du das nicht merkst, bei deiner körperlichen Distanziertheit. Du nimmst mich nie mal in den Arm, und Sex hatten wir auch schon lange nicht mehr.«

Sackgasse. Beleidigtes Schweigen. Kennst du solche oder ähnliche Gespräche aus eigener Erfahrung?

Solche Dialoge, bei denen die Partner ihren Frust rauslassen, sich gegenseitig erneut verletzen und zeigen, dass sie sich nicht geliebt fühlen, sind gar nicht nötig. Wenn beide Seiten sich der Meta-Programme bewusst wären. Jeder von uns hat sie. Jeder hat seine Präferenzen.

Genau wie Computer verarbeiten wir Menschen Informationen auf der Grundlage relativ fester Strukturen. Es sei denn, wir sind entspannt und reagieren gelassen. Wir »ticken«, wie du schon oft erfahren hast, unterschiedlich. Ein Grund dafür sind unsere individuell verschiedenen Meta-Programme. Der Begriff hat mit dem Neurolinguistischen Programmieren (NLP) Eintritt in die Psychologie erhalten.

Die Meta-Programme steuern, in welcher Form wir Informationen aufnehmen, wie wir sie strukturieren und sie uns intern präsentieren, sozusagen für uns selbst darstellen und verarbeiten. Diese Vorgänge laufen unbewusst und bei jedem anders ab. Und weil das so ist, kommt es oft zu Missverständnissen in der zwischenmenschlichen Kommunikation.

Wichtig zu wissen ist: Wir können immer dann auf all unsere persönlichen Meta-Programme zugreifen, wenn wir entspannt sind. Das heißt, wir empfinden andere, fremde Strukturen, die wir in der Kommunikation wahrnehmen, dann nicht als anstrengend, als Stress erzeugend. Je entspannter wir sind, desto freier sind wir und nehmen mehr Möglichkeiten wahr, mit einer Situation kreativ umzugehen. Sobald wir gestresst sind, verengt sich unser Wahrnehmungsradius.

Sinnesvorlieben prägen unsere Persönlichkeit

Wenn eine Sprecherin äußert: »Du liebst mich ja nicht. Nie zeigst du mir, dass du mich liebst«, bedeutet das, sie benötigt einen *visuellen* Reiz, um sich geliebt zu fühlen. Ihr Partner darf es ihr *zeigen*. Er entgegnet, er habe sie doch massiert, und ihm würden körperliche Nähe und Sex fehlen. Das wiederum zeigt deutlich, dass er haptische oder *kinästhetische* Reize benötigt, um sich geliebt zu fühlen. Die Partner kommunizieren also auf je einem anderen Kanal – und damit aneinander vorbei. *Sie* bevorzugt *visuelle* Reize, *er* bevorzugt *kinästhetische* Reize. Sie wird alle Liebesbeweise, die sichtbar sind, mögen; er wird alle körperlich sensitiven Liebesbeweise schätzen. Natürlich ist das nicht vom Geschlecht abhängig, es kann auch umgekehrt sein.

Es gibt noch weitere Möglichkeiten: Jemand, der eine *auditive* Präferenz hat, wird den verbalen Liebesbeweis erwarten. Er sehnt sich danach, dass der Partner ihm sagt: »Ich liebe dich.« Der auditive Mensch wird beglückt sein, wenn der Partner ihm etwa ein Lied schenkt oder vorspielt, das in ihrer Beziehung mit einer schönen Erinnerung verbunden ist. Dazu muss er selbst kein Musiker sein, eine CD zu verschenken reicht ja völlig aus. Und jemand, der eine Vorliebe für olfaktorische und gustatorische Sinnesreize, also Riechen und Schmecken, hat, wird entzückt sein, wenn er bekocht oder zu einem feinen Essen ausgeführt wird. Gute Düfte sind für olfaktorisch geprägte Menschen wichtig, weshalb sie auf ein gutes, vielleicht ausgefallenes Parfüm, ein schönes Badesalz oder einen duftenden Rosenstrauch ansprechbar sind. Auch ein Mann freut sich über einen Blumenstrauß.

Welcher Typ bist du? Und dein Partner? Vielleicht denkst du nun auch an ehemalige Partner, mit denen du auf unterschiedlichen Kanälen *miss*-kommuniziert hast?

Und prüfe doch einmal: Bist du in *allen* Bereichen deines Lebens dieser Typ? Das muss nicht so sein. Dieses persönliche Wahrnehmungsmuster in der Liebe muss sich keineswegs in allen anderen Lebensbereichen bemerkbar machen. Im beruflichen Leben etwa magst du ein ganz anderes Wahrnehmungsmuster haben.

Visuell, kinästhetisch und auditiv Arbeitende

Menschen mit *visueller* Vorliebe werden im beruflichen Alltag häufig Sätze verwenden wie:

»Das sehe ich ein.«

»Ich konnte mir einen Überblick verschaffen.«

»Aus meiner Sicht liegt das Problem ...«

»Schau doch mal, hier sehen wir ....«

»Kannst du mal ein Auge drauf werfen ...«

Und diese visuell starken Menschen werden gut lernen, was sie gesehen haben. Sie können sich merken, an welcher Stelle was in einem bestimmten Buch gestanden hat. Sie können sich Gesichter einprägen und leicht wiedererkennen, während ihnen möglicherweise Namen nicht so leicht einfallen. Visuelle Menschen denken in Bildern. Sie sprechen eher schnell und verschlucken manchmal Silben, weil sie ihrem inneren Film verbal oft nicht so schnell folgen können. Visuelle Menschen achten auch eher als andere auf Kleidung, Ästhetik, schöne Gegenstände in ihrer Umgebung und auf Ordnung.

Menschen mit *auditiver* Präferenz werden sich in vielen Situationen anders verhalten beziehungsweise äußern:

»Das hört sich gut an, was du da sagst.«

»Das hat einen guten Klang.«

»Ich höre da heraus, dass Sie ...«

»Jetzt hör doch mal hin ...«

»Ich konnte mir da Gehör verschaffen.«

Auditiv starke Menschen prägen sich sehr gut ein, was sie gehört haben. Es fällt ihnen leicht, Sprachen zu lernen. Sie können sich Melodien gut merken und sind musikalisch. Sie sprechen in einem mittleren Tempo, meist melodiös. Sie hören auch gerne Musik, und Ruhe ist ihnen wichtig. Sie ertragen es kaum, eine unangenehme Stimme zu hören, und sind angenehm berührt von einer schön klingenden Stimme.

Menschen mit *kinästhetischen* Präferenzen werden vermutlich einen Beruf wählen, in dem sie ihre manuelle Sensitivität und vielleicht auch ein manuelles Geschick entfalten können: Künstler, die mit verschiedenen Materialien arbeiten; Menschen in heilenden Berufen; Menschen, die mit Naturstoffen oder von Menschen produzierten Materialien zu tun haben. Und diese kinästhetisch Veranlagten werden eher sagen »Das fühlt sich gut an« als »Das hört sich gut an«. Und nun kannst du dir denken, dass Menschen mit *olfaktorischen* und *gustatorischen* Präferenzen vielleicht als Köche,

Parfümeure oder als Manager in der Kosmetikindustrie ihr Glück finden werden.

Mit dem Wissen dieser fünf Präferenzen wirst du dich selbst und andere möglicherweise erstmals aus ganz neuer Perspektive beobachten und verstehen. Es gibt aber noch andere Meta-Programme, die sich auf unsere Kommunikation und unser Verhalten auswirken. Es geht hier um den »optionalen« und den »digitalen« Typ.

Die Qual oder die Lust der Wahl

Ein potenzieller Käufer betritt ein Autohaus. Nach halbstündiger Beratung unterbreitet der Verkäufer dem Interessenten zwei Angebote mit den Worten:

»Bei Ihren Bedürfnissen mit zwei Kindern und langen Autofahrten empfehle ich Ihnen entweder den Audi Q5 Diesel oder den A6 3.0 TDI. Da Ihre Kinder ja noch sehr klein sind und viel Schmutz machen können, habe ich für Sie einmal die schwarze Lederausstattung mit reingenommen. ... Welches der beiden Autos interessiert Sie denn am meisten?«

Diese Frage ist für jemanden, der eher »optional« gepolt ist, das heißt, der gern zwischen vielen Möglichkeiten wählt, alles andere als befriedigend. Denn ein solcher Mensch möchte das Gefühl haben, völlig frei wählen zu können. Er »sammelt« so viele Wahlmöglichkeiten wie es geht und genießt es, abzuwägen und frei entscheiden zu können.

Jemand, der eher »digital« gepolt ist, fühlt sich bei dieser oben skizzierten Art der Beratung dagegen gut aufgehoben. Denn er mag es nicht, zu viel Alternativen zu haben. Das verunsichert ihn, ist ihm lästig oder stresst ihn sogar.

Schnitt. Eine andere Szene. Der Berater geht Schritt für Schritt mit dem Kunden alle Möglichkeiten, die er ihm bieten kann, durch. Er würde ihm etwa Folgendes sagen:

»Sie können den Q3 oder auch den Q5 nehmen, wenn Sie hoch einsteigen wollen. Wenn Sie noch mehr Platz haben wollen und der Preis nicht so sehr die Rolle spielt, dann darf es auch der Q7 sein. Ein sehr schönes Auto. Natürlich ist ein Kombi etwas schnittiger. Und da Sie ja über 35.000 Kilometer im Jahr fahren, empfehle ich Ihnen auf jeden Fall den 3.0 TDI-Motor, also den Diesel.

Welche Farbe darf es denn sein? Wollen Sie das S-Line-Paket? Ein großes oder kleines Navigationssystem? Eine Bose-Anlage oder eine ganz normale?«

Diese Art der Kommunikation im Verkaufsgespräch kommt dem optionalen Typ sehr entgegen. Er ist begeistert, denn er kann frei wählen. Es gibt viele Möglichkeiten.

Welchem Typ stehst du selbst nahe? Liebst du die große Auswahl? Oder hast du es lieber, wenn du nur zwischen zwei oder ganz wenigen Optionen wählen musst?

Eins sei noch gesagt: Die Vorliebe für oder gegen eine große oder geringe Wahlmöglichkeit kann je nach Gegenstand auch ganz anders ausfallen. Ein ausgefuchster Autoliebhaber, der schon viel weiß und neue Informationen in sein Wissensgerüst gut einbauen kann, wird die Möglichkeit, frei zwischen vielen Optionen wählen zu können, schätzen. Je vertrauter wir mit der fraglichen Sache sind, je mehr wir das Gefühl haben, uns auszukennen, desto eher trauen wir uns selbst die richtige Wahl zu.

Führt jemand die Liebste oder den Liebsten zu einem guten Essen in ein schönes Restaurant aus und kennt sich bei Weinen nicht aus, wird er dankbar für eine freundlich ausgesprochene Empfehlung des Sommeliers sein. Vorausgesetzt, dieser führt den Gast nicht vor und lässt ihn nicht spüren, dass er keine Ahnung von guten Weinen hat.

Ein weiteres Meta-Programm hat mit der Art und Weise zu tun, wie wir uns motivieren oder motivieren lassen.

Von weg oder hin zu?

»Weißt du, es kann so nicht weitergehen. Ich muss abnehmen, denn sonst bekomme ich noch einen Herzinfarkt. Mein Bluthochdruck ist einfach zu hoch, die Betablocker machen mich müde, und meine Potenz leidet darunter. Das macht keinen Spaß mehr. Ich will diesen Zustand nicht mehr.«

Ein Kommentar eines meiner Kunden, der »von-weg«-motiviert war. Er wusste genau, was er *nicht* will. Er flüchtete vor dem akuten Zustand, in dem er sich befand.

»Ich will endlich wieder so aussehen wie damals, als ich 20 Jahre jung war. Ich will wieder diese Jeans tragen können, die ich immer noch im Schrank habe. Ich will wieder ein sichtbares Sixpack haben.«

Diese Aussage stammt von jemandem, der klar »hin-zu«-motiviert ist. Er weiß genau, wo er hinwill. Er hat das Ergebnis klar vor Augen.

Beide Haltungen sind verständlich und angemessen. Wir können sie wertfrei betrachten. Weder die eine noch die andere ist schlecht oder gut. Beide können dazu führen, dass jemand endlich damit beginnt, über seine Ernährung nachzudenken, sie umzustellen, mit Sport anzufangen und Möglichkeiten zu suchen, Stress abzubauen. Kurz: Den eigenen körperlichen und seelischen Zustand zu verändern.

Schauen wir uns auch den beruflichen Bereich an. Schließlich arbeiten wir den größten Teil des Lebens.

Es gibt berufliche Tätigkeiten, die sind ganz klar »von-etwas-fort«-motiviert. Sie fordern meist Geschick, ein Problem zu lösen. Mediziner etwa lernen circa 50.000 Krankheitsbilder kennen, aber sprechen im Studium kaum über Gesundheit. Die erste Motivation eines Mediziners ist, etwas Negatives zu beseitigen. Sei es den Krebs, der operiert oder bestrahlt werden muss, den Bluthochdruck, der mit Medikamenten gesenkt werden muss, oder schlicht den grippalen Infekt, der verschwinden soll. Es geht immer zunächst um das »von-weg«. Dies gilt für alle Dienstleistungsberufe, die Unangenehmes beseitigen. Selbstverständlich steht am Ende ihrer Tätigkeit ein positives Bild, der geheilte Patient oder die vom Müll befreite Straße oder das reparierte Auto. Doch der Fokus der Arbeit liegt auf der Beseitigung des negativen Zustands.

Autoren oder Trainer legen Wert darauf, die »Hin-zu«-Motivation bei ihren Klienten anzuregen. Der Blick ist auf den neuen Zustand gerichtet und nicht auf das »weg-vom«.

Sie führen das Neue, Gute, vor Augen, lassen das Ziel erreichbar erscheinen.

Auch diese Meta-Programme, die »Hin-zu«-Perspektive oder die »Von-weg«-Perspektive können wie alle anderen stark von den Umständen abhängig sein. Ein Künstler etwa kann beim Erschaffen seines Werks »hin-zu« und beim Selbstmarketing »von-weg«-motiviert sein. Er liebt den Prozess des Erschaffens, und er organisiert dann eine Verkaufsausstellung, damit er nicht auf der Straße leben muss.

Welcher Motivations-Typ bist du selbst? Eher der eine? Eher der andere? Oder ein gemischter Typ?

Ich empfehle dir, beide Strategien der Motivation gleichzeitig zu nutzen. Das ist die klassische »Sandwich-Methode«: Du darfst dir von beiden Seiten Druck machen, wenn es dir liegt.

Ich persönlich finde die »Hin-zu«-Strategie angenehmer. Denn schöne Bilder wirken positiv, haben große Strahlkraft, verursachen gute Gefühle. Negative Bilder, etwa einen Herzinfarkt zu bekommen bei Übergewicht, verursachen Angst und fördern schlechte Gefühle. Wähle selbst für dich aus, was bei dir am besten wirkt. Wichtig ist nur: Das Ergebnis darf *klar* erkennbar sein, du kannst es vor deinem inneren Auge sehen.

Beim nächsten Meta-Programm geht es um grobe und kleine Strukturen und Ordnungsprinzipien, die wir verinnerlicht haben oder die uns angeboren sind.

Bist du ein Global- oder ein Detail-Sortierer?

Wenn ich mich an eine Mindmap für ein neues Buch setze, benötige ich nicht mehr als zehn Minuten für die grobe Gliederung. Ich schaffe aus dem Nichts beziehungsweise nur mit meinen Ideen, ohne vorher Skizzen anzulegen, ein neues Buchkonzept. Es fällt mir auch leicht, aus dem Stand heraus einen neuen Entwurf für das individuelle Bedürfnis meiner Kunden maßzuschneidern. Und wenn ich für meine eigene Firma ein neues Seminar grob plane und einen Marketingplan dafür entwerfe, fällt mir das leicht. Ich bin damit ein »Global-Sortierer«.

Erst wenn es um die Details geht, ist es für mich wichtig, das in einem entspannten Zustand zu tun. Ich möchte meinem Maßstab von hoher Qualität gerecht werden beziehungsweise dieses hohe Niveau erhalten.

Auch das Texten von Artikeln fällt mir leicht. Doch wenn es um den sprachlichen Feinschliff oder um Korrekturen geht, überlasse ich es lieber Menschen, die sich mit dieser Arbeit wohlfühlen und darin aufgehen.

»Detail-Sortierer« eignen sich für die Buchhaltung und die Vorbereitung der Steuerunterlagen. Auch ein CFO (Chief Financial Officer) darf eher Detail-Sortierer sein. Denn stelle dir vor, du hast in deiner Firma einen Global-Sortierer im Finanzbereich, der dir bei der Inventur oder Finanzplanung sagt: »Das passt schon so im Groben.« Du wirst nicht glücklich mit ihm sein.

Ein CEO (Chief Executive Officer), der für das Unternehmen Strategien entwickelt, visionäre Konzepte entwirft, darf gern ein Global-Sortierer sein.

Wo hast du deine Stärken? Fällt es dir leicht, Details wahrzunehmen?

Oder bist du eher der Mensch, der in größeren Zusammenhängen denkt, größere Strukturen sieht? Augenzwinkernd: Der Mensch fürs Grobe?

Ideal ist es, wenn in einem Unternehmen Global- und Detail-Sortierer je ihre eigenen Bereiche steuern und die Aufgaben Planung/ Entwicklung einerseits sowie Finanzen andererseits klar voneinander abgegrenzt sind.

Weitere Meta-Programme identifizieren wir bei Menschen, die gern allein und bei solchen, die gern im Team arbeiten.

IT-Programmierer oder Verkäufer?

Kennst du das auch? Du kommst in ein Geschäft und hast das Gefühl, du störst den Verkäufer bei irgendetwas? Du hast den Verdacht, dass er keine Lust hat, dir etwas zu verkaufen. Ich erlebe das fast täglich in Deutschland. Dabei gehe ich nicht so weit, solche Verkäufer für doof oder respektlos zu halten. Nein, vielleicht sind sie einfach nur am falschen Arbeitsplatz. Vielleicht kann ein Verkäufer, der sich so lustlos verhält, andere Dinge mit Leidenschaft machen. Vielleicht geht er darin auf, sein Auto zu reinigen, einem Freund beim Aufbau einer Sauna oder eines Gartenhauses zu helfen oder stundenlang am Computer irgendwelche Programme zu entwickeln.

Es gibt Menschen, die lieben es, fest umrissene Aufgaben zu erledigen, und zwar möglichst ohne Störung durch andere Menschen. So jemand ist sicherlich gut in der Buchhaltung, am Fließband, in der Werkstatt. Vielleicht auch bei der Entwicklung von IT-Programmen oder als konzentriert allein arbeitender Künstler.

Stelle dir mal so jemanden im Vertrieb oder Service vor. Da weißt du dann, woher das Wort Vertrieb kommt. Von »vertreiben«. Solche Menschen vertreiben wortwörtlich die Kunden.

Dann aber gibt es Menschen, die bekommen »eine Krise«, wenn sie länger als eine Stunde irgendetwas allein machen müssen. Sie lieben es, Zeit mit anderen zu verbringen. Im Team zu arbeiten. Diese Menschen mögen wir im Service, als Friseure, Verkäufer und Coaches. Denn sie erleben ihre Stärken im Umgang mit anderen Menschen. Sie können regelrecht in einen Flow geraten dabei. Wenn der Spaß, mit anderen umzugehen, auch noch mit Expertise gepaart ist, macht das Einkaufen bei solchen Verkäufern richtig Spaß. Betont sei: Weder das eine ist besser noch das andere. Beide Vorlieben sind wichtig und erfüllen ihren Zweck am richtigen Ort und zur richtigen Zeit.

Woran hast du mehr Spaß?

Du hast bemerkt, dass ich ein wenig polarisiere, um deutlich zu machen, worum es mir geht. Natürlich würde jeder Mensch darunter leiden, nur noch allein oder nur noch unter Menschen zu sein. Doch es gibt Präferenzen.

Ich selbst etwa liebe es, meine Vorträge und Seminare allein zu Hause vorzubereiten, Bücher zu schreiben und für mich zu sein. Als Triathlet liebte ich es, stundenlang allein mit dem Rad durch wunderschöne Landschaften zu fahren. Doch ich konnte es auch genießen, in einer Gruppe zu fahren. Auf die Balance kam es an. Heute ist mein Job die Arbeit mit Menschen. Ich liebe es, auf der Bühne zu stehen, im Seminar mit meinen Teilnehmern zu interagieren oder im intensiven Einzelcoaching Veränderungen zu bewirken, mitzubekommen und mich mit meinem Coachee auszutauschen.

Eine riesige Herausforderung für manche Berufstätige sehe ich darin, in Großraumbüros zu arbeiten. Es ist ein Trend in Großunternehmen, solche Büros einzurichten. Dies wäre für mich selbst ungünstig. Mit zu vielen Menschen um mich herum, mit zu vielen Nebengeräuschen könnte ich mich nicht konzentrieren. Doch es gibt Menschen, die genau dieses »Pulsieren« am Arbeitsplatz lieben und dabei über sich hinauswachsen.

Überlege für dich selbst: Wann und wo, bei welchen Tätigkeiten bist du lieber allein? Oder mit anderen zusammen? Unter welchen Bedingungen fühlst du dich gestresst oder wohl?

Das nächste Meta-Programm handelt vom »Gegenbeispiel-Sortierer«.

»Ja, aber ...« – der Gegenbeispiel-Sortierer

Es war ein Mittwochmorgen, und ich hatte eine Telefonkonferenz mit einem potenziellen Kunden. Er wollte mich für ein Kick-off seiner 500 Vertreiber ... äh, sorry ... Vertriebler buchen. Und als wir uns so unterhielten, bemerkte ich, dass ich, ganz gleich, welches Argument ich für meinen Vortrag nannte, stets ein »Ja, aber ...« als Antwort erhielt. Und das, obwohl ich seine Bedürfnisse genau studiert hatte und mich eng daran hielt. Jedes Detail von mir kommentierte er mit »Ja, aber ...«.

Er bemerkte gar nicht, dass er sich dabei ständig selbst widersprach.

Zu Beginn meiner beruflichen Karriere hätte ich aufgegeben und gedacht, er will mich nicht buchen. Doch inzwischen wusste ich aus Erfahrung, dass es bei seinem Kommunikationsverhalten nicht um den Inhalt ging. Schließlich hatte er mich auf YouTube gesehen und war begeistert. Es ging um gespeicherte Muster auf der Ebene des Unbewussten, es ging um sein Meta-Programm. Ich nenne Menschen wie ihn »Gegenbeispiel-Sortierer«. Sie beginnen fast jeden Satz mit »Ja, aber ...«.

Ich: »Und in diesem Vortrag erhalten die Teilnehmer zehn sofort umsetzbare Tipps für mehr Energie und Motivation im täglichen Leben.«

Er: »Ja, aber jeder Mensch ist ja anders.«

Ich: »Da haben Sie vollkommen recht, und genau deswegen sind diese Tipps so einfach gehalten, dass sie wirklich jeder umsetzen kann. Wie Sie ja vorhin selbst sagten, ist zum Beispiel gerade für den Außendienst die Wasseraufnahme immer wieder ein Problem, und damit sinkt die Leistungsfähigkeit in der zweiten Tageshälfte dramatisch, und ...«

Er unterbrach mich: »Ja, aber das ist ja nicht bei allen so ...«

Im Stillen amüsierte ich mich, da ich das Muster erkannte. Auch als es später um den Auftrag und um das Honorar ging, gab es ein ständiges »Ja, aber ...« von seiner Seite. Ich beendete das Gespräch mit folgendem Satz:

»Wissen Sie, ich glaube, meine Inhalte sind nichts für Sie. Ich weiß auch wirklich nicht, ob Sie sich mein Honorar leisten können oder wollen.«

Seine Antwort: »Natürlich will ich Sie buchen. Bitte schicken Sie mir Ihre Vereinbarung zu. Ich bin begeistert.«

In meinen ersten Berufsjahren hätte ich mich nicht getraut, einen solchen Satz auszusprechen. Ich hätte befürchtet, meinen Kunden zu verlieren. Doch mit meiner Erfahrung erkannte ich das Muster, dem er unbewusst folgte. Unternehmer sind oft Gegenbeispiel-Sortierer, was durchaus sinnvoll sein kann. Denn um eine Firma erfolgreich zu führen, dürfen sie stets alles hinterfragen. Allerdings stehen sich Menschen mit dieser Präferenz oft selbst im Weg, wenn es um Entscheidungen geht, die rasch getroffen sein wollen.

Das eine Ich: »Ich sollte mir einen Kombi holen, dann können wir bei einem Urlaub alles hinten mit reinpacken.«

Das andere Ich: »Ja, aber wie oft fahren wir denn in Urlaub? Ein Sportwagen macht doch viel mehr Spaß.«

Das eine Ich: »Ja, aber das ist ja nicht praktisch, wenn wir mal etwas bei IKEA kaufen, dann müssen wir uns das bringen lassen und das kostet Geld.«

Das andere Ich: »Ja, aber wie oft kommt das vor? Deswegen soll ich auf das schöne Gefühl im Sommer verzichten?« Und so weiter und so weiter.

Das Ergebnis: Der Gegenbeispiel-Sortierer kommt nicht voran, trifft keine schnellen Entscheidungen, und jede kleinste Entscheidung kostet ihn unendlich viel Kraft.

Was ist mit dir? Bist du auch ein Gegenbeispiel-Sortierer? Dann weißt du nun, warum du dich mit Entscheidungen so schwertust. Oder gehörst du nicht selbst dazu? Dann weißt du nun aber, warum dein Kollege sich immer so seltsam verhält.

Ein Gegenbeispiel-Sortierer wird immer widersprechen, weil es sein Muster ist. Ein Gleichbeispielsortierer dagegen wird immer nach Harmonie streben und sich Empfehlungen einholen.

»Echt jetzt ...?« – der Gleichbeispiel-Sortierer

Ein Gleichbeispiel-Sortierer wird sehr oft schauen, wie es die anderen machen. Wenn er eventuell schon einen Entschluss getroffen hat und dich fragt, was du davon hältst, wird er bei einem entgegengesetzten Rat von dir nachfragen – »Wirklich? Echt jetzt ...?« – und sehr wahrscheinlich seine Entscheidung infrage stellen.

Bei einem anderen Akquise-Gespräch konnte ich anhand der Wortwahl meines Gegenübers sofort erkennen, dass es sich immer sehr viel Gedanken macht, wie es die anderen machen, und deren Verhalten dann nachahmt. Es war der Leiter einer großen Unternehmensberatung. Das ist zwar in der Branche und in dieser Position selten, doch hier war es glasklar. Also brachte ich – strategisch wie ich war – in meinem Gespräch viele Beispiele von anderen Unternehmensberatungen unter, für die ich schon gearbeitet hatte. Argumente wie: Die international sehr erfolgreiche Unternehmensberatung XY hat meine Seminare auch gebucht, also sind sie ja auch für Ihr Unternehmen sinnvoll, verfehlten ihre Wirkung nicht. Er buchte.

Früher war ich darauf bedacht, es genauso zu machen wie die erfolgreichsten Speaker dieser Welt. Wie? Ich wechselte ständig meine Marke. Die Webseite wurde immer wieder neu gestaltet. Mal schwarz, dann blau, dann silber, dann mit Shop, dann ohne ... je nachdem, was gerade »in« war.

Doch seit ich meinen eigenen Weg gehe und mich überhaupt nicht mehr danach richte, wie es meine Kollegen machen, verzeichne ich deutlich mehr Erfolg und Aufmerksamkeit. Mein Trailer unterscheidet sich komplett von den Animationsfilmen meiner von mir geschätzten Kollegen. Es geht dabei nicht darum, was besser ist, es geht nur darum, wer ich selbst bin und dass ich mir treu bin, dass ich authentisch bin.

Das ist nur ein Beispiel für mein Gleichbeispiel-Sortierer-Gen, das ich unzweifelhaft geerbt habe. Natürlich war das Bewusstwerden, welcher Typ ich bin, und das Aushebeln dieses Meta-Programms für mich ein Prozess. Zu dem übrigens auch Mut gehört.

Ich habe die meisten Dinge ja auch stets anders gemacht als andere. Dennoch nahm ich die Anregungen von anderen auf und setzte sie – wie gesagt – auch oft um. Es gehört eben beides dazu. Es ist die Mischung, die den Erfolg ausmacht.

Bist du internal oder external orientiert?

In dem Film *Iron Man* (2008) lässt sich der Protagonist Tony, gespielt von dem Schauspieler Robert Downey Jr., nur von seinem Willen und seinen Ideen leiten. Er kümmert sich nicht darum, was andere davon halten. Selbst der Regierung, die seinen Kampfanzug für das Militär nutzen will, zeigt er die Stirn. Es stört ihn einen feuchten Kehricht, was andere über ihn denken. Damit ist er ein Paradebeispiel für den internal orientierten Menschen.

Einem external orientierten Menschen ist es dagegen keineswegs egal, was andere über ihn denken. Deswegen kümmert er sich auch darum, welchen Eindruck er bei anderen hinterlässt und befragt sie unter Umständen auch danach. Und ein Externaler wird in bestimmten Situationen auch andere Menschen um ihre Meinung bitten, um ein Gefühl dafür zu bekommen, ob er selbst auf dem richtigen Weg ist. Die Zustimmung anderer vermittelt ihm Sicherheit. Ein Internaler dagegen verlässt sich auf sich selbst, auf sein eigenes Gefühl.

Wie sieht es in deinem Alltag mit internal oder external orientierten Menschen aus?

Wenn du mit einem external orientierten Geschäftspartner verabredet bist und ihn in seinem Büro besuchst, wird er dich vielleicht fragen, ob du den Weg gut gefunden hast und ob du einen Kaffee oder Tee haben möchtest. Sicher ist dieses Verhalten zum einen der Höflichkeit geschuldet, zum anderen ist es ihm wichtig, dass er freundlich auf andere wirkt und gemocht wird.

Ein internal Orientierter, der vielleicht keine Sekretärin oder Assistentin hat, die dich freundlich fragt, was du trinken möchtest, wird möglicherweise vergessen, dich zu fragen, obwohl er sich von den Getränken, die auf dem Konferenztisch stehen, selbst etwas einschenkt. Das hat nichts mit Unhöflichkeit zu tun. Dieser Kollege geht schlicht davon aus, dass du dich schon melden wirst, oder dass du dich selbst bedienst, wenn du etwas trinken möchtest, weil er es selbst so handhabt. Natürlich verhalten sich nicht alle internal orientierten Menschen so. Viele von ihnen folgen in solchen Situationen einfach dem Gebot der Höflichkeit und bieten dir etwas an.

Unternehmer, Führungskräfte und Selbstständige dürfen eine hohe internale Präferenz haben, das heißt, es ist wichtig, dass sie selbst wissen, was sie wollen und sich unabhängig von anderen machen. Wenn ich einen Vortrag gehalten habe, weiß ich auch ohne ein Feedback, ob ich gut oder schlecht war. Ich habe ein Gefühl dafür. Ich bin internal orientiert. Ich mache sehr viele Entscheidungen mit mir selbst aus, ohne andere um ihre Meinung zu fragen. Wenn nach einem Vortrag Teilnehmer zu mir kommen und sich begeistert bei mir bedanken, weiß ich genau, ob ich wirklich so gut war oder vielleicht nicht. Und wenn ich das Gefühl habe, ich war an diesem Tag nicht im Flow, sondern habe für meine Maßstäbe zu viele »Fehler« gemacht, lasse ich mich trotz des guten Feedbacks der anderen nicht beeinflussen: An diesem Tag habe ich eben nicht die 100 Prozent erreicht, die stets mein Ziel sind.

Das gilt auch umgekehrt. Hin und wieder kommen Zuhörer nach einem Vortrag zu mir, um mir ein kritisches Feedback zu geben.

Diese Kritiker wollen sich wohl einfach mitteilen oder ihre Kompetenz darstellen. Etwas verwundert bin ich, wenn jemand meint, ich hätte den Punkt X oder Y vergessen oder breiter ausführen können. Ich frage mich dann jedes Mal, ob diesen Kritikern bewusst ist, dass ich nur 45 oder 60 Minuten für meine Präsentation hatte. Wahrscheinlich denken sie nicht daran, weil ihnen das Vorbringen ihres Anliegens aufgrund ihrer persönlichen Orientierung so wichtig ist. Dieses Feedback fordere ich übrigens nicht ein, denn ich spüre ja, wenn ich mal nicht so gut war. Das hat also nichts mit Arroganz zu tun, wenn ich in dem Moment von meinen Zuhörern kein Feedback brauche. Es ist einfach so, dass mein Gefühl für meine Leistung nicht vom Urteil anderer abhängig ist.

Dass du mich aber bitte richtig verstehst: Ich nehme Kritik gerne an, und zwar von Menschen, die kompetent sind, zu beurteilen, was ich da auf der Bühne mache. Es sind Kollegen, die ich menschlich und fachlich sehr schätze. Aus dem Grund habe ich vor Jahren eine Mastergruppe gegründet: ein wunderbares Team von fünf Kollegen, die sich gegenseitig spiegeln in dem, was sie tun, um noch besser zu werden. Schau doch gerne mal dort vorbei: www.keynoter.de

Bist du prozedural oder ergebnisorientiert?

Es gibt Menschen, die können sich am besten motivieren, wenn sie das Ergebnis vor ihrem inneren Auge sehen. Sie baden im Gefühl des »als-ob«. Walt Disney gehörte zu ihnen. Er hatte als Gründer ein klares Bild davon, wie seine Fantasiewelt aussehen sollte. Angeblich rannte er mit dieser Vision zu über 300 Banken, um einen Kredit zu bekommen.

Meiner Erfahrung nach können sich Männer oft besser zum Joggen motivieren, wenn sie sich vorher zu einem Marathon anmelden. Sie sehen sich im Geiste schon über die Ziellinie laufen. Sie sind *ergebnisorientiert.* Frauen dagegen sind meiner Erfahrung nach eher *prozedural* orientiert. Sie genießen es, sich in der freien Natur zu bewegen, dem Vogelgezwitscher zuzuhören und den Duft des Grüns aufzunehmen. Der Gedanke, irgendwann über eine Ziellinie laufen zu können, ist ihnen dabei zunächst fern. Natürlich kann das im Berufsleben ganz anders sein. Menschen verhalten sich dann möglicherweise umgekehrt.

Und das bedeutet: Männer, die privat vielleicht einen Marathon laufen, müssen beruflich keineswegs zu denen gehören, die das Ziel stets vor Augen haben. Und Frauen, die privat sportlich entspannt und keineswegs auf Höchstleistungen fixiert sind, können im Job als Führungskraft unbedingt ergebnisorientiert sein. Es kommt also stets auf die Situation an und vor allem auch auf die Bedeutung, die ein Mensch einem Lebensbereich beimisst.

Warten auf Godot oder James Bond?

In Samuel Becketts Schauspiel *Warten auf Godot* warten Estragon, genannt Gogo, und Wladimir, genannt Didi, die ganze Zeit über darauf, dass Godot, mit dem sie verabredet sind, endlich kommt. Wird er kommen? Sie wissen es nicht. Der Zuschauer weiß es auch nicht und erhält auch keinen Hinweis darauf. Das einzig Sichere für die beiden Protagonisten ist, dass sie wissentlich warten. Und genau dieses Wissen vermittelt ihnen Sicherheit.

Es gibt sehr viele Menschen, die sich verhalten wie Gogo und Didi, abwartend. Damit sind sie *reaktiv*. Sie handeln erst, wenn eine Situation oder andere Menschen es von ihnen verlangen.

Derart orientierte Menschen sind hervorragende Mitarbeiter, wenn es um das Abarbeiten vorgegebener Aufgaben geht. Sie fühlen sich in Berufen mit festgelegter Struktur und klaren Arbeitsaufträgen wohl. Sie treffen ungern Entscheidungen, die über ihren vorgegebenen Rahmen hinausgehen. Und sie ergreifen ungern die Initiative, wenn Handeln gefragt ist. Lieber schließen sie sich anderen an, die freiwillig vorangehen.

Der Proaktive hingegen geht los, ohne dass ihn jemand auffordert. Er ist in der Regel ein guter Netzwerker und Kommunikator. Gern übernimmt er Aufgaben, die Eigeninitiative und entschlossenes Handeln erfordern. Beruflich ist er im Vertrieb, Verkauf oder in Führungspositionen am richtigen Platz – sofern er alle anderen erforderlichen Qualitäten für diese Aufgaben mitbringt. Im Privatleben ist er oder sie es, der oder die sich den Partner aussucht.

Wir kennen Proaktive als unerschrockene Helden, häufig klischeehaft gezeichnet, aus dem Film: James Bond kriegt die Gangster, bevor sie ihm gefährlich werden können. Er ist der Macher, dem keine Frau widerstehen kann, weil er die Initiative übernimmt. Und dabei ist es ihm gefühlt auch egal, ob sie will oder nicht. Und mit seinem starken Willen zur Aktion beeindruckt er Frauen, die ob dieser Manneskraft schwach werden.

Unternehmer und Selbstständige sind in der Regel proaktiv. Im besten Fall agieren sie, bevor der Markt sich verändert. Sie sind ihren Kunden stets einen Schritt voraus und schaffen Bedürfnisse. Sie kreieren aus dem Nichts einen Engpass, auf den die Kunden reagieren und begeistert kaufen.

Ein reaktiv Orientierter fragt eher nach dem Bedürfnis der Kunden, analysiert den Markt und denkt (noch) in Zielgruppen, die er ansprechen möchte. Auch hier gilt: Das ist völlig wertfrei zu sehen. Jeder Job hat sein eigenes notwendiges Profil und erfordert je eigene Meta-Programme und Fähigkeiten.

In diesem Zusammenhang eine persönliche Beobachtung: Viele Unternehmen, die ihr Personal reduzieren wollen, bieten ihren Mitarbeitern – für mich unerklärlich – *Golden-Handshake*-Aktionen an: Wer das Unternehmen freiwillig verlässt, erhält eine gute Abfindung.

Nun, wer wird wohl eher so ein Angebot annehmen? Der Reaktive? Oder der Proaktive, der längst erkannt hat, was der Unternehmer beabsichtigt? Der Proaktive hat sich bereits frühzeitig mit Alternativen auseinandergesetzt, einen neuen Job gefunden und streicht die Abfindung gern für seine Weltreise ein, die er vor Antritt der neuen Stelle unternehmen wird.

Du darfst dir nun bewusst werden, wo deine Stärken und Präferenzen liegen und ob deine berufliche Position die passende für dich ist. Falls du als Proaktiver im Job ständig für andere Excel-Tabellen analysierst und es schaffst, dabei entspannt zu bleiben ... Nun gut, das geht dann vielleicht, aber es kostet dich ein wenig mehr Energie. Du wirst keinen Flow dabei erleben.

Und wenn du jemand mit einem reaktiven Meta-Programm bist und die Aufgabe hast, neue Kunden zu gewinnen oder neue Zukunftskonzepte zu entwickeln, wirst du wohl auch nicht glücklich sein. Um den Flow zu erleben, bist du vielleicht im kaufmännischen Bereich besser beraten, vielleicht an der Seite eines Vordenkers, der jemanden wie dich braucht, um das umzusetzen, was er konzipiert hat.

Du hast nun eine ganze Reihe von Meta-Programmen beispielhaft kennengelernt und dich mit deinen eigenen Meta-Programmen auseinandergesetzt. Nun ist es Zeit, die Frage zu stellen, wie du Informationen verarbeitest.

Informationen wirken! Immer!

Es ist der Geist, der sich den Körper baut.

Friedrich Schiller (1759–1805)

Meine Kundin hat schon seit langer Zeit mehrere unterschiedliche Erkrankungen. Von Allergien über Entzündungen an den unterschiedlichsten Stellen des Körpers bis hin zu starken Rückenschmerzen. Ihre Kommunikation ist sehr oft auf negative Dinge fokussiert. Sie ist stolz darauf, »informiert« zu sein. Jeden Tag schaut sie die Nachrichten, liest manchmal zwei Tageszeitungen und jede Woche den *SPIEGEL*. Als sie zu mir kommt, ist sie sehr verzweifelt, denn ihre Schmerzen werden unerträglich. Sie bittet mich um ein Personal Coaching. Es zieht sich über sechs Monate hin. Ich nutze mehrere »Werkzeuge«, um den Organismus und die Psyche meiner Coachee wieder in eine Balance zu bringen:

> Eine Darmflora-Kur entgiftete ihren Körper und aktivierte das Immunsystem.

> Eine Diät mit gezielt eingesetzten Nahrungsergänzungsmitteln nach den Erkenntnissen der Orthomolekular-Medizin unterstützte den Entgiftungsprozess.

> Die BEMER-Magnetmatte steigert die Zirkulation des Blutes in den Kapillaren, damit der Abbau von schädlichen Stoffwechselprodukten gefördert wird.

> Gezielte Osteopathie und ein Bewegungstraining aktivieren das Gewebe und die Muskulatur.

> Ein regelmäßiges, nicht zu intensives Ausdauertraining und ein kurzes Krafttraining unterstützen die Balance zwischen An- und Entspannung.

> Mentaltraining und Hypnose, beziehungsweise abendliche Trancen, fördern die erwünschte mentale Neuprogrammierung.

> NLP-Techniken und Psycho-Kinesiologie fördern außerdem die mentale Gesundung.

> Ein Tagebuch mit positiven Erlebnissen tut ein Übriges.

Doch nicht zuletzt rate ich meiner Kundin zu einer *Informationsdiät*: Keine Nachrichten und keine Zeitung lesen, nur Fachliteratur, die sie beruflich voranbringt, Sachbücher zur Persönlichkeitsbildung und ausgewählte Hörbücher wie Timothy Ferriss' *Die Vierstunden-Woche* oder Carol Dweck, *Mindset,* um negative Gefühle zu vermeiden.

Nach einem halben Jahr geht es ihr deutlich besser. In einem Feedback-Gespräch sagt sie:»Weißt du, Slatco, was für mich neben dem Verschwinden der Schmerzen die deutlichste Veränderung in diesen letzten Monaten ist? Meine Gedanken. Ich denke nicht mehr so negativ. Und wenn ich merke, dass meine Energie schwindet, beziehungsweise ich mich beim negativen Denken erwische, kann ich schneller umschalten und mich ganz auf das Positive konzentrieren.«

Jede Information ruft im Körper eine Antwort hervor. Und es besteht offenbar ein Zusammenhang zwischen Toxizität beziehungsweise Krankheit des Körpers und unserem Denken – und umgekehrt.

Wenn du einen Thriller anschaust, wird sich dein Adrenalinspiegel im Blut erhöhen. Messbar. Wenn du eine Komödie anschaust, wird dein Dopamin- und Serotoninspiegel steigen. Letztere wirken als Glückshormone unmittelbar positiv auf deine Gesundheit. Sie aktivieren dein Immunsystem, verringern deine Entzündungsparameter und beeinflussen dein Nervensystem günstig. Ich bin mir sehr sicher, dass du folgenden Satz des Philosophen und Kommunikationstheoretikers Paul Watzlawick schon einmal gehört hast:
»Man kann nicht nicht kommunizieren.«

Diesen Satz kannst du 1:1 auf die Wirkung von Informationen übertragen, so wie ich es hier formuliere:

»Du kannst Informationen nicht nicht verarbeiten.«

Das bedeutet in Kurzform: Negative Informationen schwächen unmittelbar deine Gesundheit. Positive Informationen stärken unmittelbar deine Gesundheit.

Bruce H. Liptons Vortrag bei YouTube kann ich dir dazu nur wärmstens empfehlen.

https://www.youtube.com/watch?v=YackvFSlDQk

Manipulation durch Priming

Du denkst, du hast alles unter Kontrolle und triffst selbst Entscheidungen mit deinem freien Willen? Weit gefehlt! Wir werden ständig manipuliert, bewusst oder unbewusst. Von Medien und von anderen Menschen.

Stell dir vor, ich wäre ein angesehener Professor und du kämst in mein Büro, um einen Sprachtest zu machen. Du setzt dich mir gegenüber an einen großen Schreibtisch, und vor dir liegt ein weißes Blatt Papier, auf dem mehrere Satzfragmente stehen. Deine Aufgabe ist es nun, diese Sätze zu vervollständigen beziehungsweise vollständige Sätze daraus zu bilden. Dabei darfst du die Wörter auch umsetzen.

> besorgt um ihn Heim
> Ball Zeitlupentempo verzögert
> Alte Jacke nähen
> Wald einsam geht er
> Landschaft grau und kalt
> Vergesslich sollte er sich zurückziehen
> Langweilig Fernseher einschlafen
> Vertrocknetes Obst Schale Sonne

Fallen dir ein paar Lösungen ein? Lies bitte erst weiter, wenn du sie notiert hast.

Wie fühlst du dich jetzt? Bei diesem Test geht es allerdings nicht darum, dich auf deine sprachliche Akrobatik hin zu testen. Der amerikanische Psychologe John A. Bargh hat einen ähnlichen Test durchgeführt und festgestellt, dass die Probanden danach langsamer und mit schwerem Schritt einen Gang entlanggelaufen sind, den sie vor dem Test leichtfüßig durchlaufen hatten. Warum wohl?

In diesen Test-Satzfetzen sind viele Wörter enthalten, die deine Stimmung unbewusst beeinflussen: Besorgt, Heim, Zeitlupentempo, alte, einsam, grau, kalt, vergesslich, langweilig, einschlafen und vertrocknet.

Wir nennen einen solchen Prozess der mentalen Beeinflussung *Priming*.

In der schwarzen Hollywood-Komödie *Focus* (2015) schließen zwei professionelle Betrüger eine Wette ab. Nicky, gespielt von Will Smith, beschreibt seiner Partnerin Jess, gespielt von Margot Robbie, den Prozess des *Priming*. Ziel des Betrugs ist, dass das Betrugsopfer bei einer Wette einen Footballspieler mit der Nummer 55 wählt. Vorher wird das Opfer den ganzen Tag mit *Priming* manipuliert. In seinem Hotelzimmer wird ein Song gespielt, in dem immer wieder die Nummer 55 vorkommt. Und natürlich bekommt das Opfer auch das Zimmer mit der Nummer 55. Auf dem Weg zum Footballstadion, wo Nicky auf sein Opfer wartet, wird diesem immer wieder die Zahl 55 gezeigt (scheinbar zufällig auf Gegenständen, Schildern usw.), ohne dass das Opfer es bemerkt. Und der Person, die später als Footballspieler die Zahl 55 auf dem Rücken hat, begegnet der Manipulierte immer wieder. Im Fahrstuhl, auf der Straße ... immer in anderer Kleidung.

Als das Opfer mit dem Fernrohr auf dem Spielfeld einen Spieler aussuchen soll und Nicky die Wette vorher gesetzt hat, dass er den Spieler wüsste, wählt das Opfer unbewusst genau den Spieler, den es vorher am Tag schon mehrmals – nur eben verkleidet in anderen

Rollen – unbewusst gesehen hat und der die Zahl 55 auf dem Rücken trägt.

Überrascht?

Wir wählen das, was uns vertraut vorkommt. Dabei speichern wir jede Sekunde unbewusst bis zu 40 Millionen Informationseinheiten. Unsere Stimmung ist von vielen Einflüssen abhängig. Wenn ich meine Seminare gebe, nutze ich dieses Wissen, indem ich Musik mit positiven Texten spiele, Plakate mit inspirierenden Sprüchen aufhänge, eine automatisch durchlaufende Präsentation mit positiven Bildern oder mit einen Film voller motivierender Szenen abspiele.

Auf diese Weise *prime* ich, beeinflusse meine Teilnehmer schon in einem Stadium, also in einen Gefühlszustand, der es ihnen erleichtert, den Stoff des Seminars und den unbewussten Wunsch nach positiver Veränderung leichter aufzunehmen.

Stimmungen beeinflussen die Intelligenz

Zwei niederländische Psychologen, Ap Dijksterhuis und Ad van Knippenberg von der Universität Amsterdam, führten Ende der Neunzigerjahre folgendes Experiment durch:

Einer größeren Zahl von Studenten wurden 42 Fragen aus dem Spiel *Trivial Pursuit* gestellt. Die eine Hälfte durfte sich vorher vorstellen, wie es wäre, Professor zu sein. Diese Gruppe machte sich dazu in den fünf Minuten vor dem Test ein paar Notizen. Die andere Hälfte der Probanden wurde aufgefordert, sich Gedanken und Notizen dazu zu machen, wie ein Leben als Fußballrowdy wäre. Die erste Gruppe beantwortete 55,6 Prozent der Fragen richtig, die andere Gruppe nur 42,6 Prozent.

Noch deutlicher war das Ergebnis einer Studie aus den Neunzigerjahren von Claude Steele und Joshua Aronson: Zwei Gruppen von schwarzen Studenten wurden 20 Fragen aus einem standardisierten Eingangstest für weiterführende Studiengänge gestellt. Einer der beiden Gruppen wurde zuvor noch eine Extrafrage vorgelegt: Sie wurde gebeten, ihre Rassenzugehörigkeit anzugeben. Die Probanden dieser Gruppe beantworteten nur halb so viele Fragen richtig. Diese Frage versetzte sie offenbar in eine negative Stimmung, die ihre Leistungsfähigkeit herabsetzte.

Wie die Verankerungstechnik wirkt

Stelle dir vor, du besuchst einen Vortrag und kannst zwischen zwei Bücherpaketen wählen, die dir nach diesem Vortrag zum Kauf angeboten werden. Das eine Buchpaket kostet 40 Euro und das andere, dem noch zwei CDs beigegeben sind, kostet 129 Euro.
Was meinst du, für welches Paket sich die meisten Teilnehmer entscheiden?
Die Erfahrung zeigt, dass die meisten Käufer sich für das Buchpaket ohne CDs entscheiden. Wenn wir noch ein weiteres Paket für den satten Preis von 479 Euro hinzunehmen, in dem auch noch ein komplettes DVD-Trainingsprogramm enthalten ist, wählen nun erstaunlicherweise 80 Prozent das Produktpaket für 129 Euro.
Hohe Zahlen beeinflussen niedere Zahlen. Ein guter Verkäufer wird dir erst einmal immer ein sehr teures Produkt zeigen, vielleicht mit dem beiläufigen Hinweis »Ich weiß, das ist jetzt deutlich über Ihrem mir genannten Budget, doch ich möchte Ihnen gern die Möglichkeiten und auch Unterschiede zeigen, damit Sie ein besseres Gefühl bekommen.« Durch die Präsentation eines wesentlich teureren Produkts bist du später viel eher bereit, eines zu kaufen, das über deinem vorher festgelegten Budget liegt. Gemein, oder? Aber wahr.
Robert B. Cialdini beschreibt in seinem Buch *Die Psychologie des Überzeugens* die gängigsten Techniken der Manipulation. Du bist ihnen ständig ausgesetzt. Hier noch ein paar weitere Beispiele:

Die begründete Bitte

»Entschuldigen Sie, ich habe fünf Seiten. Könnten Sie mich bitte vorlassen?«, war die Bitte bei einer Schlange am Kopierer. In 60 von 100 Fällen wurde die bittende Person vorgelassen. Begründete die Person ihre Bitte mit einem »weil«, hob sich die Akzeptanz des Vorlassens auf bis zu 93 Prozent. Auch bei einem solch merkwürdigen Satz, der keinen Sinn ergibt, wie: »Entschuldigen Sie, können Sie mich bitte vorlassen, weil ich fünf Kopien machen muss.« Die Sachlage ist nicht anders, doch die »weil«-Begründung erhöht die Bereitschaft, den Wartenden vorzulassen.

Teuer ist gleich gut

Wir alle sind mit Sätzen wie »Alles hat seinen Preis« aufgewachsen. So ist die unbewusste Verknüpfung mit »Was viel kostet, muss auch gut sein« nicht weit. Dieses Verhalten kann ich immer wieder bei der Auswahl von Weinen beobachten. Lieber wird der teure Wein genommen, wenn der Aussuchende sich nicht mit Weinen auskennt. Und bei drei Preisklassen wird welcher Wein genommen? Richtig, der mit dem mittleren Preis. Bemerkst du, wie unser Verhalten sich dem Umfeld entsprechend verändert?

Wechselseitiges Verhalten

Du hast einen beruflichen Termin, und dein potenzieller Geschäftspartner spricht dir gleich zu Beginn seine Anerkennung aus. Untersuchungen zeigen, dass diese kleine Aufmerksamkeit die Entscheidung für ein gemeinsames Geschäft positiv beeinflusst. Du fühlst dich innerlich verpflichtet, dem anderen, der dir Anerkennung zollt, etwas zurückzugeben. Selbst wenn es ein Handel mit unfairen Bedingungen für dich ist. Was meinst du wohl, warum so viele Geschäftsessen stattfinden?

Übrigens verlaufen Geschäftsessen in anderen Kulturen anders ab als bei uns. Während wir Deutschen sofort zur Sache kommen und zuerst das Geschäftliche regeln und uns dann entspannen, gilt es etwa in Spanien oder anderen Ländern als Fauxpas, sofort mit der Tür ins Haus zu fallen. Dort entspannen die Partner sich zunächst bei Speisen und Wein, bevor sie über Geschäfte sprechen. Instinktiv wissen sie, dass ein entspanntes Miteinander förderlich für den Handel ist.

Wenn du in bestimmten Bereichen deines Lebens etwas verändern möchtest, ist das Wissen über diese Möglichkeiten wertvoll. Du erkennst, dass du in der Vergangenheit vielleicht zu oft gegen deinen Willen beeinflusst wurdest. Achte einmal auf Produktwerbung. Sie ist – bewusst wahrgenommen – der beste Lehrmeister für verschiedene Arten der Manipulation. Sie beeinflusst unser Konsumverhalten oft selbst dann noch, wenn wir genau wissen, wie sehr wir manipuliert werden. Jede Information wirkt, also achte genau darauf, was du an Informationen aufnimmst.

Eine Informationsdiät wirkt Wunder

Neulich bin ich am Bodensee zu einem Vortrag für den *Südkurier* gewesen. Während ich morgens im Frühstücksraum sitze und mich für den Tag stärke, läuft das Radio. Werbung ist angesagt. Es dauert nur einen Moment, bis ich registriere, was mich da im Hintergrund berieselt. Also stehe ich auf und frage in die Runde, ob es den anderen Gästen recht ist, wenn ich den Service bitte, das Radio auszuschalten. Alle nicken freudig.

Und noch ein persönliches Beispiel: Ich hatte neun Jahre lang keinen Fernseher – bis ich von Mallorca zurück in meine alte Heimat

Berlin gezogen bin. Für die vielen Stunden, die ich auf meinem Radergometer oder auf meinem STAGES-Indoorcycling-Bike im Winter verbringe, habe ich mir einen Fernseher gekauft. Und diese Entscheidung, das war mir natürlich bewusst, verlangt erhöhte Achtsamkeit von mir. Ich will nicht »blind« fernsehen, sondern bewusst auswählen, was ich mir anschaue.

Keinen Fernseher zu haben, diese Vorstellung wird dich vielleicht erschrecken. »O mein Gott, wie unmöglich«, hörte ich schon Leute sagen! Und wenn sie Folgendes wüssten, wären sie vielleicht noch mehr schockiert:

Ich lese seit Jahren keine Zeitung. Ich schaue nur sehr selten Nachrichten. Ich höre nur Radiosender zu Zeiten, in denen keine Werbung und keine Nachrichten gesendet werden.

Bin ich deshalb ein *un*-informierter und unverantwortlicher Bürger? Ich informiere mich anders als die meisten Menschen. Konzentriert auf das, was ich mache und vorhabe. Ich hole mir Informationen in Bereichen, die ich beeinflussen kann. Ich übernehme Verantwortung als Speaker, Trainer, Coach und Buchautor. Und natürlich für Menschen in meiner unmittelbaren Umgebung.

Mein Vorschlag: Lass dich mal auf meine Welt ein. Machen wir ein kleines Gedankenspiel. Und ich weiß, du wirst die Fragen, die ich dir stelle, ehrlich beantworten:

Wie viel Zeit verbringst du am Tag mit dem Konsum von Nachrichten? 30 Minuten? Eine Stunde? Zwei Stunden? Nehmen wir einmal an, du investierst nur eine Stunde für Nachrichten im Radio, im Fernsehen, für das Lesen von Zeitungen oder fürs Internet. Wie viel Prozent davon sind negativ oder positiv? Nach konservativer Schätzung sind nur fünf Prozent positiv. Egal, lass uns weiterspielen.

Wie viel von dem Gelesenen, Gehörten und Gesehenen kannst du in acht Wochen noch bewusst erinnern? Zehn Prozent? Wahrscheinlich weniger.

Okay, und jetzt kommt die entscheidende Frage: Welche von diesen Informationen, die übrig geblieben sind, haben einen positiven

Einfluss auf dein Leben? Bei wie vielen Informationen zu Situationen und Ereignissen auf diesem Planeten hast du das Gefühl, Einfluss nehmen zu können?

Meine provozierende These: Die Zahl geht gegen null.

Nun, du hast ja schon verstanden, dass es beim Lernen und Aufnehmen von Informationen immer zwei Ebenen gibt. Die bewusste und die unbewusste Ebene. Das bedeutet, die vielen negativen Informationen in Bereichen, die du nicht beeinflussen kannst, geben dir auf der unbewussten Ebene eine Information, ein Gefühl und eine Wirklichkeit, die dein Leben dramatisch verändert: Du hast das Gefühl, nicht Herr deines Lebens zu sein. Warum wohl haben so viele Menschen in so vielen Dingen des Lebens das Gefühl, sie hätten keine Wahl? Warum fühlen sich so viele Menschen machtlos, was die eigene Lebensgestaltung betrifft? Weil sie nicht darauf achten, welche Informationen sie in ihren Kopf hineinlassen.

Ich lese viel. Ich höre viel. Und ich schaue auch viel. Nur eben bewusst Ausgewähltes: anregende Literatur, Hörbücher im Auto, inspirierende Filme. Gehe ich auch ins Kino, um den neuesten Blogbuster zu sehen? Natürlich. Nur eben bewusst. Ich setze mich ins Kino und frage mich immer wieder: Welche Botschaft wird mir jetzt gerade auf der unbewussten Ebene nahegebracht? Auch wenn ich mich sehr gern emotional einlasse, bei bestimmten Filmen bleibe ich emotional distanziert, dissoziiert, soweit das geht. Und ich reflektiere den Film: Was sind seine Kernaussagen?

Du möchtest ein zufriedenes, glückliches und erfülltes Leben haben? Dann teste die Wirksamkeit einer Informationsdiät. Stelle den Fernseher für drei Monate in den Keller, lese in dieser Zeit keine Zeitung und höre persönlichkeitsbildende Hörbücher, oder, noch besser, ein Hörbuch, wie man sich durch Trance vor dem Einschlafen entspannt. Ich verspreche dir, es wird eine Reise ins Wunderland – kein Pappmaschee-Wunderland, das du nur für einen Tag genießt, sondern ein wirkliches, bleibendes.

Wahr-nehmen, was ist

Die Realität ist nur eine Illusion,
allerdings eine ziemlich hartnäckige.

Albert Einstein (1879–1955), dt. Physiker
und Begründer der Relativitätstheorie

Veränderung hat viel mit Gefühl zu tun. Und somit ist deine Aufgabe, dich überhaupt wieder richtig zu spüren. Dich selbst und dein Gefühl in jedem Moment wahrzunehmen. Denn dein Gefühl ist dein Kompass.

Viele Menschen spüren sich nicht mehr. Sie haben sich von ihrem Körper und seinen Empfindungen gelöst. Anders ist es nicht zu erklären: Da gibt es Manager, die einen Herzinfarkt erleiden und zuvor viele Warnsignale nicht wahrgenommen haben. Menschen, die dich auf der Straße anrempeln und es noch nicht einmal bemerken. Übergewichtige, die dir sagen: Ich fühle mich so wohl, wie ich bin. Sorry, diese Aussage nehme ich Übergewichtigen nicht mehr ab. Dazu habe ich zu viele Menschen auf ihrem Weg begleitet, die erfolgreich ihr Körperfett reduziert haben. Es sind in all den Jahren, die ich Adipöse coache, sicherlich über 300 gewesen. Und alle!, – alle, haben mir gesagt: »Slatco, wenn dir jemand sagt, er fühle sich mit seinem Übergewicht wohl, der lügt dir ins Gesicht.«

Bitte versteh mich richtig: Es geht nicht darum, wie ich das bewerte. Es geht darum, zu erkennen, was wir Menschen manchmal mental leisten, um uns nicht mehr wahrzunehmen. Diese Verdrängung ist eine erstaunliche Leistung des Gehirns. Und wir alle dürfen lernen, in dieser Welt mit ständigen Ablenkungen, uns mehr auf unsere Wahrnehmung zu konzentrieren und ihr zu vertrauen.

Die Karte ist nicht die Landschaft

Die Aussage »Die Karte ist nicht die Landschaft« kommt aus dem NLP, dem Neurolinguistischen Programmieren. Es meint, dass wir alle je andere »innere Landkarten« im Unterbewusstsein haben, die auf der Basis unserer individuellen Prägungen und Erfahrungen entstanden sind. Diese inneren Karten geben uns den Weg auf der bewussten Ebene vor, ohne dass wir es bemerken. Und wir können diese inneren Karten verändern, wenn wir uns bewusst machen, wie sie entstanden sind. Wir können die eingeprägten Bilder durch andere Bilder ersetzen.

Ich mag dieses Modell der Welt. Denn wenn ich es in seiner tief greifenden Bedeutung verstehe und lebe, verändern sich plötzlich viele Dinge zum Guten. Das, was wir als Realität wahrnehmen, ist nicht die Realität. Nicht etwa deshalb, weil wir uns philosophisch-naturwissenschaftlich darüber streiten können, ob ein Ding real existiert und wir vielleicht nur meinen, es sei ein Ding. Nein, mir geht es jetzt um etwas anderes:

Wir nehmen von 40 Millionen Bits pro Sekunde, die uns geboten werden, nur circa 40 Bits bewusst wahr. Also ein Nichts von allem. Unser Gehirn ist ständig am Filtern: »Das ist wichtig. Das ist nicht wichtig.« Und dementsprechend gelangt nur in dein Bewusstsein, was du wahrnehmen willst. Das, was in deinem Gehirn ankommt, ist sozusagen eine grobe Skizze von dem, was dich umgibt. So wie in deinem Navigationssystem auch nicht jeder Baum eingezeichnet ist, sondern Symbole für Straßen und Ortschaften. Das Wesentliche also. Was auf der einen Seite überlebensnotwendig ist, ist auf der anderen Seite ein Manko, wenn wir negativ geprägt sind. Das hatten wir ja weiter oben schon. Elternhaus, Schule, Medien und andere »Erzieher« haben mit ihrer Kommunikation ganze Arbeit geleistet.

Denke also immer daran, dass es neben deiner Realität auch andere Realitäten gibt, dass Realitäten subjektiv sind. Das ist genau der

Grund, warum ich von *oberflächlichen* Diskussionen nicht viel halte, bei denen der eine versucht, den anderen zu überzeugen. Ist dir das schon einmal gelungen? Ich habe noch nie ein Streitgespräch erlebt, in dem der andere plötzlich seine Meinung aufgegeben und bereitwillig gemeint hat: »Stimmt, Sie haben recht. Jetzt haben Sie mich vom Gegenteil überzeugt.«

»Ja, aber ...« wirst du vielleicht jetzt gerade denken und nach Gegenbeispielen suchen. Reingefallen. Das ist es genau. Das »Ja, aber ...« reißt alles, was ich vorher ausgeführt habe, respektlos zur Seite. Doch wenn es meine Realität ist?

Deine ist sicherlich eine andere. Und deswegen darfst du sagen: »Ja, und ...«.

Mehr Toleranz und Respekt tut uns allen gut. Gerade in der heutigen Zeit. Jeder hat seine eigene innere Landkarte. Die Landschaft ist so viel bunter, als wir sie wahrnehmen.

It is what it is

Ich weiß nicht, wie oft ich diesen Satz während der Meditation in Indien von einem Meditationsmeister gehört habe. Als ich dort 60 Minuten lang völlig unbeweglich saß, lief in meinem Kopf ein Film ab, der all mein medizinisches Wissen wachrief. Der Schmerz infolge der verminderten Durchblutung meiner Gliedmaßen war unerträglich. Durch den Sauerstoffmangel bildet der Körper vermehrt Laktat in den Muskeln. Ergebnis: Es brennt wie Hölle.

Was ist jetzt, dachte ich, wenn ich durch den Blutstau eine Thrombose bekomme? Und wenn dann diese Thrombose in meine Lunge wandert? Und wenn ich dann eine Lungenembolie bekomme? Hier in der Pampa ist weit und breit kein Internist, geschweige denn ein Herz-Zentrum mit Lyse-Medikamenten, die eine Thrombose auflösen können. Meine Realität in dem Moment war: »Ich werde hier elendig verrecken.«

Und dann fokussierte ich mich auf jeden einzelnen Quadratzentimeter meines Körpers. Wie ein Scanner sauste meine Wahrnehmung mit dem Einatmen nach unten und beim Ausatmen nach oben. Und plötzlich war der Schmerz weg. Ich fühlte nur noch unendliche Energie. Ich war mit allem verbunden und ich »war« Licht. *It is what it is.* Also was war das denn nun für eine Realität? Die Quantenphysiker würden vielleicht sagen: Slatco, du hast das *wahr*-genommen, was du bist. Denn jedes Organ besteht aus Zellen. Etwa 100 Billionen sind es im gesamten Körper. Und jede einzelne Zelle besteht aus Zellkern, Mitochondrien und vielen anderen Komponenten. Und jede dieser Zellstrukturen besteht aus Molekülketten, die sich aus unzählig vielen Atomen zusammensetzen. Und diese Atome wiederum setzen sich zusammen aus dem Atomkern mit Protonen und Neutronen sowie einer im Vergleich zum Atomkern großen Wolke von Elektronen, die den Atomkern auf verschiedenen Bahnen umkreisen, so wie die Erde die Sonne. Diese Elektronen schwirren als Quanten oder Photonen, Lichtteilchen, durch die Welt und den Kosmos.

Um sie und ihre Eigenschaften fassen zu können, haben die Physiker komplizierte Versuche durchgeführt und die Erkenntnis gewonnen, dass die Quanten wunderbarerweise miteinander kommunizieren können und sich gleichzeitig wie Teilchen und Wellen verhalten, also schwingen.

Kurz und stark vereinfacht: Wir bestehen aus schwingendem Licht. Nicht wahrnehmbar für uns. Es sei denn, wir meditieren. Und lösen uns von der Bewertung unserer Körperwahrnehmungen. Klingt das für dich mystisch? Esoterisch? Für mich nicht. Es ist pure Physik. Wenn dich das Thema interessiert, google doch mal http://www.spektrum.de/thema/quantenphysik/950163.

Mit dem Wahrnehmen deiner selbst, ohne zu bewerten, löst du dich von vielen Dingen, die dir in der Vergangenheit Energie raubten. Meditation ist sicherlich der effektivste Weg, dies zu lernen. Und dafür reichen zehn Minuten am Tag vollkommen aus.

Der alltägliche Trancezustand

Du denkst, du hast alles unter Kontrolle in deinem Alltag? Nein, es ist ganz anders.

Wir sind ständig in Trance! Nur selten sind wir klar, wach und bewusst im Hier und Jetzt. Unsere Gedanken sind immer woanders. Das beste Beispiel dafür ist das Autofahren. Kennst du Autofahrten, nach denen du dich drei Stunden später an die Strecke kaum erinnern kannst? »Wer ist jetzt eigentlich gefahren?«, fragst du dich dann möglicherweise. Du warst in Trance. Oder: Du machst den Abwasch und deine Gedanken hüpfen wie wilde Affen von einem Thema zum nächsten. Du bist in Trance. Oder: Du sitzt im Büro und arbeitest irgendwelche stupiden Aufgaben ab? Du bist in Trance. Abends gehst du ins Einkaufszentrum, um etwas fürs Abendessen zu besorgen? Bist du dir jedes Gedankens und jedes Gefühls beim Aufsetzen, Heben und Abrollen eines jeden Fußes bewusst? Bestimmt nicht. Du bist in Trance.

Und genau deswegen, weil das Unbewusste so viel für dich wie von selbst und automatisch erledigt, ist es eine so große Herausforderung für den Geist, bewusst Änderungen vorzunehmen. Bewusst umzulernen kostet wesentlich mehr Energie, als Neues zu erlernen. Denn dann darf dein Gehirn alte, funktionierende Nervenfasern umbauen. Die Autobahnen und Nebenstraßen im Gehirn müssen neu verlegt werden.

Wusstest du, dass Kinder bis zum sechsten Lebensjahr fast nur in tiefer Trance sind? Das ist genau der Grund, warum sie in dem Zeitraum so unendlich viel lernen können. Bewusst würde das gar nicht gehen. Hast du schon einmal versucht, bewusst zu gehen? Jeden einzelnen Muskel bewusst anzusteuern wie in Zeitlupe? Bei der Gehmeditation machst du das. Doch im realen Leben? Niemals!

Dir begegnet ein Kollege auf dem Flur. Du grüßt ihn freundlich, doch er grüßt nicht zurück und schaut sehr grimmig. Was denkst du? Meistens kommen dann Gedanken hoch wie »Der mag mich nicht.« oder »Mann, ist der unhöflich!« bis zu »Blöder Sack. Bleib doch zu Hause, wenn du so schlechte Laune hast.« Wir bewerten. Ständig. Jeden. Alles. Immer. Obwohl wir nicht wissen, was diesen Menschen wirklich passiert ist.

Und das hat Konsequenzen für unser Leben und somit für unser Vermögen, uns selbst zu verändern.

Die Realität ist ein Mythos

Du hast bereits von Platons Höhlengleichnis gehört. Schon die griechischen Philosophen wussten also, dass wir nicht in der Wirklichkeit selbst leben, sondern das wahrnehmen und interpretieren, was wir für Wirklichkeit halten. Wenn wir uns das immer wieder bewusst machen, sind wir ein wenig weiser als die meisten. Es gibt nur unsere subjektive Realität. Sie ist von dem geprägt, was wir tagtäglich an Informationen aufnehmen und wie wir diese verarbeiten, wie wir über die Welt denken. Tägliches Lesen, Hören und Schauen von Nachrichten, ganz gleich über welche Medien, wird das Bild unserer subjektiven Realität negativ färben: Was ist heute möglicherweise geschehen? Ein Zug ist entgleist. Eine Bombe ist in Paris hochgegangen. Viele Tote sind die Folge. Die Welt ist gefährlich, denken wir dann und werden dieses Bild von ihr in unserem Hirn abspeichern. Neben solchen Negativnachrichten, die aktuelle Geschehnisse betreffen, erscheinen immer wieder Artikel, die sich mit negativen Statistiken zu dauerhaften Missständen auseinandersetzen: Wie viele Kinder jeden Tag irgendwo auf der Welt an Mangelernährung oder Krankheiten sterben. (Übrigens: Darüber, wie viele Menschen in der westlichen Welt an den Folgen einer zu üppigen, falschen Ernährung und an mangelnder Bewegung zugrunde gehen, darüber wird nur selten berichtet.)

Aber bedenke: Du wirst normalerweise keinen Zeitungsartikel darüber lesen, keine Nachrichten dazu hören, dass Tausende Züge täglich unbeschadet ihr Ziel erreichen. Du wirst nichts darüber lesen, dass Tausende Städte heute keinen Bombenalarm erleben mussten. Du wirst eher selten etwas darüber lesen oder hören können, dass der Hunger in der Welt in den letzten 15 Jahren drastisch reduziert werden konnte usw.

Was also ist unsere subjektiv wahrgenommene Realität? Was ist deine Realität?

Ich weiß, mein Verhalten, mich nicht von täglichen Nachrichten beeinflussen zu lassen, indem ich sie ganz aussperre, mag radikal sein. Bin ich deswegen ein weltabgewandter, desinteressierter Mensch? Nun, ich glaube nicht. Mich interessieren Menschen und ihre Art und Weise zu leben sehr. Allerdings bevorzuge ich den direkten Umgang mit anderen in meiner unmittelbaren Umgebung. Ich engagiere mich gern für Menschen mit den Mitteln, die mir zur Verfügung stehen: Ich stelle meine Kompetenz, meine Zeit und meine Energie in Ausnahmefällen Schulen und Universitäten auch gratis zur Verfügung.

Wie sieht es bei dir aus? Du hast nun gelernt, dass deine Realität das exakte Abbild deiner Gedanken und Vorannahmen ist. Und es gibt nur eine Frage, die du dir stellen kannst: Bist du mit der Realität zufrieden, oft glücklich und hast dabei primär gute Gefühle? Wenn nicht, empfehle ich dir, deine Realität zu ändern. Der erste Schritt dazu ist gemacht, wenn du verstehst, dass deine Wahrnehmung der Welt stark gefiltert ist. Dann bist du schon sehr weit gekommen. Und wenn du dann auch noch verstehst, dass du bestimmst, was durch den Filter zu dir gelangt, dann hast du Macht über dich erlangt.

Das doppelschneidige Schwert
der Bewertung

*An sich ist nichts weder gut noch böse, das Denken macht
es erst dazu.*

William Shakespeare (1564–1616), englischer Dramatiker

Stefan R. aus Stuttgart hat einen schweren Verkehrsunfall mit seinem Motorrad. Er liegt mehrere Wochen im Krankenhaus, und natürlich bekommt er viele Mitleidsbekundungen von seinen Kollegen und seiner Familie. Er selbst ist zutiefst unglücklich, denn er
kann monatelang nicht mehr seinem Hobby, dem Motorradfahren,
nachgehen.
Doch im Krankenhaus lernt er Janine kennen, die ihn als Krankenschwester betreut. Sie wird seine große Liebe. Schon wenige Monate später, als er das Krankenhaus verlassen hat, heiraten die beiden,
und weitere Wochen später wird Janine schwanger. Alle sind
glücklich, und es gibt eine riesige Feier. Die Eltern sind stolz und
glücklich, dass ihr Sohn nach so vielen Kurzzeitbeziehungen endlich die Frau fürs Leben gefunden hat. Stefan ist erfüllt und glücklich wie nie zuvor in seinem Leben. Zum ersten Mal spürt er dieses
tiefe und ehrliche Gefühl, eine Frau wirklich zu lieben. Dann naht
die Geburt, und es kommt zu Komplikationen. Sie dauert mehrere
Stunden, und Janine verliert dabei sehr viel Blut. Sie überlebt die
Tragödie nicht. Die Trauer ist unendlich groß, und Stefan ist jetzt
ein zwar stolzer, zugleich aber tieftrauriger Vater.
Wir empfinden die Dinge, die uns im Leben geschehen, negativ
oder positiv. Wesentlich ist, was wir aus diesen Erlebnissen lernen
und wie wir uns künftig verhalten. Wir Menschen sind offenbar die
Einzigen, die das Erlebte reflektieren können. Wenn ich aus nega-

tiven Erlebnissen bewusst oder unbewusst den Schluss ziehe, dass mir erneut Negatives widerfahren wird, mache ich mich abhängig von dem Erlebten. Du darfst lernen, dass unsere Gefühle, die durch Bewertung erst entstehen, individuell sehr verschieden sind. Wir können zum Beispiel entscheiden, wie lange wir über einen großen Verlust trauern. Der eine bleibt beim Verlust seines Liebsten bis zum Ende seines Lebens in Trauer, und der andere hat nach einem Jahr eine neue, große Liebe gefunden. Es gibt keinen Maßstab dafür, welches die »richtige« Zeitspanne für Trauer ist. Niemals würde ich jemandem raten, endlich mit der Trauer aufzuhören. Das wäre respektlos.

Wie wir wissen, ist auch die Art und Weise, wie bei Todesfällen mit Trauer umgegangen wird, immer eine Frage der kulturellen Prägung. In manchen Kulturen wird der Tod als Übergang in ein anderes Leben sogar gefeiert. Die Riten sind so vielfältig, wie es Völker auf dieser Erde gibt. Und sie sind innerhalb von Gesellschaften je nach Gemeinschaften auch wieder unterschiedlich. Mir fällt als Sportler sofort ein, dass etwa Surfer bei einem Trauerfall mit ihren Surfbrettern alle zusammen aufs Meer hinaus fahren, um dort des Toten zu gedenken.

Um zu unserem Beispiel oben zurückzukehren: Der Verlust des Lebensgefährten oder des eigenen Kindes ist sicher besonders einschneidend für einen Menschen. Doch auch hier kann die Emotion Trauer für den Aufbau positiver Energie genutzt werden. Zum Beispiel, wenn eine Mutter, die ihren krebskranken Sohn verloren hat, eine Stiftung aufbaut, um dieser Erkrankung mehr Aufmerksamkeit zukommen zu lassen und finanzielle Mittel bereitzustellen, die etwa helfen können, bessere Therapien zu entwickeln.

Noch einmal: Wie du mit solchen Erlebnissen umgehst, ist deine ganz persönliche Angelegenheit, und kein anderer Mensch hat das Recht oder die Befugnis, dir zu sagen, was richtig ist. Das entscheidest du ganz allein für dich. Nun, ich gebe zu, auch ich bin noch Übender, und auch ich bewerte Dinge, die geschehen. Und doch schaffe ich es immer häufiger, die Dinge so zu bewerten, dass sie mir gute Gefühle verursachen. Ich setze das Geschehene in einen neuen Rahmen.

Ein einfaches Beispiel: Bei schlechtem Wetter im Urlaub, wenn das Radfahren ausfällt, rege ich mich nicht auf, sondern mache mal wieder Yoga, schreibe an einem Buch, genieße mit meiner Partnerin einen faulen Tag im Bett ...

Ich erfreue mich an den Dingen, die mir gelingen, und schaue mir die positiven Seiten von Dingen an, die mir anfangs vielleicht nicht gefallen. Wir wissen nie, was sich noch Neues und vielleicht Besseres in unserem Leben ereignen wird: Einen Totalschaden mit dem Auto, bei dem uns und anderen nichts geschehen ist, müssen wir nicht negativ bewerten. Denn zum Glück ist niemandem etwas passiert. Und vielleicht können wir endlich von der Versicherungssumme unser Traumauto kaufen. Eine Trennung vom Partner nach Jahren des Leids lässt uns vielleicht für *die* Frau oder *den* Mann unseres Lebens bereit werden. Der Jobverlust bringt uns letztlich vielleicht neue Karrierechancen, einen Job mit mehr Gehalt und mehr Spaß an der Arbeit.

In den letzten Jahren habe ich viel darüber nachgedacht und mich mit vielen Menschen über dieses Thema ausgetauscht. Was geschieht, wenn ich in meinen Seminaren oder Coachings Menschen dazu ermutige, ihre Träume zu leben und sich nicht von dem beeinflussen zu lassen, was sie erfahren haben? Ich bekenne, ich weiß es nicht!

Da findet vielleicht – durch mein Coaching verursacht – eine Frau nach 25 Jahren Ehe endlich den Mut, ihren ungeliebten Mann zu verlassen. Und die neu erlangte Freiheit führt dazu, dass sie ihre einzig wahre Liebe findet. Aber es kann auch ganz anders kommen:

Nehmen wir an, ich motiviere einen Mann, wieder mehr das zu leben, was ihm wichtig ist. Das ist erst einmal positiv. Und wenn er dann wieder mit dem Motorradfahren beginnt, seiner Leidenschaft, und bei einem Verkehrsunfall wegen überhöhter Geschwindigkeit eine ganze Familie tötet?

Wir wissen nie, was geschehen wird! Wir wissen nicht, welche unserer Handlungen am nächsten Tag oder in 100 Jahren welche Konsequenzen haben werden. Worauf will ich hinaus? Nun, ich meine, wir sollten uns mehr zurückhalten dabei, Geschehnisse positiv oder negativ zu interpretieren und zu bewerten. Das kostet uns unendlich viel Energie. Ich meine damit keinesfalls, dass du deine Gefühle bei einem Schicksalsschlag wie dem von Stefan R. verdrängen solltest. Lebe sie aus, aber versuche, daraus keine Schlüsse für die Zukunft zu ziehen. Versuche, einmal die Perspektive eines Raumfahrers einzunehmen, der die Erde umrundet: Alles relativiert sich. Wird es diesen verletzlichen Planeten in ein paar Jahrhunderten kümmern, ob wir ihn noch bewohnen können oder längst ausgestorben sind? Und fliegen wir noch weiter ins All: Was kümmert es das Universum, was mit diesem kleinen Planeten Erde geschieht? Wir sind darin weniger als Staubkörnchen. Aber wir nehmen uns, das tägliche Geschehen und unser Leben so wichtig. Was ist die Konsequenz? Das darfst du für dich entscheiden.

Ich will ehrlich sein: Eine Zeit lang war ich sehr gut darin, die Dinge nicht mehr zu interpretieren und zu bewerten. Auch das hat Konsequenzen. Denn wenn ich bei Dingen, die vordergründig »negativ« sind, gelassen reagiere, geschieht das auch bei »positiven« Erlebnissen. Gelassenheit bei Tragödien, Krisen und Schicksalen zu üben, sich emotional zu distanzieren, hat unausweichlich zur Folge, dass das emotionale Erleben sich auch bei schönen Erlebnissen und Begegnungen im Leben abschwächt. Die Begeisterung ist nicht mehr da.

Also gibt es zwei Seiten der Medaille, zwei Schneiden des Schwerts: Gelassenheit und emotionale Distanz machen es stumpf, und zwar auf beiden Seiten. Ich selbst bin auch nur ein Übender in dieser Welt, in meinem Leben. Ich habe den Lebenssinn für mich gefunden. Die Weisheit in den kleinen, einfachen Dingen. Am Ende des Tages reflektiere und bewerte ich Folgendes:

1. Hatte ich heute Spaß, beziehungsweise habe ich mir heute etwas Schönes gegönnt, das mir gute Gefühle verursacht hat? Zum Beispiel Sport, Sauna, Massage, Zeit mit meinen Liebsten, einen Waldspaziergang, den Kauf eines lang ersehnten Objekts, einen Kinobesuch ...

2. Habe ich heute etwas getan, um langfristig gesund und fit zu bleiben, damit ich mein Leben lang eine hohe Lebensqualität haben werde? Zum Beispiel Sport, gesundes Essen, Yoga, Faszientraining mit der Blackroll, Bemer-Magnetfeld-Therapie, eine Entspannungstechnik ...

3. Habe ich heute etwas getan, was diesen Planeten ein bisschen (hoffentlich) besser macht, etwas mit positiver Absicht? Zum Beispiel eine Spende getätigt, für eine Wohltätigkeitsorganisation gearbeitet, einen wertvollen Blogbeitrag, Newsletter oder einen Text für ein Buch geschrieben, jemandem in einer kniffligen Situation geholfen, einem Freund zugehört und mitgefühlt, Zeit oder Geld für andere eingesetzt ...

4. Habe ich mich heute weiterentwickelt, etwas Neues ausprobiert oder dazugelernt? Zum Beispiel ein Hörbuch gehört, Fachliteratur gelesen, mir ein Coaching gegönnt, eine neue Sportart gelernt, für eine Fremdsprache neue Vokabeln gelernt ...

5. Habe ich heute Zeit achtsam mit Menschen verbracht, die mir wichtig sind? Zum Beispiel Eltern, Partner, Freunde, Familie im weitesten Sinne, Mentoren ...

6. Habe ich mich um meine finanzielle Situation gekümmert? Zum Beispiel Umsatzkontrolle, Kundenkontakte durch Telefonate gepflegt, Aktienkäufe und –verkäufe getätigt, an der Finanzplanung gearbeitet, Versicherungen optimiert, Investments mit Wertsteigerungsaussicht getätigt ...

7. Was habe ich heute erlebt, für das ich dankbar sein kann? Zum Beispiel Zeit für Meditation gehabt, unter der neuen Regendusche gestanden, Zeit für meine Liebsten erübrigt, einen Beinahe-Unfall abgewendet, eine neue spannende Persönlichkeit

kennengelernt, Zeit für einen Spaziergang genommen, gesund zu sein ...

Morgens frage ich entsprechend, was ich an diesem Tag tun werde:

1. Wie und wann werde ich heute absichtsvoll Spaß haben?
2. Was esse ich heute Gesundes und wann treibe ich heute Sport?
3. Was werde ich heute Gutes für andere tun?
4. Wie werde ich mich heute weiterbilden?
5. Mit wem möchte ich heute Zeit verbringen?
6. Was werde ich heute proaktiv für meine finanzielle Unabhängigkeit und Freiheit tun?
7. Wofür bin ich jetzt schon dankbar in meinem Leben?

Diese Fragerituale am Abend und am Morgen helfen mir, ein gutes Gefühl zu bekommen und dauerhaft zu erhalten. Ich lasse dich teilhaben und lade dich in die kleine Welt von Slatco Sterzenbach ein: Gönne dir jeden Tag etwas Schönes und tue Gutes für dich und andere. In »negativen Situationen« halte dir innerlich den Spruch vor Augen: »Interessant. Ich darf wieder etwas lernen.« So wirst du der ständigen Interpretation und Bewertung von Ereignissen entkommen. Und: Gönne dir ein wenig mehr Gelassenheit in diesem Leben, falls du eher negativ eingestellt bist bisher – aber nur so viel, dass du dir die Freude und Begeisterung für das Positive bewahrst.

Das Ergebnis sehen,
statt den Prozess beobachten

Wenn der Mensch sich etwas vornimmt,
so ist ihm mehr möglich, als man glaubt.

Johann Heinrich Pestalozzi (1746–1827),
schweizerischer Pädagoge

Ein wesentlicher Grund, warum viele Menschen die selbst gesetzten Ziele nicht erreichen, ist die falsche Nutzung ihres Gehirns. Was meine ich damit? Sie beobachten sich selbst zu kritisch bei dem Prozess der Zielerreichung und verzetteln sich in vielen kleinen Einzelschritten. Möchte jemand durch eine Diät abnehmen und ihm fällt es furchtbar schwer, auf die Lieblingsspeise zu verzichten, entsteht die negative Erwartungshaltung: »Wie soll ich das bloß schaffen?« Sein Unbewusstsein wird sich dann schon etwas einfallen lassen, um die angenehme alte Essgewohnheit irgendwie beizubehalten, und sei es auch nur, sich nach drei strengen Diättagen abends zur Belohnung einen Extraschlag Kalorien zu gönnen.

Im Laufe meiner Karriere habe ich mit vielen Spitzensportlern arbeiten dürfen und viele Olympiasieger und Weltmeister befragen können, wie sie sich für die besonders harten Zeiten und Trainingseinheiten motivieren konnten: Wenn beispielsweise Jan Frodeno bei den Olympischen Spielen am Triathlon über die olympische Distanz (1,5 km Schwimmen, 40 km Radfahren und 10 km Laufen) teilnehmen und siegen möchte, bedarf es einer sehr hohen Motivation. Jeder von diesen Spitzensportlern, und zwar ohne Ausnahme, hat mir *eines* bestätigt und es so oder ähnlich formuliert: »Ich habe mich schon vorher mehrere Tausend Mal auf dem

Podest stehen beziehungsweise als Erster über die Ziellinie laufen sehen.«

Wenn ich mich morgens oder auch mal spät abends noch an das Manuskript für dieses Buch gesetzt habe, sah ich vor meinem inneren Auge mich selbst, wie ich das fertige Werk in meinen Händen halte. Ich habe das Cover gesehen und im Buch geblättert. Ich sah es auf Platz 1 der *SPIEGEL*-Bestsellerliste und mich selbst in Talkshows, zu denen ich nun eingeladen werde. Denn ich weiß, dass ich so viele Menschen erreichen kann, die für die Verbreitung des Buches wichtig sind. All das habe ich als Ergebnis meines Tuns ganz deutlich vor mir gesehen.

Dieses Imaginieren des Resultats, »Sieh das Ergebnis!«, kannst du regelhaft auf jeden Bereich deines Lebens übertragen. Du willst mehr Geld verdienen? Stelle dir die Dinge vor, die du dir dann gönnen wirst. Sieh den hohen Stand, den du auf deinem Konto haben wirst. Imaginiere die vielen Erlebnisse und besonderen Erfahrungen, die du dir dann gönnen kannst – seien es materielle Dinge wie Autos, Häuser, schöne Kleider und Schuhe, seien es Reisen oder sportliche Aktivitäten wie Tauchen oder Fliegen. All das, was du magst, wirst du dir in dein Leben holen. Denn es ist nicht das Geld, das dich motiviert, sondern das, was du dir dadurch an höherer Lebensqualität, an ungewöhnlichen Erlebnissen, Konsumgütern oder Möglichkeiten versprichst und vorstellen kannst. Es sind die Bilder, die dich motivieren. Denn diese Bilderwelt, in die du eintauchst, ist es, die Gefühle hervorruft. Und diese sind notwendig, um Energie und Selbstantrieb zu entwickeln und zu erhalten.

Du möchtest deinen Traumpartner finden? Entwerfe dir ein Bild von diesem Menschen: Wie sieht er oder sie aus? Welche Charakterzüge hat dieser Mensch? Was wirst du alles mit ihm oder ihr erleben? Wie möchtest du mit ihm oder ihr umgehen und kommunizieren? Entwerfe selbst wie ein Regisseur einen neuen Lebensfilm. Deinen Film, denn zuerst darfst du dein Leben träumen, um später deinen Traum zu leben.

Viele sind auf der Suche nach einem Lebenspartner und sehen innerlich nur negative Szenen, etwa wie sie in der Disco einen Korb bekommen oder ein Nein auf eine nette Essenseinladung an den neuen Kollegen. Das ist demotivierend, dafür verlassen diese Menschen ihre sichere Wohnung natürlich nicht. Der Comedian Dieter Nuhr meint, es helfe ungemein bei der Partnerwahl, wenn man die eigene Wohnung verlässt und potenzielle Partnerinnen anspricht – es sei denn, man stehe auf Postboten und die Zeugen Jehovas.

Um neue Menschen kennenzulernen und vielleicht den Traumpartner zu finden, stehst du also an der Bar, in der Disco oder sonst wo und schaust dich um. Plötzlich siehst du das Abbild deiner kühnsten Träume. Eine Zehn auf der Skala von 0 bis 10. Und nun läuft der Film in deinem Kopfkino. Meide folgenden Film, den viele Menschen in so einer Situation innerlich abspielen: »Die/der wird mich sowieso nicht mal anschauen. Also lasse ich es lieber.« Irgendwann schaut dieser Traumpartner sich um und entdeckt eine »Sieben«. Auch er oder sie malt sich die Ablehnung aus, sodass er oder sie sich mit der Suche nach einer »Fünf« zufriedengibt. Erkennst du dich vielleicht selbst wieder?

Was würde geschehen, wenn du in Zukunft nur noch das Ergebnis vor Augen hast, wie du mit dieser Traumperson die schönsten Stunden deines Lebens verbringst?

Eines wirst du jetzt verstehen: Visionen und innere Bilder sind die Voraussetzung für Erfolg. Aber: Sie sind keine Garantie.

Die Walt-Disney-Methode

»Ich muss unbedingt abnehmen!« oder »Ich muss unbedingt aufhören zu rauchen« oder »Ich muss unbedingt aufhören, so viel Alkohol zu trinken.« Kennst du solche Aussagen von dir? Nun, so viel weißt du schon, dass das Wörtchen »muss« dich unbewusst stressen wird und du dich damit sehr wahrscheinlich selbst boykottieren wirst.

Und welche Bilder gehen dir durch den Kopf, wenn du dich etwa beim Abnehmen oder beim Nichtrauchen beobachtest? Richtig, du siehst dich vor einem fast leeren Teller mit einem kleinen Salatblatt sitzen, während alle anderen den Teller voller kalorienreicher Köstlichkeiten haben. Oder du siehst dich nervös anderen beim Rauchen zuschauen. Oder du siehst dir zu, wie du mit schweren Schritten und nach Luft japsend joggen gehst, um Pfunde abzubauen oder der Nikotinsucht zu entkommen.

Ist das motivierend? Auf keinen Fall. Vergiss es!

Was du brauchst, was dich unterstützt, sind die positiven Bilder: Du siehst dich schlank und rank, genauso wie du es immer haben wolltest, vor deinem Spiegel. Vielleicht trägst du jetzt wieder deine Lieblingsjeans, die du dir vor Jahren geleistet hast. Und vielleicht siehst du dich leichtfüßig die Treppen hinaufspringen. Und vielleicht kannst du auch hören, was andere anerkennend sagen werden.

Oder: Du siehst vor dir, wie sich schon eine Woche nach deiner Nikotinentsagung dein Hautbild verändert: Deine Gesichtshaut wirkt rosiger. Deinem Partner fällt auf, dass du nicht mehr nach Zigarettenrauch stinkst. Du siehst dich Sport machen, ohne dass dir die Luft wegbleibt. Du weißt, dass du mehr Lebenszeit gewinnst. Und was wirst du dir sagen können, wenn du diese Ergebnisse dank deines Willens und deiner Ausdauer erreicht hast? Wie wird sich das anfühlen? Was wirst du tun, um dich zu belohnen? Selbst wenn du aus diesem Buch nur für dich mitnehmen solltest, stets das Ergebnis deiner Vorhaben zu imaginieren, um dich zu motivieren, hast du schon einen großen Schritt auf deinem Weg zur Veränderung zurückgelegt. Bade in den Gefühlen, die das Ergebnis auslöst, mit allen Sinnen. Es darf sich großartig anfühlen.

Ich empfehle in Firmen immer wieder eine Strategie von Walt Disney – ein großartiger Visionär –, die ich auch selbst praktiziere, um das Ergebnis meines Tuns zu imaginieren:

Du hast die Meta-Programme kennengelernt und weißt, dass es Menschen gibt, die eher Detailsortierer und andere, die eher Globalsortierer sind. Nun, teile deine Projekte in drei Phasen:

1. Brainstorming / Mindmapping / Visionsentwicklung
2. Detailsortieren: Vom Ziel ausgehend in die Gegenwart planen
3. Gegenbeispielsortieren: Mögliche Hindernisse auf dem Weg erkennen

Zu 1: Beim Brainstorming sind nur Globalsortierer im Meeting, die eine starke visionäre Kraft haben. Wenn man hier einen Gegenbeispielsortierer und Detailsortierer dabeihat, können sie jede Vision in Sekundenbruchteilen zunichtemachen.

Zu 2: Bei der Detailplanung vom gewünschten Ziel her in die Gegenwart, also zum Anfang gedacht, kommen die Detailsortierer ins Spiel. Sie sind perfekt dafür geeignet, alle notwendigen Details zu eruieren, um die ferne Vision zu erreichen.

Zu 3: Und erst im dritten Schritt, wenn Vision und der Weg dorthin glasklar sind, kommen die Gegenbeispielsortierer ins Spiel. Sie überprüfen mögliche Fallen, Hindernisse und Fallstricke, die auf dem Weg hemmend sein könnten.

Wende bei deinem nächsten beruflichen oder privaten Projekt diese Methode an, indem du die einzelnen Schritte klar voneinander trennst. Du kannst sie auch bei privaten Vorhaben mit Freunden ausprobieren. Du wirst staunen, wie sie dein künftiges Tun beeinflussen wird. Und das Schöne, es macht Spaß, sich damit Ziele zu setzen und sie zu erreichen.

Was ist Erfolg?

Vor den Erfolg haben die Götter den Schweiß gesetzt.

Hesiod (700 v. Chr.), griechischer Dichter

Du sitzt im Auto und wartest an der roten Ampel. Es ist Sommer, das Fenster auf deiner Seite ist offen. Plötzlich kommt ein roter italienischer Sportwagen mit dem Pferdelogo und einem satten Acht-Zylinder-Röcheln links neben dir zum Stehen. Hinter dem Lenkrad siehst du einen etwa Fünfzigjährigen. Braun gebrannt. Graues, langes nach hinten gekämmtes Haar. Eine teure Uhr am Handgelenk. Obwohl es immer noch rot ist, lässt er den Motor kurz aufheulen. Was geht dir dabei durch den Kopf? »Hat der's nötig?«, oder »Bestimmt ein Zuhälter!«, oder »Geld ist nicht alles!«, vielleicht auch »Umweltverpester!«

Oder hast du noch schlimmere Gedanken? Wenn du solche oder ähnliche Gedanken hast, wette ich mit dir, dass es um deinen materiellen Wohlstand nicht gut steht.

Oder denkst du ganz anders? Etwa: »Was für ein Spitzenwerk der Handwerkskunst, so ein schöner Wagen! Wow, so einen werde ich auch bald fahren. Der hat's geschafft. Der hat bestimmt viel Spaß. Der hat bestimmt nen tollen Job, sonst könnte er sich nicht so ein super Auto leisten!«

Oder hast du andere positive Gedanken? Ja? Herzlichen Glückwunsch! Wahrscheinlich mangelt es dir in deinem Leben an kaum etwas, du fühlst dich vielleicht sogar in allen möglichen Bereichen deines Lebens zufrieden und vermisst nichts.

Natürlich muss es kein Sportwagen sein, es kann ja auch etwas ganz anderes sein, ein tolles Abendkleid, faszinierender Schmuck, ein schönes Rennrad usw. Zumindest wissen wir, wenn wir so etwas sehen: Er oder sie oder der Lebenspartner oder die Eltern haben im finanziellen Bereich Erfolg.

Auch du hast Erfolg. Jeden Tag. Erfolg kommt von »erfolgen«. Es erfolgt immer etwas, egal ob du etwas tust oder auch etwas unterlässt. Der Mann im roten Sportwagen hat irgendwas getan, um gerade diesen Wagen fahren zu können. Vielleicht hat er sogar noch mehr solcher Sterne der Handwerkskunst in seiner Garage stehen. Vielleicht aber hat er das gute Stück auch einfach nur für eine Probefahrt ausgeliehen. Er möchte möglicherweise einmal in seinem Leben dieses Gefühl in einem Sportwagen auskosten, weil er weiß, dass er bald sterben wird?

Wir wissen es nicht! Überlassen wir also das Kommentieren, Bewerten und Spekulieren über den Erfolg anderer den unzähligen Sehnsuchtsmagazinen mit fiktiven Geschichten, die täglich in Massen verkauft werden.

Die einzige Frage, die für dich wesentlich ist, die du dir beantworten magst: Bist du erfüllt und begeistert von den Ergebnissen deines Tuns? Bist du von deinem Erfolg begeistert?

Erfolg ist nicht nur das teure Auto. Auch eine erfüllte Beziehung bedeutet Erfolg, eine gefühlte Spiritualität, ein wunderbarer Job und gute Freunde, eine stabile Gesundheit, Spaß im Leben, das Pflanzen von Bäumen, das Malen eines Kunstwerks, der Gewinn einer Sportmedaille und Ähnliches. Erfolg ist nicht nur gleichzusetzen mit dem Besitz von Statussymbolen oder mit finanziellem Reichtum, allerdings ist er nicht ausgeschlossen. Und viele tun sich schwer damit, ihn als Erfolg zu betrachten.

Erfolg ist letztlich der Begriff für eine Variable, die für jeden je etwas anderes bedeutet: Die Mitarbeiterin eines ärztlichen Hilfsprojekts irgendwo im afrikanischen Dschungel, die gegen die Verbreitung von Aids kämpft, begreift ihr Tun möglicherweise ebenso als erfolgreich wie der Grundschullehrer in Berlin-Kreuzberg, der eine wissbegierige Willkommens-Klasse von Flüchtlingskindern unterrichtet.

Jeder darf sein Leben mit dem ausfüllen, was ihn glücklich macht. Und das ist so unterschiedlich, wie es Menschen auf diesem Planeten gibt.

Für mich persönlich ist gelebter und bewusst erwünschter Erfolg ein Ergebnis von fünf Faktoren. Ich habe diese fünf Faktoren in meiner Zeit als Leistungssportler definiert und wende sie seither in allen Bereichen meines Lebens an. Es sind folgende:

1. Vision entwerfen
2. Fokussieren
3. Hindernisse strategisch ausräumen
4. Trainieren und Rituale nutzen
5. Glaubenssätze ändern

Sie funktionieren und wirken auf der Ebene des Unbewussten. Was für dich auf der Inhaltsebene, sprich bewussten Ebene, Erfolg bedeutet, entscheidest du frei und ganz allein. Ob du nun in einem Aschram in Indien auf dem Boden sitzt und stundenlang mit bloßen Händen Kürbiskerne von der Schale befreist und dich dabei glücklich fühlst. Oder ob du es liebst, für deine Familie jeden Tag zu kochen und die abendlichen Gespräche beim Essen zu genießen. Oder ob du mit fünf Partnern gleichzeitig Sex hast und dich mit Drogen antörnst, das ist deine Sache. Ob du einen Riesenspaß hast, ein Business aufzubauen, um dir gleich fünf Sportwagen leisten zu können, oder ob du dein Glück darin findest, jeden Tag zwei Stunden Soap-Operas im Fernsehen zu schauen ... solange du dabei glücklich bist und keinem anderen Menschen schadest, mach es!

Steve Jobs (1955–2011) wird oft als *das* Vorbild für einen erfolgreichen Menschen genannt. Das ist die Sicht von außen. Denn er hat die Medienwirtschaft extrem beeinflusst, wenn nicht sogar revolutioniert. War er dem eigenen Gefühl nach auch so erfolgreich?

Dazu ein paar Sätze von ihm, die er im Angesicht des nahenden Todes geäußert haben soll:

Ich habe den Gipfel des Erfolgs in der Geschäftswelt erreicht.
In den Augen der Menschen gilt mein gesamtes Leben
als eine Verkörperung des Erfolgs.
Jedoch abgesehen von meiner Arbeit, habe ich wenig Freude
in meinem Leben. Letztendlich gilt mein Reichtum
nur als Fakt des Lebens, an den ich gewohnt bin.
In diesem Augenblick, wo ich in einem Krankenbett liege
und auf mein ganzes Leben zurückblicke, verstehe ich, dass
all die Anerkennung und all der Reichtum, worauf ich
so stolz war, an Wert verloren haben vor
dem Gesicht des kommenden Todes.
In der Dunkelheit, wenn ich die grünen Lämpchen
der Lebenserhaltungsmaschinen beobachte und mir das
mechanische Brummen dieser Maschinen anhöre, fühle ich
die Atmung des Todes immer näher auf mich zukommen.
Jetzt weiß ich, dass wir uns komplett andere Fragen im Leben
stellen müssen, die mit Reichtum nichts gemeinsam haben ...
Es muss dort noch etwas sein, das sich uns als viel Wichtigeres
im Leben erweist: womöglich ist es eine zwischenmenschliche
Beziehung, womöglich Kunst, womöglich
auch Träume in unserer Kindheit ...
Nonstop im Erreichen des Reichtums macht einen Menschen
zu einer Marionette, was auch mir passiert ist.
Gott hat uns solche Eigenschaften wie Gefühle für das Leben
mitgegeben, damit wir das Gefühl der Liebe in jedes Herz
bringen können. Es darf keine Illusion bestehen
bezüglich des Reichtums.
Den Reichtum, den ich im Laufe meines Lebens
angehäuft habe, kann ich jetzt nicht mitnehmen.
Was ich jetzt mitnehmen kann, sind Erinnerungen, die auf

der Liebe basieren und mit Liebe erschaffen worden sind.
Das ist der wahrhafte Reichtum, der euch jedes Mal folgen muss,
euch begleiten muss, der euch Kraft und Licht gibt weiterzugehen.
Die Liebe kann wandern und reisen, wohin sie will. Denn genau
wie das Leben kennt auch die Liebe keine Grenzen.
Geht dorthin, wo ihr hingehen wollt. Erreicht Höhepunkte
in eurem Leben, die ihr erreichen wollt. Die ganze Kraft
dafür liegt in euren Herzen und euren Händen.
»Welches Bett gilt als das reichste Bett der Welt?« –
»Es ist das Bett eines Kranken« ...
Ihr könnt euch vielleicht einen Chauffeur leisten, der für euch
das Auto lenken wird. Oder ihr könnt euch Mitarbeiter leisten,
die für euch das Geld verdienen. Niemand aber wird all eure
Krankheiten mittragen können. Das müsst ihr ganz alleine.
Materielle Werte und Sachen, die wir mal verloren haben,
können wiedergefunden werden.
Es gibt aber eine Sache, die, wenn sie verloren geht,
nicht wiedergefunden werden kann –
und das ist DAS LEBEN.

Steve Jobs

Ich mag dieses Zitat, auch wenn es eine Vorannahme enthält: dass wir immer eine Entweder-oder-Entscheidung treffen müssen. Entweder Reichtum oder Liebe. Entweder Business oder Gesundheit. Entweder Zeit für den Job oder Zeit für die Familie. Diese unbewussten Vorannahmen und Verknüpfungen sind gefährlich.

Ich werde nie den Moment vergessen, als ich einen Vortrag bei Bogner® halten durfte, Willy Bogner in der ersten Reihe saß und bei einer Auswahlreflexion sinngemäß äußerte: »Wissen Sie, Herr Sterzenbach, in meinem Leben habe ich eines gelernt: Es gibt kein Entweder-oder. Es gibt immer ein Sowohl-als-auch.«

Ich mag diesen Gedanken!

Was kannst du tun, um dir die richtigen Fragen zu stellen und um dein Leben noch erfolgreicher und erfüllter zu gestalten? Ich stelle dir nun meine fünf goldenen Erfolgsfaktoren vor, mit denen ich arbeite. Du kannst sie für das Erreichen deiner Ziele nutzen. Aber schreibe dir entweder hier und jetzt oder mit dem Übungsbogen auf meiner Webseite auf, was für dich Erfolg bedeutet.

www.change-als-chance.com

Erfolg ist für mich

_____

_____

_____

_____

_____

Erster Erfolgsfaktor –
Vision entwerfen

Das Denken ist groß, kühn und frei,
das Licht der Welt und der höchste Ruhm des Menschen.

Bertrand Russell (1872–1970),
britischer Philosoph und Mathematiker

Von Altbundeskanzler Helmut Schmidt stammen wunderbare Sprüche. Folgende, immer wieder zitierte Weisheit ist aber sicher nicht seine beste: »Wer Visionen hat, sollte zum Arzt gehen.« Ich habe lange über die Kraft von Visionen nachgedacht und viel darüber gelesen. Auch habe ich Weltmeister, Olympiasieger und Firmengründer dazu interviewt. Und natürlich habe ich selbst die positive Wirkung von Mentaltraining beziehungsweise Visualisierung oft genug erfahren. Doch die wahre Kraft von Visionen wurde mir erst in den letzten Jahren bewusst. Ein ganz einfaches Beispiel: Stell dir vor, du möchtest einen neuen Wagen bestellen und bekommst einen Flyer, der viele technische Informationen über das Auto enthält. Du liest etwa:

> 1,8 Tonnen
> 450 PS

Wärst du »heiß« auf dieses Auto? Und jetzt schau dir das Bild von einem Sportwagen an.
Was löst es in dir aus? Spürst du den Unterschied zwischen dem Lesen der Fakten und dem Anschauen des Bildes? Okay, vielleicht magst du dieses Auto nicht, vielleicht wäre dir ein Kleinwagen oder Kombi lieber. In jedem Fall wirst du beim Betrachten eines

Bildes mehr empfinden als beim Lesen der technischen Daten über das Auto.

Angenehme und unangenehme Gefühle, Wünsche oder Unbehagen entstehen nicht beim Aufnehmen von Fakten, Zahlen, Daten. Sie entstehen beim Anschauen von Bildern, Filmen, manchmal über Geräusche oder Stimmen. Wie heißt es so schön: Ein Bild erzählt mehr als 1.000 Worte.

Unser Gehirn benötigt Bilder, unbewegte oder bewegte Bilder, um Emotionen entstehen zu lassen. Sowohl positive als auch negative Emotionen. Es braucht, wie schon oben erwähnt, Informationen über die Sinneskanäle: Sehen, Hören, Riechen, Schmecken, Fühlen.

Der Engländer Ben Saunders fuhr 2004 allein auf Skiern zum Nordpol. Es lief alles schief, was nur schieflaufen konnte. Er wurde von einem Eisbären angegriffen, er verlor einen Zeh wegen der Eiseskälte und zu viel Zeit. Die Sommerschmelze setzte schon ein, als er noch unterwegs war. Das Einzige, was seine Motivation hochhielt und ihn dann doch noch rechtzeitig zum Ziel brachte, war der innere Film, den er sich immer wieder abspielte: Wie er am Nordpol ankam und ein Helikopter ihn – begleitet von lauter Rockmusik – abholte.

Die englische Umweltaktivistin Roz Savage überquerte mit dem Ruderboot zuerst den Atlantik und später den Pazifik. Ihre Vision war, damit weltweit die Aufmerksamkeit der Menschen auf die Verschmutzung der Meere zu lenken. Die ehemalige Management-Beraterin hatte nach Jahren erkannt, dass sie nicht das Leben führte, das sie erfüllte. Sie wollte etwas bewegen. Ihre Homepage zeigt, was ihr gelungen ist. http://www.rozsavage.com/

Als ich 1987 den Bericht über die Weltmeisterschaft im IRON-MAN®-Wettbewerb auf Hawaii sah, lief bei mir auf einmal der innere Film ab, wie ich die Ziellinie selbst erreichte. Ich verinnerlichte das Mental-Programm: Du wirst es schaffen!

Es dauerte vier Jahre, bis ich so weit war. 1991 qualifizierte ich mich in Roth für Hawaii.

1999 entwarf ich, angeregt durch die Geschichte eines Motivationstrainers, eine große berufliche Vision für mich selbst. Der Kollege hatte mir erzählt, dass er vor über 3.000 Führungskräften in der Porsche-Arena in Stuttgart einen Vortrag gehalten hatte. Das wollte ich auch. Es hat zehn Jahre gedauert: 2009 hielt ich selbst bei einer Veranstaltung vor über 3.000 Führungskräften aus Deutschland einen Vortrag in der Porsche-Arena in Stuttgart.

Eine Vision gibt dir die Kraft, Dinge zu tun, die manchmal schwerfallen, wehtun oder unangenehm sind, aber zu dem Ziel führen, das du dir gesetzt hast. Neue Ufer zu erreichen hat immer etwas damit zu tun, die Komfortzone zu verlassen. Und das ist für Körper und Geist zunächst unangenehm. Denn wir Menschen lieben normalerweise das Gewohnte, es gibt uns Sicherheit und strengt uns nicht an. Bedenke: Alles, was du jetzt sehr gut kannst, hast du einmal überhaupt nicht gekonnt und mit viel – und manchmal auch mit unerwartet wenig – Aufwand erreicht und erlernt.

Wenn du dich von einem absoluten Nicht-Sportler, wie ich einer war damals, in wenigen Jahren zum IRONMAN® hochtrainierst, lässt du das Gewohnte hinter dir – immer wieder. Du bringst deine Psyche und deinen Körper wieder und wieder an die Grenze des Erträglichen, des Machbaren. Und das tut manchmal weh. Und tut so gut zugleich. Ja, es gibt lustvollen Schmerz, wenn er zu deinen Werten passt und dich zu deinen Träumen bringt.

Als ich meine ersten Vorträge vor Managern hielt, waren es anfangs gerade mal 30 Zuhörer. Und ich war aufgeregt. Ich hatte zwar schon vor knapp 100 Trainern aus der Fitnessbranche einen Vortrag gehalten, aber vor Führungskräften aus der Wirtschaft? Ein komplett anderes Gefühl. Dann der erste Vortrag auf einer extra errichteten Bühne, damit auch die letzten der knapp 350 Teilnehmer mich sehen konnten. Ein Beamer warf mein Konterfei zusätzlich auf eine riesige Leinwand. Was für ein komisches Gefühl war das! Und was für ein gutes Gefühl, als ich mein Ziel erreicht hatte!

Auch danach schob ich meine Grenze immer weiter nach vorn, in die Zukunft. Ich brachte mich immer wieder bewusst und gewollt in eine Situation, in der ich den berühmten Sprung ins kalte Wasser tat. So nahm ich dann auch die Herausforderung an, den ersten Vortrag in englischer Sprache zu halten. Was für ein Gewinn!

Erfolg haben zu wollen fordert das Verschieben der eigenen Grenzen nach vorne. Das gelingt mit der Kraft einer Vision. Ich kenne dich nicht und weiß daher auch nicht, was du von Arnold Schwarzenegger hältst. Er ist, ganz gleich, ob du ihn magst oder nicht, unbestritten ein Meister der Vision. Nach seinem legendären Kampf gegen Lou Ferrigno wurde er gefragt, warum sein Gesichtsausdruck so souverän gewesen sei. Einen solchen Gesichtsausdruck hatte von allen Teilnehmern nur er. Er antwortete in einem Interview mit Timothy Ferriss, dem Autor des Bestsellers *Die 4-Stunden-Woche*: »Ich habe mich schon vorher tausend Mal gewinnen sehen. Ich wusste, wie es sich anfühlt zu gewinnen.«

Nur große Visionen sind kraftvoll

Die beiden Bergsteiger hatten nur noch 300 Meter bis zum Gipfelkreuz. Doch das Wetter schlug um. Sie holten noch einmal das Letzte aus sich heraus, um noch schneller nach oben zu kommen. Sie kannten das Risiko. Wenn das Wetter sich weiter verschlechterte, könnte das den Tod bedeuten. Auf über 7.000 Metern Höhe kann ein Wetterumschwung den Rückweg zu einem Fiasko werden lassen.

Die beiden erreichten den Gipfel, und sie kamen auch wieder zurück. Im Lager angekommen, wurde ihnen erst richtig klar, was sie geleistet hatten, wie es gelungen war, die letzten Reserven zu mobilisieren. Sie staunten. Sie hätten nicht gedacht, dass sie die letzten 300 Meter so schnell bewältigen würden.

Wir alle kennen die magische Anziehungskraft eines Gipfelkreuzes: »Nur noch wenige Minuten. Selbst wenn ich nur für zehn Sekunden oben stehe. Das ist es wert.«

Große Visionen geben uns deutlich mehr Kraft als kleine. Denn einem Visiönchen können sich schnell kleine Problemchen in den Weg stellen. Dann ist das Visiönchen nicht mehr sichtbar. Die Problemchen versperren den Blick auf das Ziel. Überlege selbst: Wenn dein Ziel nicht wirklich groß ist, wenn deine Vision dich nicht tief beeindruckt und dir Respekt abnötigt, dann wird die erste Hürde, die da kommt, es leicht haben, dich abzulenken. Denn das Ziel ist es dir dann vielleicht nicht wert.

Meine Vision ist es, möglichst viele Menschen mit diesem Buch zu erreichen, da für mich das Thema Veränderung gerade in der heutigen Zeit so elementar ist. Viele Menschen fühlen sich als Opfer von Veränderungen. Sie sind damit überfordert, mental und vor allem emotional mit Dingen umzugehen, die sie meinen nicht ändern zu können. Meine Vision ist, dass dieses Buch sich nicht nur im deutschsprachigen Raum, sondern auch international verkauft, ein Bestseller wird.

Kannst du, lieber Leser, dir vorstellen, dass diese Vision mir beim Schreiben viel mehr Energie gibt, mein Bestes zu geben, als wenn ich die Vision hätte: Vielleicht verkauft es sich 3.000-mal. Zwar wäre ich damit schon sehr erfolgreich. Denn von 100 Büchern schaffen es angeblich gerade einmal drei, über 3.000-mal verkauft zu werden. Mein Buch *Der perfekte Tag*, im Heyne Verlag erschienen, hat sich bisher über 25.000-mal verkauft. Da ist noch Luft nach oben, meine ich.

Das große Ziel Weltmeisterschaften im IRONMAN® auf Hawaii hat mir damals die Energie gegeben, beim Training zur Hochform aufzulaufen. Große Visionen geben Kraft. Bergsteiger gehen über ihre Grenzen hinaus, um den höchsten Gipfel zu erreichen. Wo steht das Gipfelkreuz in deinem Leben? Wie sieht es aus?

Visionen und Respekt

Du hast sicher auch schon erfahren, dass das Realwerden einer Vision nur kurzfristig befriedigt. Das Spannende ist der Weg. Er schenkt uns Herausforderungen, an denen wir wachsen können. Und oft sind es genau diese Herausforderungen, die uns mit guten Gefühlen und einem Lächeln – oder einem zufriedenen Grinsen – abends zu Bett gehen lassen.

Große Visionen geben Kraft, aber sie bergen auch ein Risiko. Sie verlangen Kühnheit, aber auch Bescheidenheit, so paradox es klingen mag: Der ehrgeizige Bergsteiger ignoriert vielleicht das drohende Unwetter und kommt um; der um jeden Preis machtgierige Manager setzt sich möglicherweise über die Grenzen seiner Mitarbeiter hinweg, missachtet deren Ressourcen und verliert den Rückhalt der Belegschaft. Mein geschätzter Kollege René Borbonus hat zum Thema *Respekt* ein ganzes Buch geschrieben. Ist das, was du tust, mit Respekt vor dir selbst und mit Respekt vor anderen Menschen verbunden?

Dunkle Visionen vertreiben

Ein Teilnehmer eines meiner IRON.MIND®-Seminare auf Mallorca litt unter extremer Flugangst. Er hatte einen Teil seiner Familie bei einem Flugzeugabsturz verloren. Als Geschäftsführer musste er sehr oft fliegen und durchlitt dabei Höllenqualen. Ich fragte ihn, wann er die Angst am meisten spüre. Am Flughafen oder erst im Flieger. Er antwortete, es sei am schlimmsten, wenn der Flieger die Wolkendecke durchbreche, beim Starten und Landen.

Ich bat ihn, mir beizubringen, ebenfalls eine so große Angst empfinden zu können. Verwundert schaute er mich an und fragte, wie ich das denn bitte meine. »Na ja«, sagte ich, »wenn ich diese Angst empfinden will, was muss da in meinem Kopf passieren? Erkläre mir ganz genau, was in dem Moment passiert bei dir, in dem die Angst kommt.«

Er beschrieb mir seinen inneren Film: Die Erschütterungen des Flugzeugs durch den rasant schnell erfolgenden Höhenverlust; sein Festkrallen mit beiden Händen an der Lehne des Vordersitzes; den großen Lärm und die Angstschreie der anderen Fluggäste; schließlich das Auseinanderbrechen und Wegfliegen eines Teils der Kabinenwand.

Darauf ich: »Kannst du dir vorstellen, wie die Angst von ganz allein kommt, wenn du solche Filme im Kopf abspulst?«

Um seine Angst verschwinden zu lassen, nutzte ich eine Technik aus dem NLP: Er sollte sich seinen Film ein paar Mal rückwärts ablaufend vorstellen, während er sich selbst dabei von außen zuschaute. Zur Untermalung der Vision ließ ich lustige Musik abspielen und kommentierte für ihn seinen Film. Unten links, sagte ich, hüpft ein Hase mit weißer Unterhose herum, die rosa Pünktchen hat. Er musste herzhaft lachen. Und auf den Wolken, fuhr ich fort, sitzen unzählige Erdhörnchen (mein Dank an Mark A. Pletzer für dieses wunderbare Bild), die unter stärksten Blähungen leiden und das Flugzeug deswegen hoppeln lassen. Der Flugangst-Kandidat musste noch mehr lachen. Und: Nach ein paar »Vorstellungen« war seine Angst weg, er konnte seinen Angst-Film, den er mir zuvor so detailliert beschrieben hatte, nicht einmal mehr abrufen.

Wochen später erhielt ich eine E-Mail von ihm: Die Flugangst war tatsächlich nicht nur weg, im Gegenteil: Er musste zur Verwunderung seiner Sitznachbarn bei Erschütterungen des Fliegers jedes Mal lachen, weil er an den Hasen und die Erdhörnchen dachte. Er sah sie auf den Wolken sitzen. Halluzinationen können also auch hilfreich sein!

Visionboard entwerfen

Male und oder erstelle dir ein Visionboard, eine Tafel mit deinen persönlichen Visionen. Eine Vorlage findest hier:
www.change-als-chance.com
Du kannst das Bord mit Zeitungsartikeln und/oder Bildern aus dem Internet aufpeppen. Unterteile die Visionen wie folgt:

> TUN Was möchtest du in deinem Leben noch alles tun, erleben, lernen?
> HABEN Welche materiellen Dinge möchtest du dir noch gönnen?
> SEIN Wer möchtest du sein? Was möchtest du können?
> GEBEN Was möchtest du in diesem Leben noch tun, um den Planeten noch ein bisschen besser zu machen?

Um deine Visionen real werden zu lassen, prüfe, ob sie sich mit deinen persönlichen Werten decken. Das ist eine der wichtigsten Voraussetzungen überhaupt. Dafür formulierst du Visionen und Werte so konkret wie möglich.

Immer wieder bin ich in Firmen, die sich über die mangelnde Motivation ihrer Mitarbeiter wundern, und ich frage dann: Was sind die Werte ihres Unternehmens? Als Antwort höre ich oft Plattitüden, die den Mitarbeitern nichts sagen.

Nutze dein Visionboard als Bildschirmschoner für deinen Computer und als Startbild für dein Smartphone. So wirst du immer wieder daran erinnert, warum du tust, was du tust.

Meditiere täglich mindestens zehn Minuten, und nehme dir die letzte Minute, um in dem Gefühl zu baden, das dir eine real gewordene Vision beschert.

Deine Visionen haben drei positive Kennzeichen:

1. Sie bereiten dir so viel Freude, dass ein Außenstehender an deinem Gesichtsausdruck erkennen kann, wie du dich als Kind gefühlt haben musst, wenn es Eiscreme gab.
2. Sie schenken dir ein Gefühl von Freiheit.
3. Sie lassen dich spüren, dass du dich weiterentwickeln wirst. Berauschende Erlebnisse, die unser Leben bereichern, liegen meist außerhalb unserer Komfortzone.

Visionen und die Lust am Abenteuer

Zuerst warst du Kind, dann musstest du »vernünftig« werden, um als Erwachsener zu gelten. Aus den Abenteuern in Feld, Wald und Wiese wurden Konferenzen, Besprechungen, Dienstreisen und Schreibtischarbeit. Ist das spannend für dich? Oder leidest du auch wie die meisten Erwachsenen im Erwerbsleben unter dem ADS? Dem Abenteuer-Defizit-Syndrom.

Wann haben wir heute noch die Möglichkeit, ein Abenteuer zu erleben? Wann gehen wir noch ein Risiko ein? Wann hast du das letzte Mal etwas Verrücktes, Prickelndes getan? Wann hast du dein letztes Abenteuer erlebt, das dich Nerven gekostet hat? Bei dem du dir einen großen Ruck geben musstest, das zu tun, wovor du dich gefürchtet hast?

Ich glaube, dass Erfolg und Visionen etwas mit der Lust am Abenteuer zu tun haben. Natürlich kann ich nur für mich sprechen. Ich habe im Alter von 49 Jahren das Gefühl, mir bisher zu wenig Abenteuer zugetraut zu haben. Ja, da gab es, das Abenteuer des Wettkampfsports, extreme Belastungen, das Schwimmen im Ozean, das Radfahren mit über 100 km/h bergab in den Alpen. Doch ich weiß heute: Da geht noch mehr!

Alles ist relativ. In diesen Tagen erlebe ich gerade eine neue Welle von Mut, verrückte Dinge zu tun. Meine Grenzen zu erweitern. Und weil ich weiß, wie befreiend und wunderbar sich das anfühlt, möchte ich dich dazu einladen, dies auch zu tun.

Schreibe deine Löffelliste

Versetze dich jetzt bitte zurück in einen glücklichen Moment deiner Kindheit, spüre nach, wie es war, sorglos zu sein. Wie es war, nicht darüber nachzudenken, was vernünftig oder realistisch ist. Und dann schreibst du einen Wunschzettel. Was würdest du alles tun, wenn Zeit, Gesellschaft und Geld keine Rolle spielen würden? Wie verrückt kannst du denken? Stell Dir vor, du wärst Superman oder Superwoman, und das Universum würde dir alles erfüllen, was du dir wünschst.

Schreib dir entweder auf einen Zettel oder in dein Handy alle Dinge auf, die dir wichtig sind. Ich selbst habe eine »Löffelliste« im Handy, damit ich sie jederzeit aktualisieren kann. Der Begriff Löffelliste meint humorvoll: Was würdest du gern noch alles tun, bevor du den Löffel abgeben musst? Die Antworten kannst du auch auf dein Vision-Board übertragen.

Eine Vorlage für eine Löffelliste findest du hier: www.change-als-chance.com

Zweiter Erfolgsfaktor – Fokussieren

Niemand ist frei, der nicht über sich selbst Herr ist.

Matthias Claudius (1740–1815),
deutscher Schriftsteller

Seit knapp einer Stunde war ich auf dem Indoorcycling-Bike. Ich hatte eine durchschnittliche Trittfrequenz von 136 Umdrehungen pro Minute. Eine rechte und eine linke Beinumdrehung im Stehen, eine rechte und linke Umdrehung im Sitzen. Im SPINNING®-Konzept der sogenannte Einer-Jump.

Über 3.600 Jumps hatte ich schon hinter mir. Ich wusste, jetzt habe ich »das Kaninchen im Sack«, denn bis zu dem Moment hatte kein anderer vor mir mehr als 3.600 Jumps in einer Stunde geschafft. Ich schwitzte und meine Herzfrequenz lag bei über 170 Schlägen pro Minute. Die Zuschauer jubelten. Den Weltrekord hatte ich damit in der Tasche, jetzt ging es noch um die maximal mögliche Anzahl der Jumps.

Die Schmerzen in den Beinen waren unvorstellbar. Meine Muskeln brannten förmlich. Ich achtete auf eine tiefe Atmung, denn das Laktat in den Muskelfasern wollte abgebaut werden. Nur noch wenige Minuten.

Mein Blick war auf einen Punkt etwa zwei Meter vor meinem Bike gerichtet, und ich konzentrierte mich auf den Rhythmus der Musik, die genau meinen Beat hatte: 136 Schläge pro Minute. Meine Wahrnehmung verengte sich von Minute zu Minute. Der Schmerz verschwand, und ich fühlte nur noch den Beat des Basses der Musik von Banco de Gaia. Ich war fokussiert.

Nach exakt 60 Minuten zählten die Schiedsrichter 4036 Jumps. »Yes. Geschafft.«

Ich erzähle dir das nicht, um dich zu beeindrucken. Es ist im Vergleich zu dem, was andere Menschen geleistet haben, ein lächerlicher Pfurz im Universum, ohne Bedeutung. Doch ich möchte dir von Erfolgen erzählen, die ich selbst erlebt habe. Denn das gibt dir eine andere Energie, als wenn ich dir theoretisch vermitteln wollte, wie du dich fokussieren kannst. Wie heißt es: »Nur erlebtes und angewendetes Wissen ist wahres Wissen.«

Ohne vorbereitendes Mentaltraining, ohne das Üben zuvor, hätte ich den Weltrekord nicht erreicht, hätte es nicht geschafft, mein Ziel stets im Blick zu behalten, mich zu fokussieren.

Du fragst dich, wie das denn nun geht? Es ist banaler, als du wohl denkst. Und gleichzeitig eine riesige Herausforderung, weil es 100 Prozent deiner Aufmerksamkeit verlangt. Es kostet in dem Moment, um den es geht, sehr viel Energie. Und das, was du für diese Investition zurückbekommst, ist gigantisch. Es lohnt sich!

Mentaltraining bewirkt wahre Wunder

Es ist 5.30 Uhr, der Herzfrequenzmesser zeigt 52 Schläge pro Minute an. Mein Coachee liegt vor mir auf dem Boden und geht mit mir gemeinsam die wichtigsten Punkte für den Triathlon-Wettkampf durch. Der Schwimmstart rechts außen, um den größten Kämpfern am Anfang aus dem Weg zu gehen. Am Ende des Schwimmens den Beinschlag erhöhen, um den starken Blutfluss von den Armen wieder zu den Beinen umzuleiten, die sonst einen Schock erleiden würden bei den ersten Schritten an Land. Dann die einzelnen Schritte in der ersten Wechselzone ... Wir gehen gemeinsam alle heiklen, stark automatisierten Bewegungen sowie schwierige Passagen der Strecke mehrmals mental durch. Immer wieder, bis sie sitzen.

Mentaltraining ist für Spitzensportler heute selbstverständlich. Viele, die ich für dieses Buch interviewt habe, bestätigten mir, dass sie ihre Siege Tausende Male vor dem Start im Kopf errungen hatten. Achte etwa einmal auf Skiabfahrtsläufer. Sie schwanken kurz vor dem Start wie Betrunkene auf der Stelle. Das sieht sehr komisch aus, ist aber extrem sinnvoll. Die Profis nehmen die Abfahrt mental vorweg. Wissenschaftliche Studien zeigen, dass die Muskelkontraktionen bei diesem Mentaltraining auf die Millisekunde genau denen entsprechen, wie sie beim tatsächlichen Lauf gemessen werden. Interessant ist, dass nicht der Körper entscheidet, ob du etwa die entscheidende Wiederholung bis zum Muskelversagen ausführst, die das Muskelwachstum auslöst. Es ist immer eine mentale Entscheidung.

Wir bemerken erst nach dem Erreichen unseres Ziels, dass wir uns gut fühlen. Weil wir Barrieren überwunden haben. Und das hat etwas Archaisches, was wir in der heutigen Zeit nur selten erleben. Wie oft hast du deine beruflich entscheidenden Situationen, Verhandlungen und Verkaufsgespräche mental vorweggenommen? Wie oft stellst du dir das in deiner Innenwelt vor, was du dir in der Außenwelt wünschst? Wie oft hast du Dinge mental geplant, die du in deinem privaten Leben erreichen möchtest? Wie stellst du dir deinen Traumpartner vor, nimmst mental vorweg, wie der erste gemeinsame Abend verlaufen könnte?

Du lachst? Findest du das albern? Nun, damit bist du nicht allein. Für viele ist diese Art zu denken und zu handeln befremdlich. Doch ich verspreche dir, nach diesem Buch willst du darauf gar nicht mehr verzichten. Im Beruf und erst recht im privaten Leben hat die Erkenntnis von der Wirksamkeit des Mentaltrainings noch Seltenheitswert, sie gilt noch als exotisch. Das ist deine Chance.

Die oben genannten und an anderen Stellen in diesem Buch angeführten Beispiele zeigen folgende Vorteile des Mentaltrainings:

> Es fördert deutlich die Konzentrationsfähigkeit.
> Es fördert das positive Denken, den Glauben daran, das Ziel zu erreichen.

> Es trainiert Realerlebnisse durch geistige Vorwegnahme.
> Es mobilisiert psychische und physische Energiereserven.
> Es unterstützt das Wachsen einer gesunden Intuition.
> Es stärkt das Unbewusstsein positiv, das uns steuert.
> Es stärkt ein gesundes Selbstbewusstsein.

In meiner Realität ist die einzige Aufgabe unserer Existenz, den Geist kontrollieren zu lernen. Eine bewusste Kontrolle über unsere Gedanken eröffnet uns ein unerschöpfliches Reservoir der Lebensgestaltung. Es befreit uns von unbewussten, begrenzenden Glaubenssätzen und Mustern. Im Kopf fängt alles an, was unser Leben auf der stofflichen oder materiellen Ebene, also unsere Realität, beeinflusst.

Absichtsvolles Denken

Beim Sport geht es oft darum, sich auf das Nichtdenken oder auf einen einzelnen Gedanken zu konzentrieren. Im normalen Leben geht es eher darum, das absichtsvolle Denken zu erlernen. Denn mit einem bestimmten Gedanken kann sich alles verändern. Mit einem Gedanken fängt alles an.

Ich stelle meinen Coachees, die ihr Leben unvermittelt und radikal in eine positive Richtung gelenkt haben, gern folgende Frage: »Was war der entscheidende Punkt, dass du dich entschieden hast, und was hast du in genau diesem Moment im Kopf erlebt oder getan?« Als Antwort höre ich meist, dass in dem entscheidenden Moment eine Schwelle überschritten wurde, weil ein lange ausgehaltener seelischer Schmerz plötzlich zu groß wurde: beim Übergewichtigen etwa der Anblick der Ziffer auf der Waage; beim gänzlich Untrainierten die Wahrnehmung des lauten Schnaufens beim Treppensteigen; beim Familienvater, der sich zu viel Arbeit aufgehalst hat, die bittere Erkenntnis, dass er seine Familie nicht mehr sieht und den Zugang zu den eigenen Kindern verloren hat.

Oft gibt es einen Schlüsselsatz im Leben dieser Menschen, den sie im entscheidenden Moment laut hören beziehungsweise zu sich selbst sagen. Einen Satz wie: »Jetzt reicht's!«, oder »Damit ist jetzt Schluss!«, oder »So, ich fange jetzt neu an.«

Meine Empfehlung: Trainiere dieses absichtsvolle Denken schon vorher, damit das verbundene absichtsvolle Handeln zu deiner Gewohnheit wird, bevor der Schmerz zu groß ist. Du wirst merken, wie es dir von Tag zu Tag leichter fällt, deine Gedanken wahrzunehmen, und wie dein Unterbewusstsein sich immer mehr auf das Positive ausrichtet. Genauso wie ein Muskel durch physisches Training an Kraft zunehmen kann, so gewinnst du beim Mentaltraining Willenskraft und die Energie, das Gewünschte umzusetzen.

Mentaltraining in seiner Reinform vermittelt konzentrierte Energie. Shaolin-Mönche verbringen Jahrzehnte damit, ihren Geist zu trainieren, und vollbringen Unglaubliches. Da werden Stahlstangen auf den Kopf geschlagen und gehen zu Bruch, ohne dass es zu Veränderungen, zu nachweisbaren zellulären Schäden kommt, die normal wären. Gegenstände und Menschen werden ohne Berührung von ihrem Platz katapultiert. Wer das einmal am eigenen Körper erlebt hat, der weiß, wovon ich spreche.

Du erinnerst dich an meinen Radunfall mit Schlüsselbeinbruch? Unser Geist und unser Körper können perfekt zusammenarbeiten, wenn die Voraussetzungen stimmen. Und dies können wir noch besser nutzen. Du kannst lernen, dir Heilungsprozesse vorzustellen. Du kannst lernen, deine Gesundheit zu »erdenken«. Der Placeboeffekt ist der beste Beweis dafür, dass allein die Vorstellung eine Reaktion im Körper bewirkt. Seriöse Studien gehen von einem Heilungsanteil von bis zu 30 Prozent aus.

Für ein besseres Leben brauchst du nicht gleich Stahlstangen auf deinem Kopf zu zerschlagen. Ist es nicht schon wunderbar, wenn ein paar kleine Dinge in deinem Leben leichter laufen würden? Wenn du häufiger das erreichst, was du dir wünschst? Wenn du von Tag zu Tag immer mehr das Leben deiner Träume leben könntest? Wenn du Veränderungen in dein Leben bringst, die dir und damit auch anderen guttun?

Die Ambivalenz von Zielen

Jahrelang habe ich in meinen Vorträgen, Seminaren und Coachings allen erzählt, wie wichtig Ziele sind. Ich bin nach wie vor davon überzeugt, dass Ziele wichtig sind. Sie sind die Fixsterne am Horizont, die dir die Richtung vorgeben können. Und sicher kennst du die Regeln der korrekten Zielformulierung:

specific	**S**	spezifisch
measurable	**M**	messbar
attainable	**A**	selbst erreichbar
realistic	**R**	realistisch
time phased	**T**	terminiert und zeitlich genau fixiert
positive	**P**	positiv
urgent	**U**	dringlich
relevant	**R**	für Sie und im Einklang mit Ihren Werten relevant
environment	**E**	mit Ihrer Umwelt (Familie, Partner,
sound		Kollegen) abgesprochen

Ich selbst habe eine Zieltafel in meinem Büro hängen, auf der ich meine Wunschzahl für Vorträge und Seminare stehen habe sowie den aktuellen Stand der Aufträge, die schon vertraglich fixiert sind für das laufende und kommende Jahr. Damit mache ich mir täglich bewusst, wie weit ich noch vom Ziel entfernt bin. Jeder, der etwas verkauft, sollte so eine Tafel besitzen.

Ich habe mir die wichtigsten beruflichen und privaten Projekte für das laufende Jahr notiert, um sie mir immer wieder bewusst zu machen und mich ständig darauf konzentrieren zu können. Neulich hielt ich einen Vortrag bei einem großen Transportunternehmen und habe meine berufliche Zieltafel als Beispiel eingesetzt. Nach dem Vortrag fragte ein Teilnehmer, warum ich gerade 70 Buchungen pro Jahr als Vortragender erreichen möchte. Warum nicht 50, 100 oder 200?

Nun, es gibt Trainer, die sind 200 Tage unterwegs. Und eines weiß ich, sie verausgaben sich oft bis zum Gehtnichtmehr. Jeder darf für sich entscheiden, ob er das möchte. Ich habe festgestellt, dass für mich 70 Tage die richtige Dosis ist. Weniger machen mich unzufrieden, denn ich liebe es, auf der Bühne zu stehen und Menschen zu inspirieren. Wenn ich mehr mache, ist meine Balance gestört. Dann bin ich zu viel unterwegs und zu wenig zu Hause bei meinen Freunden und meiner Familie. Mit der richtigen Dosis bleibe ich ausgeglichen und halte mich in einer notwendigen Arbeitsroutine und im Flow. Meine Vorträge entwickle ich in den Pausen ständig weiter.

In diesem selbst gesetzten Rhythmus zu leben gibt mir Kraft. Ich freue mich jedes Mal, wenn ich wieder in meine Wohnung zurückkomme und auch selbst kochen kann. Denn es ist nicht leicht, mich unterwegs in Hotels nach meinen Maßstäben gesund zu ernähren.

Ziele zeigen dir wie ein Kompass an, ob du auf dem richtigen Weg bist.

Es gibt nur einen Haken: Ein Ziel in der Zukunft vermittelt dir auch unbewusst: »Das, was jetzt gerade ist, ist noch nicht gut genug. Ich erlange nur Zufriedenheit, wenn ich das Ziel erreicht habe. Dann, wenn ich es erreicht habe, bin ich glücklich und erfüllt. Wenn ich die Million auf dem Konto habe, die Traumpartnerin an meiner Seite, das Haus am Meer, dann, ja dann bin ich glücklich.« Aber ist das dann wirklich so?

Ziele sind Fixsterne unserer Motivation. Und gleichzeitig begrenzen sie uns. Was passiert wirklich nach dem Erreichen des Ziels? Du kennst vielleicht das Gefühl der Leere nach dem Abitur, nach dem Ausbildungs- oder Studienabschluss.

Nach dem Marathon oder IRONMAN® hängen viele Sportler erst einmal wochenlang durch. Denn das Ziel ist weg. Es fehlt die nächste Reise. Deswegen können Ziele nur Kontrollpunkte auf dem Weg zu übergeordneten Visionen sein. Wenn es deine Vision ist, dein Leben lang zu reisen, sind Bahnhöfe oder Flughäfen nur Zwischenstopps. Sie sind nie der Antrieb an sich.

Wenn deine Vision ist, bis zum letzten Tag des Lebens fit zu sein, gibt es für dich immer wieder neue, sportliche Teilziele. Wenn deine Vision ist, einen Millionenbestseller zu schreiben, gibt es jedes Jahr, jeden Monat, jede Woche und jeden Tag Teilziele, um dem großen Ziel näherzukommen. Es hört nie auf. Wenn du eine glückliche Partnerschaft führen willst und die Vision hast, am letzten Tag deines Lebens Hand in Hand einzuschlafen, gibt es genügend Teilziele im täglichen Leben, die Vision einer so harmonischen Partnerschaft realisieren zu können. Ob du regelmäßig einen Überraschungsabend organisierst, Blumen mitbringst, deinem Partner Arbeit abnimmst, ein Lieblingsessen kochst oder andere schöne Rituale. Dir wird es leichtfallen, Ziele zu setzen.

Fazit: Nur wenn wir gelernt haben, das Leben *jetzt* zu genießen, dabei Spaß haben und dankbar sind für das, was gerade ist, werden wir auch das Erreichen des Ziels genießen können. Du darfst den Weg genießen und dankbar annehmen, was gerade jetzt ist. Andernfalls werden auch die Million, die neue Partnerin, das Haus ... dich später nicht glücklich machen.

Eine gute Balance zu halten zwischen zielgerichtetem Denken und auf die Gegenwart orientiertem Wahrnehmen ist wesentlich für ein gutes, gelingendes Leben.

Wenn manche Menschen beim Erreichen des Ziels eine Leere spüren, haben sie das Ziel mit Erwartungen verknüpft, die überzogen waren. Denn wer kann schon dauerhaft nur glücklich sein? Glück können wir nur empfinden, wenn wir auch die Abwesenheit von Glück kennen.

Loslassen vor Erreichen

Ziele können auch verfehlt werden. Und das ist gut so. Es ist sogar die Grundvoraussetzung dafür, den großen Treffer zu landen. Ein Weltmeister im Bogenschießen musste tausend Mal den Pfeil loslassen, damit dieser seinen Weg zur Zielscheibe finden konnte. Und mehrere Tausend Mal ging der Pfeil nicht ins Ziel. Ich liebe diese Metapher, denn sie macht deutlich, dass wir zweifach loslassen dürfen:

1. Den Pfeil, der ins Ziel fliegen soll
2. Unser Fokussiertsein auf das Erreichen des Zielpunkts

Wenn wir den Pfeil nicht loslassen, wird er nicht fliegen. Wenn wir nicht lernen loszulassen – das Team, die eigenen Erwartungen, gegebenenfalls auch den Partner –, können wir nie den Flow auf dem Weg zum Ziel erleben. Wenn wir lernen, auch ein Verfehlen des Ziels zu akzeptieren, also von blinder, verkrampfter Treffergier loszukommen, nur dann haben wir die Voraussetzung für Höchstleistungen erfüllt.

Gesellschaft und Schule haben dir Jahre, wenn nicht Jahrzehnte, eingeprägt, dass es wichtig ist, das Ziel ohne Fehler zu erreichen. Eltern, Lehrer und später Vorgesetzte haben dich immer wieder auf das hingewiesen, was nicht so gut funktionierte. Sie haben dich ermahnt, wenn du etwas »falsch« gemacht hast. In deutschen Firmen gibt es eine ungesunde Fehlerkultur, da keiner wirklich verstanden zu haben scheint, wie wichtig Fehler sind. Alles muss perfekt sein. Aber: Perfektionismus ist der Feind der Kreativität, vernichtet Mut und geistige Entfaltung.

Stelle dir vor, du hast zehn Termine oder zehn wichtige Telefonate vor dir. Neun laufen sehr gut, und du bist stolz auf dich. Ein Treffen oder ein Telefonat allerdings geht in die Hose! Was wird dir am Freitagabend am meisten durch den Kopf gehen? Richtig, der eine »Fehler«. Ist das nicht verrückt?

Mein Tipp für dich: vier Ziele pro Jahr

Es gibt große Visionen und Projekte in meinem Leben. Früher habe ich mir immer gewünscht, eine Weltreise zu machen. Und ich glaube, damit bin ich nicht allein. Doch dann wurde mir bewusst, dass es mindestens zwei Jahre dauern würde, wenn ich alle Länder intensiver kennenlernen wollte: die einzelnen Regionen bereisen und in die Kulturen eintauchen. Hinzu kam, dass ich nicht zwei Jahre auf meine Freunde, meine Familie und vertraute Umgebung verzichten mochte. Deswegen habe ich aus der großen Vision »Ich will die Welt bereisen« die Zielformulierung abgeleitet: »Jedes Jahr bereise ich mindestens ein neues Land für vier Wochen.«
Ich bin jetzt 49 Jahre alt. Wenn ich davon ausgehe, dass ich mindestens bis zum 78. Lebensjahr reisen kann und fit bin, darf ich mich noch auf mindestens 30 Länder freuen. Und dann gibt es auch noch die Punkte auf meiner Löffelliste.
Ich formuliere jedes Jahr jeweils vier Top-Ziele für den beruflichen und den privaten Bereich. Und diese acht Top-Ziele, die ich im entsprechenden Jahr erreichen möchte, schreibe ich mir immer wieder auf, und sie stehen auf meiner Zielplanungstafel, die ich täglich vor Augen habe.
Schreibe dir auch mindestens acht jährliche Top-Ziele auf einen Zettel, in dein Erfolgstagebuch oder sonst irgendwo hin. Du darfst sie täglich anschauen. Sie erinnern dich immer wieder daran, den Fokus zu behalten und dich entsprechend zielführend zu verhalten.

Meine wichtigsten Ziele für 2016 sind folgende. Jeder Tag bedeutet einen kleinen Schritt hin zum Erreichen dieser Ziele. Und wenn du dieses Buch liest, werde ich bereits einige der Ziele erreicht haben.

1. Am 1. August 2016 wieder hundertprozentig Kraft haben wie vor meinem Fahrradunfall.
2. Das Erscheinen dieses Buches im September.
3. Fünf ausgebuchte Seminare in Berlin und auf Mallorca halten.
4. Mindestens 70 bezahlte Vortrags- und Seminartage bestreiten.
5. Den Motorradführerschein machen.
6. Einen Tauchurlaub in Ägypten oder auf den Malediven erleben.
7. Aufregende neue Menschen kennenlernen.
8. Ab März 2016 mein neues Cabrio fahren.

Jeden Tag überprüfe ich, wie weit ich gekommen bin mit meiner Zielerreichung und was noch zu tun ist.
Morgens stelle ich mir folgende Fragen:
> Was werde ich heute tun, um ein Ziel/meine Ziele zu erreichen?
> Welche Aktivität wird heute die größte Wirkung haben, die meine Zielerreichung unterstützt?
> Wer kann mich beim Erreichen eines Ziels/meiner Ziele unterstützen?

Abends stelle ich mir folgende Fragen:
> Bin ich einem Ziel/meinen Zielen nähergekommen?
> Habe ich heute etwas getan, was mich einem Ziel/meinen Zielen nähergebracht hat?
> Was kann ich morgen noch besser machen, um ein Ziel/mehrere der Ziele leichter zu erreichen?
> Welchem Menschen darf ich heute danken, der mich auf die eine oder andere Art und Weise unterstützt hat, damit ich einem/mehreren Zielen näherkomme?

Bringe den tanzenden Geist zur Ruhe

Ich hatte es schon an anderer Stelle erwähnt: Wir haben bis zu 70.000 Gedanken täglich. Wir hüpfen im Kopf von einer Szene zur anderen. Während du das Frühstück machst, denkst du an deinen Job. Dann fällt dir plötzlich ein, dass du gestern vergessen hast, eine E-Mail zu beantworten. Eine Millisekunde später denkst du an das, was du noch alles heute einkaufen musst, weil dir beim Öffnen des Kühlschranks auffällt, dass nur noch wenig Milch da ist. Du drehst dich um und siehst dein Handy, für das du ja schon länger eine Schutzhülle kaufen wolltest. Und während du dich setzt, bemerkst du ein kleines Stechen im Rücken, was dich daran erinnert, dass du dir mal wieder eine Thai-Massage gönnen wolltest. Und so geht das den ganzen Tag. Beim Autofahren denkst du an den Job, beim Job an den letzten Urlaub oder an den Feierabend, und beim Sex fällt dir wieder die Einkaufsliste ein. Kennst du das so oder ähnlich? Wenn nicht, dann herzlich willkommen im Club derer, die ihre Gedanken meisterhaft kontrollieren können!

Unser Geist springt ständig umher. Wie Affen im Käfig. Deswegen sprechen die Inder von einem *monkey mind,* einem »Affengeist«. Was wir bei dem ständigen Umherspringen zwischen Erinnerungen, vergangenen Bildern, dem Halluzinieren von Tätigkeiten in der Zukunft, von Visionen und Zielen verpassen, ist das Leben. Die Gegenwart. Genau hier findet Leben statt.

Wir fühlen uns gehetzt, unerfüllt und wissen nicht warum: Weil unser Geist ständig gehetzt von einer Sache zur nächsten springt, beschleunigt und angetrieben durch unsere Zeit der »ZU-VIEL-isation«. Wir sind so vielen Reizen ausgeliefert, dass es uns immer schwerer fällt, uns auf das eigentliche Leben zu konzentrieren. Smartphones, Tablets und über 100 TV-Programme machen es uns nicht leichter. Du hast es dir oben, im Textabschnitt über die Informationsdiät, schon bewusst gemacht.

Was du lernen darfst, ist, auf deine Balance zu achten, Momente der Stille und Momente des Jetzt zu haben und zu genießen. Genau darum geht es beim Fokussieren. Ob du nun 10 Minuten täglich meditierst, was ich dir wärmstens empfehle, weil es die beste Form der konzentrierten Versenkung ist, die ich kenne, oder ob du beim Sport einfach nur die Natur genießt, überlasse ich dir.

Willst du es probieren? Sofort für eine Minute? Investiere diese Zeit jetzt, bevor du das Buch weiterliest.

ÜBUNG

Lege das Buch für eine Minute beiseite, nimm eine Stoppuhr oder stelle den Timer in deinem Handy auf eine Minute ein.

Dann schließt du die Augen und nimmst dir vor, eine Minute keine Gedanken zu haben.

Und, wie war es? Wahrscheinlich hattest du einen bunten Blumenstrauß von Gedanken – oder? Okay, und nun wiederholst du das Ganze, aber dieses Mal schließt du die Augen und konzentrierst dich ganz und gar auf das Heben und Senken deiner Bauchdecke beim Ein- und Ausatmen. Los geht's!

Leg das Buch also jetzt beiseite. Viel Spaß. du wirst dich wundern. Versprochen!

Und? Wie war es diesmal? Weniger Gedanken? Genau. Und das Coole ist, du hast alles für diese Übung immer bei dir. Du kannst sie stets und überall machen, wenn du das Gefühl hast, deine Affen springen zu wild in deinem Kopf herum.

Aber es wird noch besser. Du wirst noch den einen oder anderen Gedanken zwischendurch gehabt haben, oder? Das ist normal. Alles gut! Jetzt etwas Neues mit der gleichen Übung:

Diesmal wendest du die 4er-Atmung an. Wie das geht?

Du atmest so schnell und so tief wie möglich ein. Dann zählst du innerlich langsam bis drei und hältst dabei den Atem an. Anschließend atmest du über die Nase langsam bis zur gefühlten Hälfte aus und zählst dabei die Länge der Ausatmung. Du machst eine Sekunde Pause und sagst dir innerlich »Pause«. Und dann atmest du den Rest aus und zählst wieder die Länge der verbleibenden Ausatmung. Wenn du alle Luft ausgeatmet hast, wartest du wieder eine Sekunde und sagst erneut innerlich »Pause«. Anschließend atmest du erst wieder tief und schnell über den Mund ein usw.

Wiederhole diese Übung vier Mal. Es wird etwa eine Minute dauern. Mache es wirklich, du wirst fassungslos sein, was dann in deinem Kopf passiert! Hier noch einmal die kurze Anleitung im Bild.

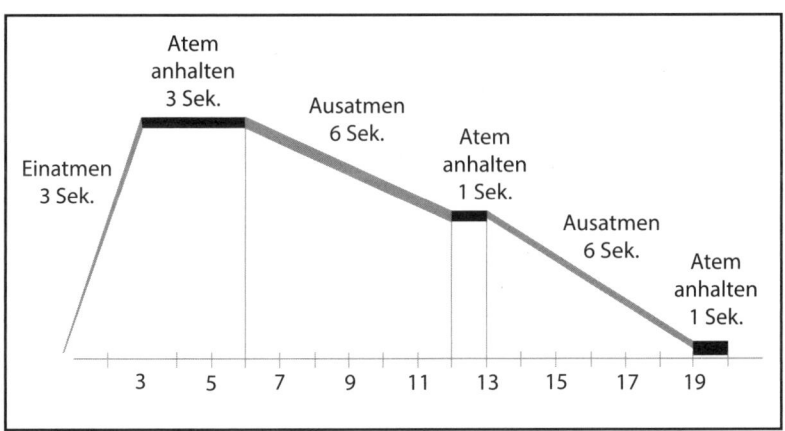

Atemübung

Und wie war es? Hattest du andere Gedanken? Genau. Keine, denn dein Geist kann immer nur eine Sache erledigen. Und wenn du mit dieser oder einer anderen Technik lernst, deinen Geist auf den Moment zu fokussieren, wirst du den Fokus einfacher halten können – in deinem Job oder im privaten Bereich. Was glaubst du, warum ich jeden Morgen meditiere oder Sport treibe, in den ich Mentaltechniken integriere? Weil ich den positiven Effekt auf mein Leben kenne und schätze.

»Wissen Sie, Herr Sterzenbach, in der heutigen Zeit hat man ja keine Zeit mehr«, sagte ein Teilnehmer nach einem Vortrag zu mir. Ich fragte ihn, ob er weniger als 24 Stunden am Tag habe. Verblüfft schaute er mich an. Dann begriff er: Es ist nicht eine Frage der Zeit, sondern eine Frage der Prioritäten, auf was ich meine Energie konzentriere, auf was ich mich fokussiere. Und zu erkennen, was das Wesentliche ist, ist die Aufgabe, über die du dich freuen darfst. Wenn du das Wesentliche erkannt hast, wirst du es leichter haben. Denn eine Veränderung bewirken wir dann schnell und leicht, wenn wir die Dinge einfach halten.
Die Bedeutung des Einfachen haben viele große Persönlichkeiten erkannt: *Einfachheit ist das Resultat der Reife,* sagte Friedrich Schiller, und *Auch eine schwere Tür hat nur einen kleinen Schlüssel nötig,* meinte Charles Dickens, schließlich sei Albert Einstein zitiert: *Mache die Dinge so einfach wie möglich – aber nicht einfacher.*

Spitz wirkt besser als stumpf

Fokussierte Menschen beeindrucken uns. Fokussierte Dienstleister sind um ein Mehrfaches erfolgreicher. Denn wer es versteht, als Spezialist großen Nutzen zu bieten, wird immer Aufträge und Jobs erhalten: Es war in der Porsche-Arena in Stuttgart, und ich lauschte einem Vortrag des geschätzten Kollegen und Verkaufstrainers

Klaus Fink. Er holte einen Zuhörer auf die Rednerbühne und fragte ihn, welche der beiden Kugelschreiberenden unangenehmer sei: »Die stumpfe oder die spitze?«

Als Klaus Fink das spitze Ende in die Hand des Teilnehmers drückte, wich dieser aus. Fokus ist spitze Energie, die wirksam ist. Breit getretenes Marketing ist für den Mülleimer gemacht. Wie spitz ist dein Arbeitsprofil? Und falls du selbstständig bist: Wie spitz ist das Angebot deiner Firma? Wie spitz ist dein Erscheinungsbild, das du kommunizierst? Wie fokussiert bist du in deiner privaten Beziehung? Hältst du ständig nach anderen Partnern Ausschau? Ich habe einen Freund, der sich über seine unglückliche Beziehung wundert, aber ständig etwas mit anderen Frauen hat. *Energy flows, where attention goes,* lautet eine englische Spruchweisheit.

Wenn du Läufer wärst, wäre es dann sinnvoll, sich bei den Olympischen Spielen für den 100-Meter-Lauf und gleichzeitig beim Marathon anzumelden? Mitnichten.

Gerne gebe ich dir ein persönliches Beispiel. Früher habe ich Vorträge und Seminare zu den Themen Entspannung, Bewegung, Ernährung, Prävention, Burn-out, Kommunikation, Motivation und vielen anderen Themen mehr angeboten. Es hat funktioniert, aber es war auch verwirrend viel und verwirrend breit.

Inzwischen habe ich meine Botschaft eine Ebene höher gehievt und gleichzeitig vereinfacht: Ich rede über Veränderung. Wer sich verändern will, ist bei mir richtig. Wenn du einen mentalen Trainingsplan benötigst, um Dinge in deinem Leben zu verändern, dann bin ich dein Coach. Mein Claim IRON.MIND® – Mental Transformer ist spitz. Meine Webseite ist spitz, denn sie hat nicht viel Inhalt. Keine Ablenkung durch Referenzen, Bilder, wie ich auf der Bühne stehe, keine Bilder von Auszeichnungen oder Radio- oder TV-Auftritten. Keine Testimonials.

Die Webseite ist einfach und deswegen wunderschön und lockend. Mein Dank an Roman Kuhn, der mich zu dieser Transformation getrieben hat: Als ich eine neue Webseite bauen lassen wollte, habe ich mit Vertretern von etwa 20 Agenturen gesprochen. Und alle haben mir Angebote gemacht, die sich ähnelten, angelehnt an Benchmark-Erfahrungen anderer Speaker-Seiten, die es im Netz gibt. Als ich mich mit Roman Kuhn das erste Mal traf, äußerte er den Schlüsselsatz. Genau genommen waren es mehrere: »Slatco. Wenn ich dich hier sehe und mir deine aktuelle Webseite anschaue, passt das nicht zusammen. Da ist zu wenig Emotion und zu viel Blabla.« Dann beschrieb er nur ein Bild: »Slatco. Ich sehe dich auf einem Felsen stehen, während sich die Brandung des Meeres genau an dem Felsen bricht. Du stehst einfach nur da, und dann blendet sich das Wort ›Gelassenheit‹ ein. Denn das ist genau das, wonach sich deine Kunden sehnen.« Damit hatte er den Auftrag. Weil er es auf den Punkt gebracht hat. Spitz und einfach. Ein Bild, eine Wirkung, ein Auftrag in Höhe von mehreren Tausend Euro. Es darf einfach sein. Und es darf damit leicht gehen.

Dritter Erfolgsfaktor –
Hindernisse strategisch ausräumen

Jeder Fehler, jeder Fehltritt,
jeder Skandal und jede Flaute
haben mich stärker gemacht.

Thomas Gottschalk (*1950), TV-Moderator, Showmaster

Alles läuft nach Plan. Ich bin die 3,8 Kilometer in knapp 54 Minuten geschwommen, bin schnell aufs Rad gewechselt und die 180 Kilometer in unter fünf Stunden gefahren, was einem 36er-Schnitt, also 36 Kilometer pro Stunde, entspricht. Ich bin sehr zufrieden, denn mit nur knapp 5.000 Kilometer auf dem Rad im Jahr 2009 kann ich eine gute Leistung abrufen. Auch die ersten zehn Kilometer beim Laufen sind für meine Verhältnisse sensationell gut: 10 Kilometer in etwas über 50 Minuten. Bei Kilometer elf kommt eine Verpflegungsstation. Ich greife nach dem Becher, der mir gereicht wird, und nehme einen tiefen Schluck. Wir haben 36 Grad im Schatten an diesem heißen Sonntag in Klagenfurt. Ich spüre, wie mir die kalte Flüssigkeit die Speiseröhre hinunterrinnt und in meinem Magen ankommt. Doch auf einmal bemerke ich, dass es ein anderes Getränk ist als erwartet. Es ist sehr süß. Und dann erinnere ich mich an die Werbung auf der Triathlon-Messe und die Wettkampfbesprechung. Der Veranstalter hat kurz vorher den Sponsor für die Energie-Getränke gewechselt. Es ist nicht die gewohnte Firma, deren Getränke ich kenne, sondern eine andere, deren Getränke ich vorher nie getestet habe. Es dauert nicht lange, und ich bekomme starke Magenkrämpfe. Ich kann vor Krämpfen nicht mehr laufen, nur noch gehen, und ein leichtes Traben ist mit langen Gehpausen möglich. Ich habe starke Schmerzen. Also versuche ich, etwas anderes zu trinken. Doch mein Magen rebelliert. Er wirft die Flüssigkeit gleich wieder aus. Zu diesem jämmerlichen körperlichen Zustand kommt die Enttäuschung, dass mein großes Ziel, eine Gesamtzeit um neun Stunden und dreißig Minuten zu erreichen, in weite Ferne entschwindet. Und mir wird durch die steigende Körperkerntemperatur schwindlig.

Ich kann jetzt nichts daran ändern, dass es so ist, wie es ist. Aber als ich bemerke, dass ich im Verhältnis zur Außentemperatur zu wenig Flüssigkeit aufnehmen kann, handle ich strategisch: Ich fange sofort an, meinen Körper an jeder Verpflegungsstation mit kaltem Wasser und Eis zu kühlen. Jeden Gartenschlauch, den mir ein Zuschauer an der Laufstrecke darbietet, nutze ich ausgiebig. Es bringt in diesem Moment nichts, mich über das Geschehene zu ärgern und mit mir zu hadern.

Im Leistungssport gibt es das Prinzip: *Never, never and never change a winning system in the competition.* Es bedeutet, dass du niemals im Wettkampf etwas Neues ausprobieren solltest. Manchmal aber passieren Dinge, die du nicht vorhersehen konntest. Und dann brauchst du eine Strategie, wie du damit umgehen willst.

So viele Menschen vergeuden eine Menge Energie, wenn sie sich mit dem, was passiert ist, noch stunden-, manchmal tage- oder sogar wochenlang beschäftigen und darüber ärgern. Kannst du Vergangenes ändern? Nein! Also warum dann nach hinten schauen: »Ach hätte ich doch ...«, »Warum habe ich ...?«

Ziehe einen Schlussstrich. Fertig. Passiert. So ist das Leben. Jetzt nach vorne schauen. Stelle Fragen, die lösungsorientiert und zukunftsorientiert sind. Zurück zu meinem Erlebnis:

Bei Kilometer 22, also nach 12 weiteren Kilometern ständigem Wechsel zwischen Gehen und »Joggeln« fängt es an zu regnen. Mein Magen erholt sich mit jedem Kilometer. Mit einer Zeit von 10:55 Stunden komme ich ins Ziel. Glücklich, denn ich habe trotz dieser Strapazen das Ziel erreicht. Ja, natürlich nicht wie gewünscht in einer Zeit von 9:30 Stunden. Nur, was sind schon Zahlen. Ich habe im Laufe der Jahre viel darüber nachgedacht, welchen Stress wir uns als – vermeintlich die Gesundheit fördernde – Freizeitsportler machen, etwa mit dem unablässigen Analysieren von Daten, um bestimmte Zeiten im Wettkampf zu erreichen.

Wenn ich sage, du brauchst eine Strategie, schließe ich darin auch ein, wie du solche Erfahrungen verarbeitest. Was lernst du daraus? Denn es ist schlau, Fehler zu machen. Es ist nur dumm, immer wieder die gleichen Fehler zu begehen.

Was habe ich daraus gelernt? Von nun an hatte ich sowohl bei der Radstrecke als auch bei dem abschließenden Marathon immer die Energiespender für die gesamte Strecke bei mir. Sodass ich an den Verpflegungsstationen stets nur reines Wasser zu mir nahm. Ich rechnete mir vorher genau aus, wie viel Kalorien ich brauchte: Unser Organismus kann unter Stress etwa ein Gramm Kohlenhydrate pro Kilogramm Körpergewicht pro Stunde aufnehmen.

Das bedeutete: Wenn ich einen 36er-Schnitt als Durchschnittsgeschwindigkeit über die Distanz von 180 Kilometern fahren wollte, war ich genau fünf Stunden auf dem Rad unterwegs. Während meiner Wettkampfzeit wiege ich 87 bis 88 Kilogramm. Also musste ich 88 Gramm Kohlenhydrate pro Stunde aufnehmen:

88 Gramm Kohlenhydrate x 5 Stunden =
440 Gramm Kohlenhydrate

Diese Menge hatte ich in meiner großen 750-ml-Radflasche in Form von Gels dabei. Die Gels hatte ich vorher bei intensiven Trainingseinheiten getestet. Ich bin sogar so weit gegangen, dass ich bis zu 120 Gramm pro Stunde bei einem noch höheren Trainingstempo aufgenommen habe, um meinen Magen daran zu gewöhnen. Wir nennen das *overdoing*. Ich übertreibe es also mit einem Reiz im Training, damit der Wettkampf »entspannt« für Geist und Körper ist. Denn im Wettkampf kann der Magen aufgrund des höheren Adrenalinspiegels im Körper schon einmal empfindlicher reagieren als normal. Beim Laufen hatte ich das Gel in einem speziellen Gürtel deponiert.

Ich hatte also meine Lektion gelernt und einen Plan entwickelt. Und das genau meine ich, wenn ich sage, du darfst Hindernisse strategisch ausräumen: Wie du grundsätzlich mit Problemen, Krisen oder Fehlern umgehst. Um erfolgreich im Leben zu sein, dürfen wir unsere Strategien immer wieder überprüfen. Wir dürfen reflektieren, ob das bisherige Verhalten uns dem gewünschten Ziel näher bringt oder nicht.

Wie sieht es bei dir aus damit? Bist du problemorientiert und unreflektiert? Oder bist du lösungs- und zukunftsorientiert unterwegs? Viele Menschen denken bei Hürden im Leben, ganz gleich welche es sind, zuerst: »Warum musste mir das passieren?«

Dazu erzähle ich dir nun noch eine aufregende Geschichte:

Es ist Dezember und ich bin im Urlaub auf den Malediven. Die Malediven sind neben Ägypten sicher einer der schönsten Orte auf der Welt zum Tauchen. Es ist ein absolut windstiller Tag, und ich fahre mit meinem Tauchlehrer und einem anderen Tauchsportler an eine Stelle, wo es viele große Fische gibt. Es ist herrlich. Wir sehen Fische und anderes Meeresgetier, dazu Korallen in allen Farben und erdenklichen Formen. Das Riff zeigt sich von seiner schönsten Seite. Wir schweben zu dritt schwerelos durch dieses Unterwasserparadies. Dann entfernt sich unser Tauchlehrer ein Stück von uns. Nicht sehr weit, wir können ihn gerade noch gut sehen und er sicher auch uns.

Und natürlich geschieht es genau jetzt: Ein großer Schatten mit einer sehr charakteristischen Form nähert sich. Du kannst dir denken, was los ist. Ich traue meinen Augen nicht. Es ist der große Weiße. Er schwimmt nun direkt auf uns zu. Mein Tauchpartner wird panisch, er bewegt sich so schnell er kann weg. Ich selbst bleibe ganz ruhig an Ort und Stelle. Wir haben ein modernes Funkgerät dabei, können also miteinander kommunizieren. Mein Tauchpartner brüllt, ich solle mich doch beeilen und flüchten. Aber statt ihm zu folgen, ziehe ich meine Flossen und meinen Bleigürtel aus, ziehe mir eine Monoflosse an, mit der ich sehr schnell bin, und antworte: »Ich muss nicht schnell schwimmen, ich muss nur schneller schwimmen als du.«

Wann ich das erlebt habe? Diese Geschichte ist frei erfunden! Sorry, dass musste jetzt sein. Ich werde zwar dieses Jahr dort tauchen gehen, wenn ich meinen Tauchschein gemacht habe, aber auf die Erfahrung mit dem weißen Hai kann ich gern verzichten. Ich glaube sogar, dass es dort gar keine weißen Haie gibt.

Diese fiktive Geschichte mag dir deutlich machen, wie unsere impliziten Verhaltensmuster uns steuern. Wenn du in einer Stresssituation schnell in Panik gerätst, hast du keine Möglichkeit, deine Reaktion ruhig zu überdenken.

Ich frage dich: Wie geht es dir in Gefahrensituationen? Zwar sind wir nicht täglich mit weißen Haien konfrontiert, aber erleben doch allerlei andere Gefahren, etwa wenn uns jemand im Straßenverkehr in eine ungute Situation bringt.

Bleibst du ruhig und reflektiert? Oder reagierst du panisch und wirst vielleicht sogar wütend, weil es dir in dem Moment passiert?

Wenn du ruhig und reflektiert bleibst, gelingt es dir auch, lösungs- und zukunftsorientiert unterwegs zu sein. Und das ist in solchen Momenten entscheidend.

Menschen, die kopflos flüchten, werden sich nicht nur über sich selbst, sondern auch über ihr Schicksal ärgern und sich fragen: »Warum musste mir das passieren?«

Und wenn das wiederholt geschieht, erwarten sie auch gar nichts anderes mehr.

Unser Gehirn funktioniert algorithmisch, wie eine Suchmaschine im Internet. Gibst du deinem Hirn den falschen Suchauftrag, sucht es nach allen möglichen Informationen. Und genau das ist der Grund für den Unsinn einer wiederholten »Warum?«-Fragerei.

Beispiel gefällig? Wenn ein Übergewichtiger sich fragt: »Warum bin ich so dick?«, wird das Gehirn ihm die Antworten liefern:

1. Weil du das Falsche isst.
2. Weil du dich zu wenig bewegst.
3. Weil du die falschen Gene hast.
4. Weil du eine ungünstige Darmflora hast, usw.

Werden ihm diese Antworten, die automatisch aus den Tiefen des Unbewusstseins kommen, beim Lösen seines Problems helfen? Mitnichten. Im Gegenteil, sie werden ihn unbewusst darin bestätigen, dass er keine Chance hat. Und sie werden ihm sicherlich keine guten Gefühle bescheren.

Kombinierst du eine »Warum?«-Frage innerlich mit Vagheit und Leere, weil du kein motivierendes Bild von deinem Ziel, deinem Wunschergebnis oder Traumbild entworfen hast, dann ... *no fucking chance!* Damit hast du eine 100-prozentige Garantie fürs Scheitern.

Die Frage »Warum?« hat ihren Fokus in der Vergangenheit. Die Frage »Warum nicht?« dagegen in der Zukunft. Sie eröffnet neue Möglichkeiten.

Wie kannst du prüfen, ob du die richtigen Fragen stellst? Suche bewusst so lange nach Fragen, bis du spürst, dass du in einen guten Zustand kommst: Nehmen wir einmal an, du möchtest dein Körperfett reduzieren. Wie fühlt sich die Frage an:

»Warum bin ich so dick?«

Was fühlst du?

Stopp. Bevor du weiterliest, lass diese Frage auf dich wirken.

Du liest doch dieses Buch, weil du dich verändern willst. Und wenn du eines schon jetzt an dieser Stelle lernen darfst: Nur Emotionen, also Gefühle, sind der perfekte Wegbegleiter zu deinem Ziel. Der Verstand ist es nicht! Also noch einmal: Fühle in dich hinein, wenn

du dir diese Frage stellst. Vielleicht sind es bei dir ja ganz andere
Fragen, etwa:

Warum bin ich so faul?
Warum bin ich permanent knapp bei Kasse?
Warum habe ich keine Freundin / keinen Freund?
Warum habe ich immer so schwierige Beziehungen?
Warum habe ich permanent Ärger mit meinem Chef?
Warum komme ich an meinen Sohn nicht heran?

Und? Wie fühlt es sich an, eine dieser Fragen zu stellen, die vielleicht auf dich zutrifft? Wie würdest du deinen Energiezustand nun
beschreiben? Genau. Er befindet sich auf einem sehr niedrigen Niveau.
Erlerne die Kunst, die richtigen Fragen zu stellen. Fragen, die dich
motivieren. Fragen, die dich unterstützen. Fragen, die dich in einen
guten Zustand bringen, voller Energie und Mut. Beispiele gefällig?

> Wie kann ich mein Körperfett reduzieren und dabei Spaß ha-
  ben?
> Wie kann ich leicht und mit Genuss meine Ernährung umstel-
  len, um mich in X Monaten an meiner Traumfigur zu erfreuen?
> Wen kann ich um Rat fragen, der diesen Weg schon erfolgreich
  gegangen ist?
> Wie kann ich meine finanzielle Situation dauerhaft entspan-
  nen?
> Was kann ich ab heute dafür tun, um mehr Liebe in meine Be-
  ziehung zu bringen?

Siehst und fühlst du den Unterschied? Ich wiederhole mich sehr
gern, wenn es um unser wichtigstes Ziel im Leben geht: Die einzige
Aufgabe, die wir haben, um unser Leben so zu gestalten, wie wir es
möchten, ist, die eigenen Gedanken bewusst zu steuern!

Krise oder Sinn-Phase?

Ich werde es nie vergessen. Es war auf einem Kongress für Führungskräfte in Montabaur, und ich hielt meinen Vortrag »der perfekte Tag«.

Als mein Vorredner war ein Professor angekündigt, der einen wissenschaftlichen Vortrag über die Wirtschaftskrise von 2007 beziehungsweise 2008 halten wollte. Alle erwarteten, dass der Wissenschaftler nun mit vollgeschriebenen Folien in einer 12-Punkt-Arial-Schrift und einer Menge von Exceltabellen die Krise erklären und herleiten würde.

Ich erinnere mich noch gut an die fragenden und etwas irritierten Gesichter der circa 300 anwesenden Führungskräfte. Denn der Vortragende erzählte eine Geschichte und malte dabei komische Kurven ans Flipchart:

»Stellen Sie sich vor, Sie sind in einem Wald. Und in diesem Wald gibt es Hasen. Was machen Hasen in ihrer Freizeit, wenn sie nicht gestört werden und nicht gerade beim Futtern sind? Richtig. Sie vermehren sich. Das bedeutet, die Population wächst.« Dabei zeichnete er eine nach oben verlaufende Kurve. »Wenn es mehr Hasen im Wald gibt, haben die Füchse mehr zu fressen. Somit können sie sich auch vermehren.« Und er zeichnete eine zweite nach oben verlaufende Kurve. »Wenn es nun aber mehr Füchse im Wald gibt, wird es weniger Hasen geben.« Er zeichnete nun die erste sinkende Kurve, um das darzustellen. »Wenn jedoch die Hasen weniger werden, haben die Füchse wieder weniger zu fressen und können sich nicht mehr so vermehren. Die Population wird abnehmen.« Dies stellte er mit einer zweiten, absteigenden Kurve dar. »Wenn die Hasen weniger werden im Wald, haben die Hasen wieder mehr Freizeit, und wir wissen, was sie dann tun.« Dieses Spiel wiederholte sich drei Mal, und ich konnte an den Gesichtern der Teilnehmer erkennen, dass sie sich fragten: »Was soll das?«

Und dann kam die Konklusion des Professors:

»Alles im Leben ist bipolar. Alles ist zyklisch. Wir haben den Winter und den Sommer, wir haben die Nacht und den Tag. Wir haben bis ins kleinste atomare Teilchen Bipolarität. Es ist Teil der Natur, dass sich alles ständig verändert. Wenn der DAX in die Höhe schnellt, freuen wir uns alle und schreien: ›Gewinne! Gewinne! Gewinne ohne Sinne!‹ Und wenn es bergab geht, schreien alle: ›Krise, Krise nur noch Miese!‹«

Du verstehst, dass es einen ewigen Kreislauf gibt, sich alles stets verändert und alles mit allem zusammenhängt. Das ist der Lauf der Dinge, und wenn wir ihn erkennen, können wir ihn annehmen und für uns nutzen, statt über Krisen zu lamentieren.

Reframing ist wirksam

»Er ist zu sportlich und zu unpraktisch«, sagt Philippe, gespielt von François Cluzet in der Filmkomödie *Ziemlich beste Freunde* (2011). Driss, gespielt von Omar Sy, antwortet sinngemäß: »Er ist viel zu sportlich, um ihn stehen zu lassen.«

Es geht darum, den Maserati für die Spritztour zu nehmen. Der nach einem Sportunfall gelähmte Philippe will den »Transportwagen« nehmen, weil sein Rollstuhl besser hineinpasst. Doch Driss antwortet: »Ich transportiere Sie doch nicht wie ein Stück Vieh.«

Die beiden nehmen also den Sportwagen und haben eine Menge Spaß. Ein schönes Beispiel, wie Leben funktionieren kann, wenn du dich auf die Macht des *Reframing* (von englisch *frame*, Rahmen) einlässt: Wir haben bei allem, was wir wahrnehmen, immer und überall die Möglichkeit, es anders zu bewerten, zu interpretieren und für ein Problem eine Lösung zu finden. Sicherlich kennst du die Diskussion um das Wort Problem: Und ich bin zu 100 Prozent dabei, wenn es darum geht, die Dinge für sich so zu interpretieren, dass ein »Problem« uns unterstützt und fördert, statt uns schlechte Gefühle zu machen, uns zu begrenzen und zu hemmen. Und dennoch dürfen wir uns bei der Kommunikation mit anderen manchmal zurückhalten, wenn es darum geht, »einen neuen Rahmen« zu setzen. Dazu erzählt Shelle Rose Charvet in ihrem Buch *Wort sei Dank* eine schöne Geschichte:

»Ein älterer Herr, der in einem Hotel wohnte, schlurfte jeden Abend vorsichtig an die Rezeption, um seine Schlüssel entgegenzunehmen, schlurfte dann zum Aufzug hinüber und schließlich in sein Zimmer. Eines Tages nahm er seine Schlüssel entgegen und fuhr wie gewohnt im Aufzug in das Stockwerk, wo sein Zimmer lag, nur um auf der Stelle wieder an die Rezeption zurückzukehren.

Er wandte sich an die Rezeptionistin: ›Junge Frau, ich habe ein Problem.‹ Die Hotelangestellte war im Umgang mit Gästen und im positiven Denken geschult und antwortete daher: ›Wir kennen hier keine Probleme, nur Herausforderungen!‹ Der ältere Herr lächelte und antwortete: ›Nun, ich weiß nicht, ob es ein Problem oder eine Herausforderung ist, aber da ist eine Frau in meinem Zimmer.‹«

Ich habe so gelacht, als ich diese Geschichte las. Einfach herrlich. Manchmal dürfen wir noch einmal nachfragen, bevor wir »den sprachlichen Rahmen« verändern.

Das mindert aber keineswegs die Kraft dieses Werkzeugs. Oft arbeite ich im Coaching damit, wie in folgendem Fall: Mein Coachee, ein Vorstand, sagte mir, dass er so undiszipliniert sei. Es ging darum, dass er sich bisher nicht so, wie er es wollte, zum Sport motivieren konnte. Er verallgemeinerte mit der Formulierung »ich bin undiszipliniert« etwas, das ihm, für ihn unbewusst, nicht guttat.

Ich fragte ihn dann: »Wie sind Sie, wenn Sie so undiszipliniert sind, dann Vorstand geworden?«

Wir ziehen ständig unbewusst Rahmen um unser Verhalten, generalisieren es damit. Manche Rahmen können uns helfen und manche können uns limitieren.

Ein anderes Beispiel aus einem Coaching. Eine Frau beklagte sich bei mir über ihren Mann: »Mein Mann kann sich nie entscheiden. Ständig wägt er etwas stundenlang ab und recherchiert, bevor er sich endlich entscheiden kann. Mir reißt oft der Geduldsfaden. Ich halte das nicht mehr aus!«

Ich antwortete mit der Frage: »Ist es nicht wunderbar, dass sich Ihr Mann dann nach anscheinend ebenso tief greifender und ausführlicher Analyse für Sie entschieden hat?« Sie war sehr überrascht, ihre Situation aus dieser neuen Perspektive zu betrachten.

Es ist immer eine Frage der Perspektive, ob die Fragen, die wir uns stellen, uns unterstützen oder uns limitieren und Energie rauben. Selbst wenn wir manchmal »schwere« Zeiten durchleben, können wir das Reframing wunderbar nutzen, um uns aus einem selbst erschaffenen und somit real gefühlten Tief wieder herauszuholen.

Es wird nur noch besser

Ich stelle folgende Frage gerne in meinen Seminaren und Vorträgen: »Wer von euch hatte schon einmal eine schwere Krise im Leben? Sei es finanziell, gesundheitlich oder auch in einer Beziehung. Eine Zeit, die du nicht noch mal erleben möchtest?« Fast alle Arme strecken sich nach oben. Und dann stelle ich die nächste Frage: »Wer von euch würde sagen, dass genau diese Krise euer Leben bewusster und besser werden ließ?

99 Prozent aller, die sich vorher gemeldet haben, strecken ihren Arm wieder himmelwärts.

Wir mögen es nicht, in der »Krise« zu sein. Weil wir es als negativ bewerten. Nur wenn wir wissen, dass diese Phase die Voraussetzung für eine Verbesserung ist, können wir uns freuen und jubeln: »Wow, eine Veränderung. Wie cool, es kommt was Besseres. Ich darf wieder etwas Neues lernen.« So wird aus dem bipolaren Paar »Gewinn und Krise« ein noch viel schöneres »Gewinn und Sinn«.

Love it, leave it or change it

Egal, was passiert. Wir haben immer die Wahl. Ich weiß, manchmal hast du das Gefühl, dass dir keine Wahlmöglichkeit einfällt, es keinen Ausweg gibt. Weil du dich von inneren Horrorszenarien lähmen und stressen lässt. Doch gestresst wirst du keine Wahlmöglichkeiten sehen. Deswegen: ENT-spanne dich zuerst, entweder durch Sport in der Natur, Meditation oder eine andere schöne Aktivität, die dich entspannen lässt. Und du wirst sehen, die Wahlmöglichkeit wird wie von selbst erkennbar sein, und damit rückt die Lösung in Sichtweite.

Wir können weiter leiden oder uns zu etwas Neuem entscheiden. Einen neuen Weg einschlagen. Eine neue Gewohnheit annehmen. Etwas in dem Augenblick tun, was uns guttut. Wir haben die Möglichkeit, die Situation, den Job oder den Menschen zu verlassen, die uns nicht guttun, wir haben die Möglichkeit, zu lieben und etwas zu verändern. Das sind die Leitfragen:

Leave it ...

> Bis wann beziehungsweise wann genau will ich diese Situation spätestens verlassen?
> Will ich die Situation wirklich so wie bisher belassen?
> Was kann ich tun, um der augenblicklichen Situation/Person aus dem Weg zu gehen beziehungsweise die schlechte Gewohnheit zu unterlassen?
> Was sind die Risiken, wenn ich dieses Unangenehme in meinem Leben verlasse, und wie kann ich die Risiken vermeiden oder abfedern?
> Was ist der Preis für dieses Loslassen? Und: Bin ich bereit, ihn zu zahlen?
> Welche Schritte sind dazu notwendig?

Love it ...
> Was wird mir fehlen, wenn ich die Situation verlasse?
> Wofür kann ich hier auch dankbar sein?
> Was ist Gutes daran?
> Was kann ich aus der augenblicklichen Situation lernen?
> Wie kann ich besser damit umgehen?
> Wie kann ich lernen, die Situation mit mehr Gelassenheit und Humor zu nehmen?
> Wie kann ich ein Spiel daraus machen?
> Wie kann ich lernen, die Situation anzunehmen?

Change it ...
> Will ich etwas an der Situation ändern?
> Wenn ja, was genau will ich ändern?
> Was darf anders werden?
> Welche Möglichkeiten habe ich, etwas zu ändern?
> Was kann ich daraus lernen?
> Bis wann will ich die Veränderung umsetzen?

Denke daran. Wir haben immer die Wahl. Du kannst dich in solchen Situationen zurückziehen oder öffentlich jammern, oder du kannst dir überlegen und vorstellen, wie es anders und besser wäre. Du bist der Schöpfer deiner Realität.

Modelling of Excellence – Nachmachen

Diese Methode wird häufig in der Personalentwicklung und im NLP angewandt. Letztlich bedeutet sie nichts anderes, als das nachzumachen, was andere schon erfolgreich durchgeführt haben. Im Sport schauen sich aufsteigende Talente und Fleißige immer wieder Videos mit Slow-Motion-Aufnahmen der Sportler an, die diese Sportart bis zur Perfektion beherrschen. Als ich mich entschlossen hatte, mich nach einer längeren Pause erneut für Hawaii zu quali-fizieren, habe ich ein Seminar bei Mark Allen besucht. Er hat die Weltmeisterschaften auf Hawaii sechs Mal (1989–1993 und 1995) gewonnen. Ich hatte große Ohren, als er von seinem Training sprach. Er musste wissen, wie es geht. Und wenn ich das für mich adaptierte, hatte ich bessere Chancen, mich für Hawaii zu qualifi-zieren.

Ein weiteres Beispiel für Modelling of Excellence aus meiner beruf-lichen Laufbahn:

1999 fasste ich den Entschluss, Keynote-Speaker zu werden. Ich hatte schon viele Erfahrungen damit gesammelt, vor einer Gruppe zu stehen und Vorträge zu halten. Doch waren das jeweils Klein-gruppen innerhalb der Fitnessbranche gewesen. Das Handwerks-zeug war also vorhanden, dachte ich. Nun fragte ich mich, was machte den Unterschied aus, wenn namhafte, erfolgreiche Motiva-tionstrainer Tausende Menschen in die Hallen brachten? Was war deren Geheimnis, dass sie so viele Zuhörer bei ihren Vorträgen hatten und Firmen ihnen bis zu 20.000 DM für Auftritte bezahlten? Ich besuchte viele Vorträge und Seminare bei den Besten, die der Markt bot, um von ihnen zu lernen. Ich besuchte Ulrich Strunz, Jörg Löhr, Alexander Christiani und Anthony Robbins. Irgendwas mussten die ja anders machen als die vielen anderen weniger er-folgreichen Referenten, die es gab.

Es war 1999, als ich hörte, dass Jörg Löhr in der Porsche-Arena in Stuttgart vor über 3.000 Führungspersönlichkeiten gesprochen hatte. Ich weiß es noch wie heute. Ich dachte, wenn mir das einmal gelingt, dorthin zu kommen und vor so vielen Menschen zu reden, dann habe ich es geschafft. Dann gehöre ich zu den Großen dieses Markts. Und 2009 war es dann so weit. Ich durfte in der Porsche-Arena vor mehr als 3.000 Teilnehmern einen Vortrag halten. Auf dem Weg dorthin habe ich immer wieder die Methode Modelling of Excellence angewendet. Und das hört nie auf bei mir. 2012 habe ich mir die Frage gestellt, warum ich nicht das tue, was ich am besten kann. Und von da an hat mich das Thema »Veränderung« nicht mehr losgelassen. Dieses Buch ist das Ergebnis dieser Suche und meines Weges. Und die Reise ist noch lange nicht zu Ende. Und auch hier habe ich wieder den Weg des Nachahmens und Lernens gewählt. Ich habe mich im Markt umgeschaut. Wer schafft große und beeindruckende Veränderungen bei Menschen innerhalb kürzester Zeit? Und auch dieser Lernprozess hat erst begonnen. Je mehr ich lerne, desto mehr sehe ich, was es noch alles zu lernen gibt. Frei nach Sokrates: Je mehr ich weiß, desto mehr wird mir klar, was ich noch nicht weiß. Ich lerne ständig dazu. Ob es Psychologische Kinesiologie, NLP oder Hypnose ist. Der menschliche Geist ist so faszinierend, er kann unendlich viel aufnehmen. Nur denke daran, dass er das nur mit Leichtigkeit macht, wenn das Lernen mit positiven Gefühlen verbunden ist. Es darf dir Spaß machen.

Was wirst du für deine positive Entwicklung tun? Siehst du Möglichkeiten, Modelling of Excellence in deinem beruflichen Leben anzuwenden?

Italiener für mehr Zeit im Leben

Schon als Student hatte ich eine Hausfee, die mir bei der Reinigung meiner Wohnung half. Weil ich wusste, dass es für mich erfüllender ist, wenn ich den Tätigkeiten nachgehe, die mir Freude bereiten und mit denen ich Umsatz für mich als Selbstständiger generiere.

Als Student habe ich 15,00 DM pro Stunde auf der Fitnessfläche erhalten. Als SPINNING® nach Europa kam und ich als Instruktor im Studio begann, waren es sogar 30,00 DM. Meine damalige Hausfee hat 10,00 DM erhalten. Also habe ich in einer Stunde, in der ich meiner Leidenschaft nachging, mehr verdient, als wenn ich zu Hause geblieben wäre, um meine Wohnung zu putzen. Und es hätte mir keine Freude bereitet. Meine Reinemachefrau hat es geliebt. Und sie war schnell und gut. Also haben wir beide gewonnen.

Wie viele Dinge tust du in deinem täglichen Leben, die andere besser, schneller und günstiger machen können als du?

Viele Menschen verbringen unzählige Stunden in der Woche vor dem Fernseher, surfen im World Wide Web und schauen stundenlang Posts von Freunden bei Facebook an, die sie nicht kennen und sie vom eigenen Leben ablenken. Ein Gefühl der Unzufriedenheit ist die Folge, das Gefühl, den wahren Sinn des Lebens nicht gefunden zu haben.

Sicherlich kennst du den sogenannten Pareto-Effekt oder die Pareto-Regel, benannt nach dem italienischen Ökonom und Soziologen Vilfredo Pareto. Er erforschte die ungleiche Vermögensverteilung in seinem Heimatland und fand heraus, dass 80 Prozent des Volksvermögens auf nur 20 Prozent italienischer Familien verteilt war. Diese Erkenntnis übertrugen Ökonomen auf andere Bereiche, auch auf die Produktion. Das bedeutet, sehr grob gefasst, dass 80 Prozent aller Ergebnisse (Produkte) mit nur 20 Prozent des Gesamtaufwands erreicht werden. Die verbleibenden 20 Prozent aber machen 80 Prozent der Arbeit aus. Ich hätte Pareto gern auf ein Glas Merlot eingeladen, doch die Ungnade der späten Geburt ließ es nicht zu.

Um erfolgreich gewünschte Veränderungen in deinem Leben zu manifestieren, darfst du dich immer wieder fragen: Welche meiner Aktivitäten haben den größten Output?

Als 17-facher IRONMAN® habe ich nur sehr selten mehr als 10 Stunden pro Woche trainiert. Ich habe mich immer vor dem Beginn der Trainingseinheit gefragt: Was kann ich heute im Training tun, um möglichst viel zu erreichen? Was kann ich tun, damit der Körper sich nur anpassen muss? Welchen Parameter (Trittfrequenz beim Radfahren, Schrittfrequenz beim Laufen usw.) kann ich wie beeinflussen?

Folgende Fragen können dich dabei unterstützen, das Pareto-Prinzip anzuwenden, damit du tatsächlich und nicht nur vermeintlich produktiv, zufrieden und erfüllt sein wirst:

> Was wird heute in meinem Tun den entscheidenden Unterschied ausmachen?
> Bin ich gerade produktiv oder nur geschäftig?
> Bringt mich das, was ich gerade tue, in meiner Entwicklung wirklich meinem Ziel näher?
> Mit welcher Aktivität erreiche ich die größte Wirksamkeit?

Und wenn du selbstständig bist, sind die Fragen noch spezifischer:

> Was bringt den größten Output in meinem Business?
> Welche Kunden bringen mir am meisten Umsatz?
> Welche Produkte verkaufen sich am meisten?

Das WAND-Prinzip für die Selbstmotivation

Als ich 2005 noch als Personal Trainer arbeitete, hatte ich einen Kunden, der knapp 100 Firmen besaß. Jeden Morgen vollzog er folgendes Ritual: Er legte sich vier Zettel auf den Tisch und plante mit ihnen seine Aktivitäten. Als ich ihn eines Tages dabei beobachtete, fragte ich ihn nach dem Sinn seines Tuns. Die Antwort war verblüffend und inspirierend zugleich. Sinngemäß sagte er:
Auf den ersten Zettel schreibe ich die ToDos, die für mein Unternehmen wichtig sind und hohe Dringlichkeit haben. Zum Beispiel Anfragen von Kunden. Diese haben oberste Priorität, gerade beim Erstkontakt ist ein schnelles Reagieren erforderlich.
Diese Aktivitäten erledige ich immer in den ersten Stunden meines Tages. Mehr als drei große und wichtige Aufgabenbereiche pro Tag nehme ich mir nie vor.

Auf den zweiten Zettel schreibe ich die ToDos, die für mich und das Unternehmen nicht wirklich wichtig, aber dringlich sind. Hierzu gehören zum Beispiel alle Fragen, die mit den Steuerbehörden zu tun haben. Die Behörden entscheiden nicht unmittelbar darüber, ob mein Unternehmen erfolgreich ist. Doch sie verlangen im Rahmen der gegebenen Fristen Antworten. Auch viele E-Mails, die ich schreiben muss, gehören dazu. Auch etwa das Anmelden eines neuen Telefonanschlusses oder auch meine Reiseorganisation. Das Einholen von Urlaubsangeboten delegiere ich. Ich bekomme dann eine Auswahl und kann ein Ziel aussuchen, ohne stundenlang im Internet recherchieren zu müssen. Es gibt Fragen, die an mich herangetragen werden, mich aber nicht interessieren beziehungsweise keinen Gewinn bringen.

So weit wie möglich delegiere ich diese Aufgaben. Manche Dinge muss ich selbst erledigen, doch einen Großteil können andere für mich erledigen beziehungsweise ausfiltern. Und meist können diese Menschen so etwas besser als ich. Ich wäre da viel zu ungeduldig.

Auf den dritten Zettel schreibe ich Aktivitäten, Aufgaben und To-Dos, die nicht wichtig für mich sind und auch nicht dringlich. Dazu gehören Einkäufe, das Putzen zu Hause, Termine für die Inspektion des Autos usw. Diese Aufgaben delegiere ich zu 100 Prozent an meine Assistentin.

Der vierte Zettel ist einer der wichtigsten. Auf ihm vermerke ich Arbeiten, Aufgaben und Schritte, die zwar nicht dringlich sind, aber wichtig für meinen langfristigen Erfolg. Hier geht es um Arbeit, die nicht im Unternehmen stattfindet, sondern am Unternehmen. Dazu gehören die konzeptionelle Arbeit, die Erfindung neuer Produkte oder Dienstleistungen. Aber auch die Termine mit dir, lieber Slatco, gehören dazu. Denn es ist nicht dringlich, Sport zu treiben. Doch es ist für meinen beruflichen Erfolg wichtig, dass ich fit und frisch bin, um auch Marathonverhandlungen erfolgreich zu meistern. Dazu gehören Vorsorgeuntersuchungen und »Kuschelcalls« mit bestehenden Kunden. Es ist nicht dringlich, jedoch absolut wichtig, sich regelmäßig durchchecken zu lassen. Auch ist es nicht notwendig, ausgerechnet heute diesen einen guten Kunden mal wieder anzurufen. Und genau deswegen fallen manche Dinge an einem ausgefüllten Tag einfach weg.

W & D	WAND
WICHTIG UND DRINGLICH	WICHTIG, ABER NICHT DRINGLICH
NW & D	NW & ND
NICHT WICHTIG UND DRINGLICH	NICHT WICHTIG UND NICHT DRINGLICH

WAND-Methode

Diese Einteilung ist für dich als Unternehmer und Selbstständiger sehr wichtig. Und wenn du angestellt bist, darfst du auch immer wieder überprüfen, wie viel Zeit du mit den wirklich wichtigen Dingen verbringst. Gerne gebe ich dir Beispiele aus meiner Arbeitswelt als Keynote-Speaker, Seminarleiter, Buchautor und Coach:

W&D
Kundenanfragen sofort von meiner Assistentin beantworten lassen: Ein persönliches Telefonat mit dem Entscheider vereinbaren und das Angebotspaket rausschicken.

WAND

Kuschelcalls mit Bestandskunden durchführen.
Buch schreiben.
Neue Seminarkonzepte erarbeiten.
Webseite optimieren, erneuern, pflegen.
Für Social Media, Blog und Newsletter Inhalte produzieren.
Sport treiben.
Kulturveranstaltung oder einen schönen Abend mit der Partnerin planen.
Freunde treffen.
Eine neue Sprache lernen beziehungsweise Englischunterricht nehmen.
Fortbilden durch Fachliteratur oder Seminarbesuche.

NW&D

Delegiere ich alle an meine Assistentin:
E-Mails von Kunden wegen der technischen Voraussetzungen für einen Vortrag beantworten.
Reisen organisieren.
Rechnungen schreiben.
Rechnungen bezahlen und Steuer vorbereiten.

NW&ND

Delegiere ich alle an meine Assistentin
Ordnung im Lager für die Produkte herstellen.
Wohnung sauber halten.
Termin für Inspektion ausmachen.
Software-Updates einrichten.
Fahrtenbuch und Reiseauslagen führen beziehungsweise notieren.
Steuerbelege sammeln und einscannen.

Du siehst, in meinem Beruf gibt es viele Dinge, die keine Dringlichkeit haben. Deswegen verlangt solch ein Job auch eine ausgeprägte Fähigkeit, sich selbst zu motivieren. Denn wenn ich die wichtigen, aber nicht dringlichen Dinge zu lange vor mir herschiebe, werden sie dringlich! Wenn die körperliche Fitness unzureichend ist, steigt das Risiko, krank zu werden. Darüber hinaus leidet dann auch meine Authentizität, weil Gesundheit und Fitness wesentlich zu meiner Persönlichkeit gehören. Bei mangelnder Kundenpflege und zu wenigen Marketingaktivitäten kann die Nachfrage sinken, und wenn ich mich nicht ständig fortbilde, komme ich intellektuell zum Stillstand.

Selbstständig zu sein bedeutet, immer »dranzubleiben«. Denn der Markt verändert sich unaufhörlich. Und wenn der Markt verrücktspielt, sich also *ver*-rückt, darfst du dich auch *ver*-rücken. Schau dir nur die Produktzyklen hochwertiger technologischer Güter an, die immer kürzer werden, die immer schneller aufeinander folgen, etwa in der Automobil- und Smartphone-Branche. Wer da nicht flexibel ist, spielt das Spiel nicht lange mit.

Weg, weg und noch mal weg

Und bleiben wir beim Ordnen, Wegwerfen und Delegieren, um mehr Zeit und Raum für das Wichtige zu schaffen und damit die Motivation zu stärken.

Das **EAD-Prinzip** wird in vielen Firmen unterschätzt. Es ist aber nicht nur dort nützlich, du kannst es auch in allen anderen Bereichen deines Lebens anwenden:

Was kannst du an Tätigkeiten eliminieren?	= E
Was kannst du von dem, was übrig bleibt, automatisieren?	= A
Was kannst du von dem, was sich nicht eliminieren und automatisieren lässt, delegieren?	= D

Beispiel gefällig?

Du bekommst am Tag 100 E-Mails. Wie viele davon sind Spam und Newsletter, die du sowieso nie liest? Weg damit. Trage dich sofort immer aus (=E), wenn du widerrechtlich in den Newsletter-Verteiler eines Hotels oder von wem auch immer aufgenommen wurdest. Jedes Mal die Mail zu löschen kostet mehr Zeit, als dich einmal auszutragen.

Gibt es wiederkehrende Fragen und Bedürfnisse deiner Kunden? Erstelle eine Liste der FAQ, *Frequently Asked Questions* (=A), und formuliere die Standard-Antworten als unterschiedliche Signaturen in deinem E-Mail-Programm. Meine Kunden etwa benötigen immer wieder die gleichen Dinge: Erstens: Informationen, welche Technik ich für meinen Vortrag benötige; zweitens: Infos über meine Inhalte; drittens: Bildmaterial für die interne und externe Bewerbung meines Vortrags.

All das erhält jeder, der bei mir als potenzieller Kunde anfragt, automatisch auf einer Speicherkarte zugeschickt.

Du kannst deine täglichen Aufgaben jeweils durch den EAD-Filter rutschen lassen und somit viele Zeitfresser aussieben. Denke daran: Das E kommt von Eliminieren. Löschen. Wegschmeißen. Sich verabschieden. Tschüss sagen. Weghauen.

Überlege dir immer wieder, was wirklich weg kann. Fange einfach mit den privaten Sachen als gute Übung an:

Welche Kleidung hast du schon länger als ein Jahr nicht mehr getragen? Wie viele Schuhe verstopfen deine Schränke und haben schon lange keinen Gehsteig mehr gesehen?

Welche Bücher hast du schon länger als zwei Jahre nicht mehr angefasst, um darin zu lesen oder auch nur zu blättern?

Wie sieht es in deiner Küche aus: Welche Gerätschaften hast du schon ewig nicht benutzt? Welche Nahrungsmittel braucht dein Körper nicht?

Wie sieht es im Keller und auf dem Dachboden aus? Hebst du unnützes Zeug auf? Wie viele Autos stehen in deiner Garage?

Und wie sieht es auf deinem Schreibtisch und in deinem PC aus? Hast du Dokumente da liegen oder abgespeichert mit dem Gedanken »könnte man noch mal brauchen«?

Und deine Gewohnheiten? Treibst du sinnvoll Sport oder trainierst du stundenlang das Gleiche, auch wenn es dich nicht messbar besser werden lässt? Lässt du dich immer noch auf Treffen mit vermeintlichen Freunden ein, die dir eigentlich doch nicht wichtig sind? Welche Mediennutzung bringt dir nichts, sondern versetzt dich im Gegenteil nur in eine negative Grundstimmung?

Kommen wir zur nächsten Aktion: zum Automatisieren.

Das betrifft vor allem deine Arbeitsweise. Hier geht es um das zeitsparende Organisieren von immer gleichen Abläufen. Es reicht von einer perfekten Organisation einer Kontaktliste über Dokumentvorlagen bis zum Einrichten von Software-Lösungen.

Gern erzähle ich dir ein Beispiel aus meinem Business:

Als Student arbeitete ich im Network-Marketing und habe schnell verstanden, wie wichtig Kontakte für den Erfolg sind. Ich habe neue Kontakte immer sofort in mein Adressbuch eingetragen – damals noch nicht digital, sondern analog in die berühmte schwarze Time/System-Konferenzmappe. Später dann in meinen Communicator von Nokia. Und nun trage ich sie in mein CRM-System für meinen iMac ein.

Mit dem Delegieren von Aufgaben habe ich begonnen, als ich Personal Trainer wurde. Damit machte ich also den dritten Schritt, das Delegieren, vor dem zweiten, dem Automatisieren. Denn damals gab es noch keine Lösung für mich, die ich mir hätte leisten können, um bestimmte Prozesse zu automatisieren. Meine Assistentin gab also die eingesammelten Visitenkarten per Hand ein und recherchierte neue, potenzielle Kundenkontakte.

Als ich mehr und mehr Vorträge hielt, verteilte ich Postkarten, auf denen die Teilnehmer ihre Kontaktdaten eintragen konnten, um das Handout gratis zu erhalten. So kam ich an weitere Adressen potenzieller Kunden heran, und die Teilnehmer meiner Vorträge profitierten vom Zusatznutzen mit hoher Nachhaltigkeit. Auch diese Arbeit erledigte meine Assistentin von Hand.

Mittlerweile habe ich den A-Schritt vollzogen: Bei jedem Vortrag zeige ich einen Link und einen QR-Code, den die Teilnehmer schon während des Vortrags scannen oder abschreiben können. Sie tragen sich mit ihren Kontaktdaten auf der entsprechenden Webseite ein. Automatisch erhalten sie dann eine E-Mail mit dem Link, der sie zum Download des Handouts führt. Und eine Schnittstelle überträgt die Daten automatisch in meine Datenbank.

Wo also früher viel Zeit von einfacher, stupider Arbeit gefressen wurde, erledigen nun eine Software und das Internet diesen Prozess wie von Geisterhand – magisch und automatisch.

Das A wie Automatisieren kommt als Schritt normalerweise vor dem D wie Delegieren. Denn es ist Beschäftigungstherapie, Dinge zu delegieren, die automatisiert werden können. Warum sollte ein Mensch Dinge tun, die eine Software schneller und besser erledigen kann? Hast du schon einmal 100 Adressen eingeben müssen? Das tut nicht nur in den Fingern weh, sondern vor allem im Kopf!

Das Buch *Die 4-Stunden-Woche* von Timothy Ferriss hat mich in vielen Überzeugungen bestätigt, die ich schon immer hatte. Er beschreibt das sogenannte DEAL-Konzept. Die Buchstaben D, E und A bedeuten das Gleiche wie im EAD-Prinzip. Bei Ferriss kommt dann noch der vierte Buchstabe L hinzu, abgeleitet von Liberation, also Befreiung. Ziel seines Buches ist es, dich von dem Tausch »Zeit gegen Geld« zu befreien. Dass dies funktioniert, beweisen jährlich neue Internetmillionäre.

Die Tomaten-Methode
für ein perfektes Selbstmanagement

Was haben Tomaten mit deinem Selbstmanagement und deiner Selbstmotivation zu tun? Gar nichts. Obwohl ...

Die Pomodoro-Methode (*pomodoro technique* von italienisch *pomodoro* für Tomate und englisch *technique* für Methode) ist ein relativ neues Konzept des Selbstmanagements. Die Pomodoro-Methode wurde von Francesco Cirillo in den Achtzigerjahren entwickelt: Mit einem Kurzzeitwecker wird die Arbeit in 25-Minuten-Abschnitte, *pomodori*, und Pausenzeiten unterteilt. Cirillo verwendete bei seinen ersten Versuchen einen Küchenwecker. Das erklärt den Name der Methode.

Wir alle kennen noch die kleine Küchenuhr, die wir fast alle zu Hause stehen hatten, um Gar- und Backzeiten für die Eier oder den Kuchen einzugeben. Mittlerweile haben wir dafür unsere Smartphones mit Alarmfunktion und speziellen Apps.

Eine App, die ich hierfür nutze, ist die Focus Time App. Nach 25 Minuten erklingt ein Signal. Dann hast du fünf Minuten Zeit, etwas zu trinken, verspannte Muskeln zu lockern, einen kleinen Spaziergang durch das Büro zu machen, zur Toilette zu gehen oder ein paar Entspannungsübungen in den Büroalltag zu integrieren.

Nach fünf Minuten geht es weiter, und du entscheidest vorher, auf was du dich in den kommenden 25 Minuten konzentrieren möchtest beziehungsweise welche Aktivität folgt.

Das GTD-Prinzip

Diese Methode hat meine Arbeitsweise regelrecht revolutioniert. GTD steht für *getting things done*, englisch: die Sachen erledigt kriegen.

Du arbeitest nicht mehr inhaltsgebunden, also projektbezogen, sondern kontextgebunden: Du konzentrierst dich auf eine Art der Tätigkeit, beispielsweise erledigst du alle anstehenden Telefonate an einem Stück in einem vorher von dir festgelegten Zeitfenster. Oder du beschäftigst dich nur mit Internetrecherchen oder bist nur mit deinem E-Mail-Programm beschäftigt.

Wenn ich im Auto sitze, drücke ich den Telefonbutton auf der App, und automatisch erscheinen alle meine Einträge, die ich mir für zu erledigende Anrufe gemacht habe. Das können Rückrufe sein, wenn mich jemand um ein Telefonat gebeten hat, oder Anrufe, die ich proaktiv erledigen möchte.

Wenn ich am Computer arbeite, bündele ich entsprechend Arten von Tätigkeiten, erledige also entweder nur konzeptionelle Arbeit, oder beantworte und schreibe nur E-Mails oder mache nur Internetrecherchen usw. Die Dinge, die ich recherchieren will, habe ich zuvor gesammelt.

Diese Strategie hat mehrere Vorteile: Zum einen konzentrieren wir uns auf eine Sache und springen nicht ständig von einer Aktivität zur anderen. Mit Letzterem verschwenden wir Zeit und Energie, in deutschen Unternehmen etwa bis zu 30 Prozent! Und zum anderen belasten wir das Gehirn nicht damit, sich ständig an viele kleine ToDos zu erinnern. Das Smartphone habe ich fast immer mit dabei. Also schreibe ich eine Idee sofort in die App und habe somit alle Ideen, Einfälle und ToDos gesammelt an einem Ort. Ich persönlich nutze die App Omnifocus, mit der ich meinen Apple-Computer mit meinem iPhone und dem iMac synchronisieren kann.

Erfolgsorientierte Strategien sind somit für mich:
1. Der sinnvolle und lösungsorientierte Umgang mit Fehlern
2. Das Nachahmen von erfolgreichen Menschen in dem Bereich, in dem ich besser werden beziehungsweise mich verändern möchte.
3. Effizientes und effektives Arbeiten, statt blind aktionistisch zu sein.

Vierter Erfolgsfaktor – Trainieren und Rituale nutzen

Der Körper ist der Übersetzer der Seele ins Sichtbare.

Christian Morgenstern (1871–1914),
dt. Schriftsteller

Es ist ein herrlicher Herbsttag. Der Pfarrer ist in seiner kleinen Gemeinde unterwegs und genießt den Anblick des sich färbenden Laubs. Diesmal führt ihn sein Weg etwas weiter vom Dorf weg, und so kommt es, dass ihm ein Stück Land auffällt, das er vorher noch nie so bewusst wahrgenommen hat. Der Weizen wogt gelb in der Sonne. Die Obstbäume tragen saftige, reife und tadellos geformte Äpfel, Pflaumen und Birnen. Und die Rinder auf den Weiden haben ein gepflegtes Fell und sind gut genährt.

Schließlich kommt der Pfarrer zum Bauernhof mit einer unverkennbar frisch gestrichenen Fassade, die in der Herbstsonne leuchtet. Das Gebäude ist gut in Schuss. Da kommt dem Pfarrer der Bauer entgegen und grüßt ihn freundlich.

Beeindruckt von dem Anwesen sagt der Pfarrer zum Bauern: »Da hat es der Herrgott ja gut mit Ihnen gemeint, als er Ihnen dieses Grundstück überlassen hat.«

Der Bauer antwortet und nickt: »Da haben Sie recht, Herr Pfarrer. Und sie hätten meinen Grund und Boden mal sehen sollen, als er noch dem Herrgott gehört hat.«

Erfolg kommt von erfolgen. So weit sind wir schon. Und für das Erfolgen dürfen wir selbst sorgen.

Der Film *The Secret* (2006) nach dem gleichnamigen Bestseller von Rhonda Byrne will zeigen, dass alles im Leben und Universum miteinander verbunden ist und dass wir träumen dürfen. Wenn du allein zu Hause sitzt und zwanzig Mal diesen Film anschaust, träumst und auf den großen beruflichen Durchbruch wartest oder auf die große Liebe, reicht das nicht. Wenn du nicht handelst und dir Ziele setzt, bleiben deine Visionen nur Träume. Was hindert dich daran, aktiv zu werden?

Sicher kennst du das: Du wachst morgens auf und fühlst dich besch..., bist schlecht drauf oder hast Angst vor irgendetwas. Die Frage ist, woher dieses Gefühl kommt und was vorher in deinem Kopf geschehen ist, was du gedacht hast, das dieses Gefühl in dir hat aufsteigen lassen. Die Frage, die uns zunächst hier interessiert: Wie kannst du ein schlechtes Gefühl schnell vertreiben? Dazu prüfen wir, was schlechte Gefühle auslösen kann.

Gedanken, die ein ungutes Gefühl hervorrufen:

> Ich habe in letzter Zeit nichts für mich getan, weder für meine Gesundheit noch für die Fitness.
> Ich fühle mich in letzter Zeit zu träge und zu müde.
> Ich habe das Gefühl, zu wenig zu schaffen. Alle anderen schaffen oder erleben gerade mehr als ich.
> Der Tag heute war unstrukturiert, ich habe nichts Produktives zustande gebracht.
> Ich verschwende zu viel Zeit mit sinnlosen Sachen.
> Ich fühle mich allein, da ich zu wenige menschliche Kontakte habe.

Es kann also sein, dass dein vorangegangener Tag oder mehrere Tage so verlaufen sind. Vielleicht hast du in den ersten Minuten nach dem Erwachen einen inneren Film gesehen, in dem du dich zum Beispiel mit jemandem verglichen hast. Oder du hast dir sogar die letzten Wochen vor Augen gehalten, die nicht optimal waren. Du bist vielleicht im privaten und/oder beruflichen Bereich unzufrieden mit dir.

Du hast in diesem Buch bereits lernen dürfen, wie du mit dem Entwerfen von Visionen, mit dem Setzen von Zielen und dem Ausräumen von Hindernissen Veränderungen bewirken kannst. Doch du bist nicht gefeit vor Tagen, an denen du dich auch mal schlecht fühlst. Und um die Anzahl solcher Tage zu reduzieren, kannst du an zwei Stellschrauben arbeiten: positive Rituale in deinen Tag einbauen und generell mehr für deine Gesundheit und Ernährung tun. Denn wie schon die alten Griechen wussten, in einem gesunden Körper lebt ein gesunder, und ich setze hinzu glücklicher, Geist.

Deswegen habe ich mir ein paar Schlüsselaktivitäten in meine tägliche Routine eingebaut, mit denen ich auch das kleinste negative Gefühl wegblase.

Die Stunde der Kraft – Morgenritual

Wenn ich morgens aufwache (der Wecker steht übrigens nicht direkt am Bett), pflege ich ein ganz klares und wie automatisch ablaufendes Ritual. Ich nenne es meine Stunde der Kraft: Ich stehe auf und gehe in die Küche, um Wasser aufzusetzen. Nach einer kurzen Morgentoilette trinke ich zwei große Gläser Wasser: Ich mische ein Drittel kochendes Wasser mit zwei Dritteln kaltem Wasser. Das warme Wasser wird sofort vom Körper resorbiert und gleicht den Flüssigkeitshaushalt aus. Kaltes Wasser würde länger im Magen verweilen, weil der Körper es erst erwärmen muss. Der zweite Vorteil von warmem Wasser: Der noch leere Darm wird durchgespült und gereinigt.

Danach mache ich 15 Minuten Yoga, und zwar mehrmals den Sonnengruß. Aufgewärmt und gedehnt rolle ich mich dann noch circa 15 Minuten mit meiner Blackroll aus. Nach diesen 30 Minuten fühle ich mich prächtig, bin ausbalanciert und weiß, dass dieser Tag kraftvoll wird. Mit diesem guten Grundgefühl meditiere ich noch

15 Minuten, und abschließend plane ich die Tagesaktivitäten, geleitet von diesen Fragen:

> Was wird heute der entscheidende Unterschied zu anderen Tagen sein? Was sind meine Meilenstiefel-ToDos? Wenn ich nur zwei Dinge erledigen würde, welche wären es, um diesen entscheidenden Unterschied auszumachen?

> WAND-Prinzip: Was ist »wichtig, aber nicht dringlich«? Eine Sache davon plane ich entweder für diesen Tag oder für die nahe Zukunft – möglichst für dieselbe Woche – und trage den Termin sofort in meinen Kalender ein.

> Womit werde ich mir heute eine Freude bereiten? Dies können Dinge sein wie Sport, sich mit einem guten Freund treffen, ein heißes Date mit meiner Herzensdame haben oder eine Thai- oder Lomi-Lomi-Massage genießen. Es sind Sachen, die auf meiner »100-Energie-Engel-Liste« stehen.

> Was kann ich heute tun, um anderen eine Freude zu bereiten, oder was kann ich Gutes für diesen Planeten tun? Ich erledige neben meinen bezahlten Coachings, Seminaren und Vorträgen auch immer wieder Gratis-Dienstleistungen für Institutionen oder Menschen, die es sich noch nicht leisten können.

> Worin möchte ich heute besser werden beziehungsweise was möchte ich heute lernen? In der heutigen Zeit, wo Kreativität und Information so entscheidend für den Erfolg sind, sind Fortbildung und Weiterentwicklung absolut erfolgsentscheidend.

Bewegung als Erfolgsritual

Dieses Morgenritual ergänze ich um zwei weitere tägliche Rituale: zum einen die *tägliche Trainingseinheit*. Für mich ist Bewegung ein Lebenselixier. Drei Tage ohne Sport und Bewegung, und du magst mir nicht begegnen. Grrrr. Nein, im Ernst, Bewegung gehört zur menschlichen Natur. Ich fühle in meinen Körper hinein und frage mich: Was möchte ich heute trainieren? Wie fühlt sich mein Körper an? Welches Training habe ich schon länger nicht absolviert? Welches Training wird heute den besten Input geben? Das zweite Ritual hängt davon ab, welche Projekte ich gerade auf dem Tisch habe. Das kann etwas Privates oder auch Berufliches sein. Derzeit ist es das tägliche Schreiben an diesem Buch. Meist plane ich es direkt nach meiner Kraftstunde am frühen Morgen ein, wenn noch nicht so viele störende Einflüsse von außen da sind. Als ich auf Mallorca lebte, war es das Lernen spanischer Vokabeln.

Training, Training und noch mal Training

Wenn du an einem IRONMAN®-Wettbewerb teilnehmen möchtest, musst du vorher trainiert haben, um die enorm großen Distanzen in den Disziplinen Schwimmen, Radfahren und Marathon durchzuhalten. Und du weißt auch, dass du bestimmte Zeiten erreichen musst, wenn du dich für die Weltmeisterschaften auf Hawaii qualifizieren möchtest. Es gibt mittlerweile 30 Qualifikationswettkämpfe. Jeder Qualifikations-IRONMAN®-Wettbewerb vergibt je nach Größe und Teilnehmerzahl zwischen 30 bis 100 Quali-Plätze. Das bedeutet, je nach Größe deiner Altersgruppe musst du einen der ersten drei bis maximal zehn Plätze ergattern, damit du nach Hawaii kommst. In meiner Altersgruppe (45–50) lag die Qualifikationszeit im Jahr 2012 in Florida bei 9:15 Stunden. Um dieses Ziel zu erreichen, darfst du genügend Talent mitbringen und viel und intelligent trainieren. Ohne ein Mindestmaß an Training kommst du nicht auf diese Zeiten. Ich bin stets – wie oben erwähnt – mit 10 Stunden ausgekommen, aber andere trainieren dafür 15 bis 25 Stunden pro Woche. Trainieren ist aber nicht nur für sportliche Ziele wesentlich: Wenn du in deinem Job als Unternehmer oder Selbstständiger erfolgreich sein möchtest, darfst du deine Wirksamkeit auch durch ein intelligentes Training erhöhen. Du darfst deine Schlüsselqualifikationen und Tätigkeiten trainieren, die dir mehr Kunden, mehr Umsatz und hoffentlich auch mehr Gewinn verschaffen.

Bei mir als Speaker, Trainer und Coach gibt es zwei Schlüsselqualitäten für mehr Umsatz:

1. Meine Vorträge, Seminare und Coachings noch besser, wirksamer und unterhaltsamer gestalten, denn das erhöht die Empfehlungsrate mit der Begründung: »Den müssen Sie mal buchen.«

2. Mehr Kontakt mit potenziellen oder bestehenden Kunden suchen, etwa Kuschelcalls machen und mein Marketing so gestalten, dass ich von potenziellen Kunden wahrgenommen werde: Ob das nun ein neues Buch ist, Veröffentlichungen in Fachmagazinen, TV-Auftritte oder Vorträge auf Netzwerk-Veranstaltungen. Die Möglichkeiten sind vielfältig.

Nur eines ist klar: Ich darf etwas anders tun als in der Vergangenheit, denn auch die Speaker-Branche verändert sich von Jahr zu Jahr in großen Schritten! Und das bedeutet einen anderen Aufwand, also Training.

Beim physischen Training frage ich mich auch stets: Was werde ich heute tun, damit ich den größten Impact auf meine Physis erreiche, damit der Körper sich anpasst beziehungsweise noch besser funktioniert?

Viele Triathleten trainieren jede Woche stundenlang bei einer Pulsfrequenz von 130 und einer Trittfrequenz (Radfahren) von 90 Umdrehungen pro Minute. Irgendwann kann der Körper das. Ich habe mir immer überlegt, welchen Parameter ich so verändere, dass mein Organismus einen kleinen Schock erleidet und »sich fragt«: »Was ist das denn, so schnell habe ich ja noch nie die Pedale bewegt, ich muss mich an die neue Geschwindigkeit anpassen.«

Also kann es sinnvoll sein, manchmal nur 30 Minuten bei einer Trittfrequenz von 120 Umdrehungen zu fahren, als immer wieder vier Stunden lang das Gewohnte abzuspulen. Was das für dich bedeutet? Nun, Bewegung bedeutet Leben, und sich maßvoll und richtig zu bewegen bringt positive Veränderungen in dein Leben.

Sokrates, der Geher

Von dem griechischen Philosophen Sokrates ist überliefert, dass er nie Sitzungen abgehalten hat. Er lud gern zu Gehungen ein und bewegte sich auch sonst gerne. Wir können das leider nur noch selten bei politischen Verhandlungen sehen. Wenn zwei Menschen, die verschiedene Auffassungen vertreten, sich nicht frontal gegenübersitzen, sondern gemeinsam eine Wegstrecke zurücklegen, macht das etwas mit den beiden. Es ist ein anderes Gefühl, sie bewegen sich wortwörtlich in die gleiche Richtung, müssen auch ihre Schritte einander anpassen. Das erleichtert es, auch mental und gedanklich einen gemeinsamen Weg zu gehen und Lösungen für ein Problem zu finden. Das Gehen erhöht außerdem wesentlich die Durchblutung des Gehirns, und der Körper entspannt sich bei leichter Bewegung. Es werden Hormone freigesetzt, welche die Kreativität fördern (etwa ACTH), und mit erhöhter Kreativität lassen sich schneller und einfacher gemeinsame Lösungen finden. Vielleicht übernimmst du das gemeinsame Gehen in dein berufliches oder in dein privates Leben, um leichte Unstimmigkeiten oder Streitfragen zu klären? Oder um ein kreatives Brainstorming zu machen?
Übrigens scheint das regelmäßige gemeinsame Gehen auch ein Erfolgsrezept für lange und gute Beziehungen zu sein. Ich habe mit vielen, langjährig glücklichen Paaren darüber gesprochen, was das Geheimnis ihrer Beziehung ist. Sehr oft hörte ich: Wir gehen jeden Tag eine kleine Runde miteinander spazieren und tauschen uns dabei über das Erlebte und Gefühlte aus. Also: Let's walk!

Gesundheit als Basis für dein Erfolgstraining

Was bedeutet für dich Gesundheit? Ist Gesundheit für dich gleich Energie? Oder bedeutet sie nur die Abwesenheit von Krankheit? Kannst du dich trotz einer vorübergehenden oder sogar chronischen Erkrankung gesund fühlen? Bedeutet Gesundheit für dich vielleicht sogar, morgens aus dem Bett zu springen, dich mit hoher Energie auf den Tag vorzubereiten und beim Sprung ins Taxi, wenn du nach deinem Ziel gefragt wirst, zu antworten: »Egal wohin, ich werde überall gebraucht.« Hast du diese überschüssige Lebensenergie?

Wir nehmen Gesundheit gewöhnlich als selbstverständlich hin und merken erst, wie wichtig sie ist, wenn sie nicht mehr da ist. Das kann schon bei kleinen Infekten anfangen – und bei lebensbedrohlichen Erkrankungen enden. Und was dann?

»Der Doktor wird es schon richten. Er gibt mir bestimmt ein gutes Medikament.«

Nur leider laufen Gesundheit und Medizin nicht immer Hand in Hand. Im Gegenteil. Fehlmedikationen und medizinische Fehltherapien liegen bei den Todesursachen in den zivilisierten Ländern an dritter Stelle. Ja, da staunst du. Habe ich auch, als ich das erste Mal davon gelesen habe und es nicht glauben konnte. Nach Herz-Kreislauf-Erkrankungen und Krebs kommt schon der medizinisch verursachte Tod. Und neben falscher Behandlung und misslungenen Operationen gibt es noch wunderbare Medikamente mit klitzekleinen Nebenwirkungen.

Aber: Nebenwirkungen gibt es nicht! Es gibt nur Wirkungen! Punkt.

Damit du mich richtig verstehst, ich bin ein Fan der modernen Medizin. Es grenzt manchmal an ein Wunder, was die moderne Apparatemedizin vermag. Nur hat sie eben auch ihre Schattenseiten, und über die darfst du dich auch informieren. Da, wo Licht ist, ist auch Schatten. Wie viel Verantwortung möchtest du für deine

Gesundheit übernehmen? 100 Prozent? Dann darfst du etwas dafür tun. Es geht im Alltag los.

Kalorien garantiert, Bewegung vielleicht

Du gehst morgens an deinen Frühstückstisch. Und sitzt. Du fährst mit dem Auto zur Arbeit. Und sitzt. Du fährst mit öffentlichen Verkehrsmitteln zur Arbeit. Und setzt dich hin, wenn ein Platz frei ist. Du kommst ins Büro beziehungsweise an deinen Arbeitsplatz. Und sitzt. Du gehst in die Mittagspause. Und sitzt beim Essen. Und so weiter und so weiter.

Wir sitzen den Großteil unseres Lebens. Nur leider ist die Position alles andere als ideal für unsere Anatomie. Die Wirbelsäule ist dafür nicht gebaut beziehungsweise hat sich über Millionen von Jahren für andere Belastungen entwickelt, für Bewegungen aller Art, vor allem für das Laufen.

Seit Jahrmillionen haben wir uns jeden einzelnen Tag bis zu zwölf Stunden bewegt. Damals – sicher kannst du dich noch daran erinnern – sind die Männer dem Mammut hinterhergelaufen, und die Frauen haben die Höhle geputzt beziehungsweise Wurzeln und Beeren vor der Höhle ausgegraben und gepflückt. Dann kam die Zeit des Ackerbaus. Entwickelt wie wir waren, haben wir jeden Tag das Feld bestellt, frühmorgens die Tiere hinausgetrieben und spätabends wieder in die Ställe geholt. Und dann gegebenenfalls noch gefüttert und gemolken. Auch hier waren wir durchschnittlich bis zu zwölf Stunden am Tag körperlich sehr aktiv.

Und dann kamen Microsoft und der PC. Und innerhalb einer Generation bewegen wir uns als Stadtmenschen nun durchschnittlich nur noch 25 Minuten am Tag. Das hat logischerweise Konsequenzen für alle Funktionen und Systeme unseres Körpers, für unseren Stoffwechsel, für unser Skelett und die Muskulatur, für unser Herz-Kreislauf-System und vor allem für unseren Hormonhaushalt. Nun ist es aber so, dass unsere Gene etwa 70 Generationen benötigen, um sich anzupassen – so die Genforschung.

Früher war also Bewegung garantiert, Ernährung vielleicht. Und jetzt ist Ernährung garantiert, Bewegung vielleicht.

Wir sind zivilisiert – inklusive Zivilisationskrankheiten: Diabetes mellitus (Zuckerkrankheit), Hypertonie (Bluthochdruck), Adipositas (Fettleibigkeit), Apoplex (Schlaganfall) ... die Liste ist unendlich lang. Alle Krankheiten sind das Ergebnis eines Missverhältnisses von Bewegung und Ernährung.

Mit diesen beiden Faktoren sieht es also im normalen zivilisierten Alltag nicht gerade gut aus. Und unsere mentale Einstellung kommt auch noch erschwerend hinzu: Du weißt ja inzwischen, dass wir Informationen nicht nicht verarbeiten können. Was ich meine?

Ein Beispiel: Du stehst als Mann auf der Toilette an einer Raststätte und schaust beim Pinkeln an die Wand. Und was hängt da? Ein Werbeplakat, das dir sagt, mit deiner Prostata sieht es schlecht aus, wenn du älter wirst. Dieses Plakat begegnet dir immer wieder. Was wirst du also irgendwann glauben? Dass es schlechter wird. Und dann wird es auch so sein.

Das Einzige, was dich vor diesem »Schicksal« der Prostata-Schwäche schützt? Bewusstheit. Wahrnehmen, was ist und was die Firmen versuchen, in dein Gehirn zu drücken, um dir Produkte zu verkaufen, die du nicht brauchst. Und Beckenbodentraining. Fertig.

Du hast dich entschlossen, Verantwortung für deine Gesundheit zu übernehmen? Gut. Dann darfst du dein Verhältnis von Bewegung, Ernährung und mentaler Kraft noch einmal komplett überdenken. Wie du aus Bewegung Training werden lässt, dazu kommen wir jetzt.

1,19 Prozent mit 100 Prozent ROI

Du hast pro Woche 168 Stunden Zeit, dein Leben zu gestalten. Viele wissenschaftliche Untersuchungen zeigen, dass schon ein Minimalprogramm für eine zufriedenstellende Fitness und den Erhalt und die Stabilisierung unserer Gesundheit ausreicht: Wenn du nur drei Mal pro Woche jeweils 30 Minuten lang dein Herz-Kreislauf-System mit Walken, Joggen, Radfahren, Inlineskatefahren oder einem anderen Ausdauersport trainierst, reicht das vollkommen aus. Die Muskulatur ist sehr wichtig für die Körperstabilität, und kräftige Muskeln entlasten die Gelenke. Gerade im Alter ist das relevant. Damit deine Muskeln erhalten bleiben oder bei jahrelanger Vernachlässigung neu gebildet werden, brauchst du maximal zwei Trainingseinheiten pro Woche von nur 15 Minuten. Ja, da staunst du, was? Nur 30 Minuten Training in der Woche für deine Muskeln! Mit dem Herz-Kreislauf-Training sind das also nur ganze zwei Stunden pro Woche, um fit und gesund zu bleiben. Mehr geht natürlich immer. Doch zwei Stunden sind das Minimum. Und das sind genau 1,9 Prozent deiner Wochenzeit. Und diese Zeit hast du! Lass nur einfach ein bisschen TV-Konsum und Facebook weg, und schon hast du wahrscheinlich sieben bis 14 Stunden pro Woche, um Sport zu treiben.

TIPP für dein Minimal-Sportprogramm	
Muskeltraining:	2 x pro Woche für je 15 Minuten
Herz-Kreislauf-Training:	3 x pro Woche für je 30 Minuten
Summe	2 Stunden pro Woche

Und jetzt kommt etwas Spannendes: Wenn du schon ein paar Jahre keinen Sport mehr getrieben hast, wird sich deine Leistung in nur zwölf Wochen verdoppeln. Bei diesem geringen Zeitaufwand von nur 2 Stunden pro Woche! Das sind 100 Prozent ROI (*Return on Invest*), du bekommst also für deine verhältnismäßig geringe Investition etwas sehr Wertvolles zurück, nämlich deine Gesundheit und Fitness.

Noch einmal: Das heißt, wenn du morgen zu trainieren anfängst – morgens oder abends, wie es zu dir passt –, wird sich deine Kraft in den kommenden zwölf Wochen verdoppeln. Genial – oder? Stell dir vor, die Schwerkraft würde sich in den nächsten drei Monaten für dich halbieren. Dann »fliegst« du nicht mehr die Treppen hinunter, sondern hinauf! Du lernst ein komplett anderes Lebensgefühl kennen.

Hier nun eine kleine Übersicht, was allein das Krafttraining bewirken kann, wenn du gleich morgen damit beginnst.

40 gute Gründe für regelmäßiges Muskeltraining

1. Hebt deine Stimmung
2. Stärkt das Selbstbewusstsein
3. Durchblutet dein Gehirn besser
4. Verbessert deine Lernfähigkeit
5. Stärkt deine mentale Fitness
6. Verbessert dein Gedächtnis
7. Mindert Suchtverhalten
8. Macht glücklich
9. Macht dich produktiv
10. Erhöht deine Konzentrationsfähigkeit
11. Verscheucht Depressionen
12. Erhöht deine Energie
13. Erhöht deine Leistungsfähigkeit allgemein
14. Erhöht deine beruflichen Leistungen
15. Reduziert dein Schmerzempfinden
16. Hilft bei der Ernährungsumstellung
17. Erhöht die sexuelle Lust und Erlebnisfähigkeit
18. Macht dein Leben spannend
19. Verbessert deine Lebensqualität
20. Hält deinen Körper fit
21. Stärkt deine Gelenke
22. Lässt Kraft wachsen
23. Strafft dein Bindegewebe
24. Hat einen Anti-Aging-Effekt
25. Stärkt und kräftigt deine Knochen
26. Stärkt deinen Herzmuskel
27. Verbessert deine Körperhaltung

28. Lindert Rückenschmerzen	34. Reduziert das Schlaganfall-risiko
29. Verhindert Muskelschwund	
30. Stärkt dein Immunsystem	35. Optimiert deine Blutwerte
31. Reduziert Stresshormone	36. Reduziert dein Krebsrisiko
32. Kurbelt die Endorphin-Produktion an	37. Senkt deinen Blutdruck
	38. Verbessert deine Durchblutung
33. Fördert die Produktion von Wachstumshormonen	39. Reduziert dein Diabetesrisiko
	40. Reduziert dein Alzheimerrisiko

40 gute Gründe für regelmäßiges Muskeltraining

Homo Fahrstuhlensis

Es gibt auf diesem Planeten eine Spezies, die im Alltag jede nicht absolut notwendige Bewegung meidet, um dann gezielt an einem Ort mit schlechter Luft, Kunstlicht und ohne Naturerlebnis diese mangelnde Bewegung mit Musik im Ohr auf einem Stepper auszugleichen: der *homo fahrstuhlensis*.

Ist das nicht grotesk? Ist das nicht weit entfernt vom gesunden Menschenverstand, mit dem Fahrstuhl ins dritte Obergeschoss des Fitnessstudios zu fahren, um sich nach dem Umziehen stundenlang auf einen Stepper zu stellen? Oder jede noch so kleine Strecke mit dem Auto zu fahren, um sich dann in einem kleinen, dunklen Raum mit sehr lauter Musik, stickiger Luft von einem Trainer beim SPINNING® anschreien zu lassen, mehr Widerstand reinzunehmen? Oder den Einkaufswagen des nahe gelegenen Supermarkts bis zum Auto zu rollen, die schweren Tüten einzuladen und zwei Stunden später im Fitnessstudio an gelenkunfreundlichen Maschinen Gewichte zu stemmen?

Der Mensch ist eine seltsame, eigensinnige Spezies!

Training anstelle Bewegung

Von 100 Menschen, die ins Fitnessstudio gehen, erreichen durchschnittlich nur fünf Prozent ihre Ziele, die sie sich bei Eintritt vorgenommen hatten. Sei es, die Rückenbeschwerden zu lindern, Fett abzubauen oder Muskeln aufzubauen. Das ist ein Armutszeugnis für die Fitness-Industrie! Ich kann die Gründe dafür jeden Tag, den ich in den unterschiedlichsten Studios in Europa verbringe – wegen meiner Seminare und Vorträge –, live miterleben. Da wird gewuchtet, und es werden mit einer Ausdauer an Geräten Gewichte bewegt, dass ich mich manchmal frage, ob diese Menschen einen Marathon an dem Gerät absolvieren wollen. Sicher werden sie zu Beginn des Trainings eine kleine Veränderung spüren. Im Verhältnis zum Aufwand allerdings eine sehr geringe.
Woran liegt das?

Schnellkurs in Sachen Fitness

Fitness ist ein sehr komplexes Geschehen aus den sechs Faktoren Schnelligkeit, Kraft, Ausdauer, Koordination, Beweglichkeit und Ernährung. Eine gesunde Fitness darf alle Faktoren berücksichtigen. Was nützt dir die Ausdauerfähigkeit für einen Marathon, wenn du so unbeweglich bist, dass du deine Schuhe nicht mehr zubinden kannst? Oder, wenn du die Kraft eines Ochsen hast, aber vor lauter Muskeln nicht mehr deinen Rücken kratzen kannst? Was nützt dir ein intensives Training, wenn du nicht die für die Regeneration notwendigen Nährstoffe aufnimmst? Ein extremes und abschreckendes Beispiel sind Magersüchtige, die stundenlang im Studio trainieren und zu wenig essen – oft bis zum Tod. (Übrigens: Wenn ich Besitzer eines Studios wäre, würde ich Verantwortung übernehmen und Magersüchtige nur mit psychologischer Unterstützung und Ernährungsüberwachung trainieren lassen.)

Machen wir einen kleinen Schnellkurs in Sachen Fitness. Da du ja jetzt nicht sechs Semester Sport studieren möchtest, schenke ich dir den wertvollsten Extrakt auf wenigen Seiten. Du siehst also, wie viel Geld und Zeit du mit diesem genialen Buch sparst, oder?

Scherz beiseite! Die folgenden fünf Bewegungsfaktoren darfst du laut wissenschaftlicher Erkenntnis nur in dieser Reihenfolge beim Training berücksichtigen. Schnelligkeit vor Koordination; Kraft vor Ausdauer; Ausdauer vor Beweglichkeit.

Aber: Diese Betrachtung berücksichtigt nur den Aspekt der mentalen beziehungsweise neuromuskulären Ermüdung. Das Ziel des Trainierenden ist hier nicht berücksichtigt. Damit du erkennst, wie wichtig die Reihenfolge der unterschiedlichen Trainingsinhalte ist, gebe ich dir zuerst einmal eine Übersicht der Faktoren.

Die wichtigsten Trainingsfaktoren

Schnelligkeit
Koordination
Kraft
Ausdauer
Beweglichkeit
Ernährung

Nun habe ich ja gesagt, dass die Reihenfolge vom Ziel abhängig ist, und somit können wir die in der sportwissenschaftlichen Literatur empfohlene Reihenfolge komplett auf den Kopf stellen. Normalerweise empfehlen Sportwissenschaftler – übrigens immer noch Standard in 99 Prozent der deutschen Studios –, Kraft vor Ausdauer zu trainieren. So sehen dann auch die Pläne aus: Zuerst 10 Minuten aufwärmen (und allein das ist schon absoluter Quatsch, doch dazu später mehr); anschließend etwa sechs bis zehn Übungen mit drei Sätzen à 20 Wiederholungen; dann noch mindestens 30 Minuten Ausdauertraining.

Nun dürfen wir uns fragen, was der häufigste Grund ist, warum jemand ins Fitnessstudio kommt? Er oder sie will abnehmen, genauer gesagt Fett reduzieren, die Fettzellen entleeren.

Vorsicht Trainingsfalle!

Warum ist dann dieses Standardprogramm solch ein Bullshit?

1. Wir wissen mittlerweile, dass sogenannte Prep-Übungen (von englisch *preparation*, Vorbereitung) die Gelenke und den Körper auf intensive Belastungen viel besser vorbereiten, als es das Walken auf dem Laufband je tun kann; die Körperkerntemperatur erhöht sich beim Laufen nur um wenige Stellen hinter dem Komma. Also können wir hier nicht wirklich von Erwärmung sprechen. Der einzige Grund, der für ein Aufwärmtraining spricht, ist die Reduktion des Stresshormons Cortisol nach einem anstrengenden Tag, da Cortisol die Fettverbrennung hemmt und den Muskelaufbau unmöglich macht. Gleichzeitig darf ich die Gelenke mit meinem Aufwärmtraining ölen, schmieren, schlüpfrig machen.

   Aber: Die vermehrte Produktion von Synovia – der Gelenkschmiere – beginnt erst so richtig nach 20 Minuten. Es ist also effizienter, sich zum Beispiel mit Ausfallschritten und gleichzeitig dehnenden und muskelbelastenden Bewegungen aufzuwärmen. Du beginnst schnell zu schwitzen.

2. Bei sechs bis zehn Übungen mit drei Sätzen und 20 Wiederholungen und zwei Minuten Pause dazwischen (was Anfängern zu 99 Prozent empfohlen wird) bist du summa summarum bei knapp 90 Minuten angekommen. Da haben einige der Trainer nicht aufgepasst in der Physiologie. Denn: Wenn du intensiv trainierst, sinkt der Wert des Hormons Testosteron immer mehr. Warum wohl trainieren Bodybuilder nie länger als 45 Minuten? Du weißt ja, dass Testosteron wichtig für den Muskelaufbau ist

und somit die Voraussetzung für mehr Muskeln, die dann wiederum mehr Fette verbrennen können. Aber wenn ich den Testosteronspiegel im Blut in den Keller haue, wie soll das dann noch funktionieren? Doch jetzt kommt noch etwas wirklich Schwachsinniges.

3. Nach dem oben skizzierten Programm (!) soll ein Gesundheitssportler, der Fett reduzieren möchte, auch noch fleißig für mindestens 30 Minuten auf den Stepper gehen – wegen der Ausdauer und so ...? Hallo? Da ist also jemand mit Aufwärmen, Muskeltraining und Ausdauer mindestens zwei Stunden im Studio beschäftigt. Und danach ist dann auch noch Wellness angesagt – wegen der Entspannung und so. Zu Hause wartet vielleicht die ganze Familie geduldig auf den Vater – oder die Mutter – und freut sich, dass er/sie endlich wieder Sport treibt ... Aber wie geduldig ist die Familie, wenn das vier Mal pro Woche geschieht? Mit An- und Abreise, Duschen und Wellness bedeutet das für die Lieben zu Hause, eine gefühlte Ewigkeit von vier Stunden auf das Familienmitglied zu warten.

Das ist nur der eine Grund, weshalb solche Trainingsempfehlungen unsinnig sind. Der andere ist, dass sich nach einem Kraftausdauertraining, also bei 20 Wiederholungen pro Übung, bei entsprechender Intensität sehr viel Laktat in den Muskeln bildet. Und Laktat blockiert leider die Fettverbrennung. Ein untrainierter Anfänger wird also 30 Minuten auf dem Stepper alles andere tun, als Fett zu verbrennen.

Wenn dir Fitness wichtig ist und du nicht so viel Zeit hast dafür, dann bist du nicht allein mit deiner Frustration darüber, dass dein Fett trotz Training im Studio nicht schwinden will. Du darfst darüber nachdenken.

Themenwechsel: Warum existieren überhaupt so viele Fitnessstudios? Weil ein großer Teil der Mitglieder zwar bezahlt, aber nicht hingeht. Wenn alle hingehen würden, hätte die Branche ein Problem. Ist das nicht verrückt? Da gibt es ein Geschäftsmodell, bei dem Menschen etwas bezahlen, was sie nicht nutzen. Nun, ich weiß, du wirst in Zukunft nicht mehr zu diesen Menschen gehören, die dieses Modell unterstützen. Denn du wirst regelmäßig trainieren.

Bewegung, Epigenetik und Gesundheit

Bewegung heißt ein erfolgreiches Buch von Jörg Blech. Darin stellt der Autor auf über 200 Seiten die unterschiedlichsten Krankheitsbilder vor. Das Spannende aber ist: Er vergleicht die Heilwirkung der Schulmedizin und die heilende Wirkung von Bewegung beziehungsweise Sport auf diese Krankheiten. Um es kurz zu machen: Die Medizin hat bei allen gängigen Zivilisationskrankheiten keine Chance im Vergleich zur heilenden Kraft von Bewegung. Wenn dich die Details interessieren, kann ich dir das Buch wärmstens empfehlen. Und in dem Zusammenhang können wir gleich einmal einen Glaubenssatz auflösen. Denn wenn du jetzt sagst, man habe Gesundheit eben oder nicht, es seien die Gene, dann irrst du. Epigenetik darf keine Ausrede sein:
»Das habe ich von meinen Eltern, die waren auch schon übergewichtig, hatten auch Zucker ...«, oder: »Dafür kann ich nichts, dass ich so schnell zunehme. Das ist meine schlechte Darmflora.« Oder: »Ich habe eben schwere Knochen.«
Ja, es gibt eine genetische Disposition, also eine Neigung beziehungsweise erbliche Anlage. Aber welche Faktoren spielen dabei eine Rolle, wenn diese Neigung sich real ausdrückt?
Das ist die alte, heiß geführte Diskussion, ob die Gene oder das Verhalten schuld sind. Gesundheit ist in meiner Realität das Ergebnis von Bewegung, Ernährung, Gedanken – und ein bisschen Genetik und Umwelt.
Bruce Lipton war zwanzig Jahre Zellforscher. Dabei hat er interessante Beobachtungen gemacht. Zum Beispiel fand er heraus, dass

Zellen auch ohne Zellkern überleben. Und das, wo wir doch Jahrzehnte davon ausgingen, dass der Zellkern die Lebenszentrale der Zelle ist. Weit gefehlt. In seinen Experimenten zeigte sich, dass es umgekehrt ist. Der Zellkern reagiert auf Reize, die von der Zellmembran ausgelöst werden. Und die Membran wird primär von folgenden Faktoren beeinflusst:
Im negativen Fall von Toxinen, also Giftstoffen und Strahlung. Im positiven Fall von guten Mikro- und Makro-Nährstoffen wie Antioxidantien und Spurenelementen auf der einen Seite und Omega-3-Fettsäuren und Proteinen auf der anderen Seite. Ich nehme seit meinem 19. Lebensjahr Nahrungsergänzungsmittel. Seit mehreren Jahren nun schon die Produkte der Firma Life Plus, den Link findest du auf der Seite 288. Zu guter Letzt spielen auch unsere Gedanken eine wichtige Rolle: Wir können durch Konzentration – wie bei einer Meditation oder einer »Kraftort-Visualisierung« – unsere Hormonausschüttung positiv beeinflussen – so wie wir auch gedanklich unsere Durchblutung lokal steuern können.

Diese Faktoren werden wiederum mehr oder weniger von unserer Bewegung beeinflusst: Toxine werden besser abtransportiert, wenn der Stoffwechsel angeregt ist; Mikro- und Makro-Nährstoffe gelangen schneller zu den Zellen, wenn der Blutkreislauf angeregt ist; gute Gedanken und Gefühle entstehen, wenn der Mensch in Bewegung ist. Bewegung ist somit die beste Medizin. Wenn du neugierig geworden bist, höre dir den Vortrag von Professor Lipton an: https://www.youtube.com/watch?v=J_cgEru_rXE

Was dir spätestens nach diesem Vortrag klar ist: Du bist für deine Gesundheit selbst und ganz allein verantwortlich, und es kann sehr viel Spaß machen, sich darum zu kümmern und sich einfach besser und energetischer zu fühlen. Schlage deinen genetischen Anlagen ein Schnippchen, erfreue dich an einem anderen Spiegelbild, als es deine Eltern möglicherweise hatten. Dein ideales Spiegelbild erreichst du weder mit einem falschen Training im Fitnessstudio, noch mit Diäten. Denn ...

Warum Diäten nicht funktionieren

Es gibt die Ananas-Diät, die Kohlsuppen-Diät, die FDH (Friss-die-Hälfte)-Diät, die Saft-Diät, die 1.000-Kalorien-Diät ... es soll angeblich über 5.000 registrierte Diäten geben. Was haben sie gemeinsam? Sie funktionieren nicht ... jedenfalls langfristig nicht! Ja, die Fett-Verlust-Willigen nehmen Gewicht ab. Nur geht das auch schneller: Lass dir ein Bein abnehmen, dann hast du Gewicht verloren. Ha, denkst du, sehr witzig! Aber dieses grausame Bild hat einen tieferen Sinn: Wenn du eine Diät machst und dabei nicht auf deine Nährstoffe und vor allem auf deine Eiweiß-Aufnahme achtest, nimmt automatisch die Muskelmasse ab. Das ist der Schutzmechanismus, den dein Körper über Millionen von Jahren entwickelt hat. Nun ist aber genau die Muskulatur der *einzige* (!) Ort, wo du Fett verbrennen kannst.

Und genau davon hast du dann weniger nach deiner Diät. Und deswegen nimmst du danach *noch* schneller zu. Und meist »schießt« dein Gewicht auch über das Anfangsgewicht deiner Diät hinaus. Wenn du dir ein Bein abnehmen lassen würdest, hättest du etwa ein Siebtel deiner Gesamtmuskulatur verloren. Die Wirkung wäre die gleiche, es würde dir an fettvernichtenden Zellen fehlen.

Diät kommt aus dem Griechischen (*díaita*) und bedeutet Lebensführung, Lebensweise. Aber wer will schon seine Lebensweise dahingehend ändern, indem er nur noch Ananas isst?

Für mich sind Diäten nur sinnvoll, wenn sie gut begründet folgende Zwecke erfüllen:

1. Entgiftung des Organismus
2. Schnelle Fettreduktion ohne Muskelverlust
3. Als Dauerform der Ernährungsumstellung mit speziellem Fokus
4. Bei der Unverträglichkeit von einem oder mehreren Inhaltsstoffen wie Gluten oder Laktose.

Es gibt Diäten, die schnell funktionieren.

Fast Food statt *Fertig*food

Fast Food ist nicht gleich Fast Food. Übersetzt bedeutet das ja nur, dass die Nahrung schnell zuzubereiten und schnell zu essen ist. Natürlich ist ein Hamburger, den du im Restaurant oder Drive-in bestellst, schnell hergestellt und auch gegessen. Das ist die eine Seite von Fast Food. Wie du dich danach fühlst, weißt du. Schon nach wenigen Minuten wird dir übel, oder du bekommst wieder oder noch mehr Hunger. Denn du hast deinem Körper zwar eine Menge Füllstoffe gegeben, aber keine echten Nährstoffe. Und dein Körper lässt sich nun mal nicht veräppeln. Er wird sich melden: »Gib mir mehr.« Was er auch sagt, ist: »Gib mir was Vernünftiges.« Doch da bist du schon wieder wegen Unterzuckerung schwerhörig und stopfst dir die nächste Insulin pumpende Zwischenmahlzeit in den Mund.

Wenn du dir dagegen einen Smoothie im Mixer herstellst, geht das auch schnell. Du nimmst damit eine Vitalstoffbombe zu dir und wirst merken, wie lange du dich gesättigt fühlst. Der Unterschied besteht nicht unbedingt im Aufwand, in der Geschwindigkeit, sondern im Gehalt der Nährstoffe und der Lebensenergie.

Dass verarbeitete Lebensmittel eine geringere Energie haben, weißt du und kennst auch den gefühlten Unterschied ... hoffe ich!

Gesund, leicht und lecker – schnell

Es gibt mittlerweile so viele Möglichkeiten, dir ein gesundes, nährendes und sättigendes Essen in wenigen Minuten zuzubereiten. Auch für jemanden, der nicht wirklich kochen kann wie für mich, ist viel Abwechslung in der Küche möglich. Hier eine kleine Auswahl für gesundes Fast Food:

1. Tomate mit echtem (!) Büffelmozzarella und Basilikum
2. Omelette mit Frühlingszwiebeln oder Pfifferlingen – oder mit Salatgurke und Tomaten
3. Quark mit ein paar Waldbeeren, Honig und Nüssen (vor allem Walnüsse, Mandeln und Macadamia)
4. Smoothies in allen Variationen

Ich esse relativ einfach und standardisiert. Das vereinfacht das Kochen, und ich muss nicht so lange in der Küche stehen.

Smoothies und Powerfood

Ich liebe sie. Oft mache ich mir vor dem täglichen Training einen Eiweiß-Power-Smoothie: mit gefrorenen Waldfrüchten aus dem Biomarkt, 30 Gramm Eiweißpulver und ein bisschen Matcha-Tee. Vorher nehme ich ein Pflanzengranulat zusammen mit ein paar anderen Nahrungsergänzungsmitteln ein.

Mit einem Smoothie hat mein Körper alles, was er braucht, er ist schnell gemixt, ist gesund und ich habe Power für mein Training. Das setzt sich bei mir persönlich meist zusammen aus 30 Minuten Prep-Übungen, 30 bis maximal 45 Minuten Muskeltraining und eventuell noch einer kleinen HIIT (HochIntensives IntervallTraining)-Einheit beziehungsweise Tabata-Session (benannt nach dem Sportwissenschaftler Izumi Tabata), also kurze intensive Intervalle. Oder ich setze mich aufs Rad.

Zu Powerfood gehören die bereits erwähnten Chiasamen, kleine schwarze Samenkörner, die aussehen wie schwarzer Sesam. Nach meinem beschriebenen Morgenritual (zwei Gläser warmes Wasser nach dem Aufstehen und eine »Kraftstunde«) löffle ich die Chiasamen, meist mit Blaubeeren, ein wenig Honig und ein paar Mandeln. Lecker! Die Chiasamen habe ich am Vorabend ins Wasser gelegt, sodass sie über Nacht quellen können.

Lebens-Mittel anstelle Tot-Mittel

Stell dir vor, du hättest noch einen richtigen Bio-Apfel und würdest die Kerne in den Boden stecken und regelmäßig mit gutem Dünger und Wasser versorgen. Was würde passieren? Richtig, irgendwann würde ein neuer Apfelbaum wachsen.

So, und nun probiere das Gleiche mal mit einer Portion Apfelkompott. Da darfst du ewig warten.

Warum erzähle ich dir das? Damit dir deutlich wird, dass es einen Unterschied zwischen *Lebens*-Mitteln und verarbeiteten *Tot*-Mitteln gibt.

Unter *Lebens*-Mitteln verstehe ich unverarbeitete Nahrung, die noch lebt oder gerade noch gelebt hat. Wenn du etwas in deinen Einkaufswagen legst, das eine Nährstofftabelle und Inhaltsangaben auf der Verpackung hat, ist das Zeug tot! Und du wunderst dich dann über mangelnde Energie? *Lebens*-Mittel sind Obst, Gemüse, Eier, Sprossen, Samen, Kerne, Nüsse, Fisch und Fleisch. Punkt!

Ja, ich weiß, Fleisch ist ja auch tot ... nur wurde es – bei guter Qualität – noch nicht verarbeitet. Ich verspreche dir, wenn du mehr *Lebens*-Mittel isst, wirst du mehr *Leben*digkeit in deinem Leben spüren können. Mehr Energie haben. Deine Nahrung ist die beste Medizin, die du aufnehmen kannst. Die meisten Erkrankungen entstehen infolge eines grobstofflichen Mangels. Wenn du bisher also »Leeres« gegessen hast, darfst du dich nicht wundern, wenn du dich leer fühlst. Sorge in Zukunft für Nährstofffülle.

Außerdem weißt du bei den *Tot*-Mitteln nie, was drinsteckt, z.B. die ganzen E-Waffen, E235, E239, E250 ...

Low Carb anstelle Carboloading

Frage zehn Experten zu dem Thema Ernährung und du wirst mindestens elf unterschiedliche Antworten erhalten. Nur leider haben viele Experten ihre Zeit nur im Labor verbracht und zu wenig mit Menschen gearbeitet – geschweige, dass sie selbst leben, was sie erzählen.

Für mich ist erlebtes Wissen wahres Wissen. Ich schreibe nur über Dinge, die ich auch selbst ausprobiert habe beziehungsweise mit meinen Kunden erfahren habe. Ich bin und war schon immer Praktiker. Was geht und was nicht? Fertig.

Das wäre sonst so, als würde ich einen Sportler für die Teilnahme an einem Marathon coachen, wäre selbst aber nie einen gelaufen. Das geht zwar auch allein mit theoretischem Wissen, aber ich will doch den Sportler auch auf das Wechselspiel der Emotionen vorbereiten. Wie soll ich das, wenn ich dieses Gefühl nicht kenne? Es ist eine andere Energie, ob ich jemandem aus einem Buch vorlese, der über die Schmerzen ab Kilometer 30 schreibt, oder ob ich in das Gefühl »reingehe«, weil ich es selbst am eigenen Körper erlebt habe und es somit viel besser vermitteln kann.

Ich bin ein Freund von einfachen Lösungen. Deswegen hier nur die wichtigsten und wirksamsten Tipps für eine gesunde, Energie spendende und fit machende Ernährung.

15 – 30 – 55 Prozent für die Gesundheit?

Seit 1996 erzähle ich meinen Kunden, dass die Kohlenhydratmast, die uns die Deutsche Gesellschaft für Ernährung (DGE) empfiehlt, vollkommen unsinnig ist. Deswegen nenne ich die DGE in meinen Vorträgen und Seminaren auch gern das Deutsche Gelähmte Ernährungsbewusstsein. Erst vor ein paar Jahren hat die DGE ihre Ernährungspyramide etwas modifiziert.

Und endlich hat sich diese Erkenntnis auch bei den Redakteuren »marktführender Magazine« durchgesetzt. Manches braucht einfach seine Zeit. Und wie sieht es an Universitäten und an Ernährungsberatungsschulen beziehungsweise Ausbildungsinstituten aus? Immer noch der gleiche Quatsch! Auch Professoren fällt es schwer, jahrzehntelang Gepredigtes plötzlich als falsch ad acta zu legen. Sie sind ja auch nur Menschen.

In meinem Sportstudium 1997 habe ich selbst noch die alten Weisheiten gelernt. Die Ernährung sollte sich unsinnigerweise aus 15 Prozent Eiweiß, 30 Prozent Fett und 55 Prozent Kohlenhydraten zusammensetzen.

Dazu ein kleines Rechenbeispiel:

Nehmen wir an, wir würden einer Frau im 35. Lebensjahr und mit einem Gewicht von etwa 60 Kilogramm diese Empfehlung geben. Ihr täglicher Kalorienbedarf würde bei ungefähr 2.200 Kilokalorien (9211 Kilojoule) liegen. Das würde bedeuten, dass diese junge Dame 1.210 Kalorien (5066 Kilojoule) in Form von Kohlenhydraten essen müsste, also etwa Brot, Nudeln, Reis, Obst und Gemüse.

Kohlenhydrate sind schnelle Energie. Wir brauchen sie, wenn wir zügig rennen, gehen oder viel Kopfarbeit leisten. Die Dame darf also bei vier Kalorien pro Gramm Kohlenhydrate ganze 302 Gramm davon essen. Das ist schon mal ein großer Teller.

Jetzt wissen wir aus der Medizin, dass es vier Zelltypen gibt, die Kohlenhydrate, also Zucker, für ihren Stoffwechsel benötigen. Und zwar sind das die roten Blutkörperchen, das zentrale und das vegetative Nervensystem sowie die Nierenzellen. Diese vier Zelltypen brauchen Zucker. Und zwar ungefähr 130 Gramm pro Tag. Also bleiben gute 172 Gramm übrig an Superenergie. Wohin damit?

Nehmen wir einmal an, diese Frau ist sportlich und geht jeden Tag eine Stunde auf den Stepper. Dabei verbrennt sie bei mittlerer Intensität vielleicht 400 Kalorien (1675 Kilojoule). Eigentlich sind es gerade mal 300 Kalorien, aber ich bin heute mal spendabel.

Wir erinnern uns. Sie hat noch gute 172 Gramm Superbrennstoff übrig. Das sind bei 4 Kalorien pro Gramm gute 688 Kalorien (2881 Kilojoule). Wenn die Gute also beim Steppertraining nur Kohlenhydrate verbrennen würde, müsste sie 90 Minuten auf der Stelle strampeln, um diesen Brennstoff aufzubrauchen. Macht ja auch jeder Deutsche jeden Tag – oder doch nicht? Nun stammen diese 400 verbrannten Kalorien auf dem Stepper nicht nur aus der Glukose, sondern auch aus Fetten. Vielleicht ist es die Hälfte. Deswegen müsste diese Frau also eigentlich drei Stunden Steppertraining hinter sich bringen.

Das Ergebnis dieser staatlich verordneten Zuckermast können wir jeden Sommer im Schwimmbad sehen: überall übergewichtige Menschen. Die Zahl der Kinder und Jugendlichen, die an Altersdiabetes erkranken, nimmt dramatisch zu. Wenn du also das nächste Mal über einen kleinen Jungen sagst: »Ach, das ist aber ein süßer Junge«, hat diese Aussage eine doppelte Bedeutung. Er hat höchstwahrscheinlich zu viel Zucker im Blut.

MEIN TIPP

Nehme nie mehr als 30 Gramm Kohlenhydrate pro Mahlzeit bei fünf Mahlzeiten pro Tag auf. Das reicht vollkommen. Erhöhe lieber den Eiweiß- und Fettanteil.

Die Frage ist, warum dieser Schwachsinn immer noch überall gelehrt wird. Meine These ist, es gibt einfach zu viele Branchen, die daran ihr gutes Geld verdienen: die Zuckerindustrie, die Pharmabranche und viele einflussreiche Unternehmen, die Interesse daran haben, Umsatz zu machen.

Wir putzen unsere Kloschüssel mit Sagrotan, damit da auch gar kein kleines Bakterium sein Unwesen treiben kann, aber stopfen uns pures Zellgift in den Körper. Und das alles staatlich erlaubt. Prost Mahlzeit!

Es ist der gleiche Wahnsinn wie die negativen Berichte über Nahrungsergänzungsstoffe. Ist es nicht grotesk, dass es immer wieder in regelmäßigen Abständen ausführliche Berichte in allen Medien gibt, wie unsinnig Vitaminzusätze sind und es alle Jubeljahre mal einen Artikel darüber gibt, wie schädlich Schokoriegel, Burger und Softgetränke sind? Wir leben in einer verrückten Welt, und ich für meinen Teil habe beschlossen, selbstverantwortlich zu handeln.

Insulin »produziert« Fett

Insulin ist das Hormon, das der Körper benötigt, um den Blutzucker vom Blut in die Zellen zu schleusen. Es fungiert wie ein Schlüssel, der die Zellen aufschließt, um das Zuckermolekül in die Zellen eintreten zu lassen. Insulin hat aber noch eine zweite Funktion. Es öffnet die Fettzellen und sorgt dafür, dass die freien Fettsäuren im Blut in die Fettzellen hineinkommen können. Somit sorgt jeder Insulinausstoß auch immer für eine Vergrößerung der Fettzellen. Wenn du also Körperfett reduzieren möchtest, achte zuerst darauf, eine zu große Insulinausschüttung zu vermindern. Und das schaffst du, wenn du so wenig wie möglich Kohlenhydrate zu dir nimmst.

Die Bausteine unseres Körpers

Ich möchte mich hier auf das Grundlegende beschränken: Wir unterscheiden Makronährstoffe und Mikronährstoffe. Letztere sind Vitamine, Mineralstoffe und Spurenelemente sowie sekundäre Pflanzenstoffe, also Geschmacks-, Geruchs- und Farbstoffe, die so wichtig für unser Immunsystem sind.
Makronährstoffe sind Kohlenhydrate, Fette und Proteine. Auch diese lassen sich wieder unterteilen, jedoch ist das für unsere Zwecke hier erst einmal nicht relevant.

Ich mache es ganz einfach:
Wenn du über mehrere Wochen kein Eiweiß, also Proteine, isst, wirst du sterben. Denn der Körper, das heißt jede einzelne Zelle, besteht aus Proteinen, die sich aus Aminosäuren zusammensetzen. Und jeden Tag werden Millionen von Zellen neu gebildet.
Wenn du über mehrere Wochen keine Fette isst, wirst du sterben. Denn jede Zelle besteht aus einer Membran und diese aus Fetten. Auch unsere Hormone bestehen aus Fetten.
Wenn du über mehrere Wochen keine Kohlenhydrate isst, wirst du ... sehr schlank! Denn die 130 Gramm, die unser Körper täglich durchschnittlich an Glukose für die vier Zelltypen benötigt, die ohne Glukose nicht überleben können, kann die Leber selbst aus Proteinen bauen. Ob du nun deswegen komplett auf Kohlenhydrate verzichten solltest, wie das einige Leute empfehlen? Ich halte es für fragwürdig. Und zwar aus mehreren Gründen: Kohlenhydrate machen glücklich. Sie erhöhen die Ausschüttung des Glückshormons Serotonin. Sie versetzen dich – gerade zusammen mit Proteinen eingenommen – in einen anabolen Zustand. Sie schmecken und bringen dir Lebensfreude. Und letztlich enthalten viele gesunde Lebensmittel Kohlenhydrate, etwa Obst und viele gesunde Gemüsesorten. Ich halte nichts davon, auf Dauer Extremdiäten zu machen. Kurzzeitig können sie eingesetzt werden, um ihre Wirkung gezielt zu erreichen.
Wenn du zum Beispiel deinen Fettstoffwechsel ankurbeln möchtest, den du durch zu viel intensives Training in Kombination mit einer Zuckermast zerstört hast, kann eine Low- beziehungsweise No-Carb-Diät, das ist eine Diät ohne Kohlenhydrate, den Turbogang einschalten, um den Körper dazu zu zwingen, den Fettstoffwechsel wieder zu erlernen.
Es ist einfach mal Zeit, diesen alten Glaubenssatz zu beerdigen: Fett macht nicht fett, sondern die Kohlenhydrate sind der Übeltäter!
Ich konnte mich bei einer Reise auf der MS *Europa* von Singapur nach Hongkong immer wieder amüsieren, wenn ich der Servicekraft

meine Bestellung aufgab: Bitte drei Spiegeleier. Jedes Mal, wirklich jedes Mal, fragte sie mit erstauntem Gesichtsausdruck und weit aufgerissenen Augen: »Wirklich drei? Habe ich richtig gehört?« Der alte Irrglaube, dass zu viele Eier ungesund seien, ist noch tief verwurzelt. Da hat eine Branche ganze Arbeit geleistet. »O Gott, das Cholesterin.«

Du hast im ersten Teil des Buches schon kurz von der fatalen Wirkung solcher falschen Glaubenssätze gehört. Wenn uns immer wieder auf allen medialen Kanälen eingehämmert wird, etwas sei richtig, dann neigen wir dazu, es am Ende zu glauben. Davon aber darfst du dich nun befreien, darfst Verantwortung für dich selbst übernehmen und dein Leben anders gestalten. Und da dein Ziel die Veränderung ist, arbeitest du nun an deinen Glaubenssätzen.

Fünfter Erfolgsfaktor –
Glaubenssätze ändern

Schluckst du die rote Kapsel, bleibst du im Wunderland.
Und ich führe dich in die tiefsten Tiefen des
Kaninchenbaus.

Morpheus im Film *Matrix*
(1999 von den Wachowski-Geschwistern)

Bis zur Hälfte spielte sie immer sensationell gut. Fast fehlerfrei. Erst ab dem 13. Loch kam oft der Krampf. Die Golfbälle flogen überall hin, nur nicht dahin, wo sie landen sollten. So kam es, dass sie am 3. September 2015 zu einem Coaching zu mir kam. Sie hatte gehört, dass ich schnell mentale Sperren lösen kann. Sie war Golfspielerin und wollte im Jahr darauf die Meisterschaft gewinnen. Nur passierte es ihr immer wieder, dass sie ab dem 13. Loch die Konzentration verlor und verkrampfte. Und sie wusste nicht warum.

Die folgende Gesprächsaufzeichnung soll dir zeigen, wie schwierig es manchmal sein kann, herauszufinden, was wir im Kopf Verrücktes anstellen, um eine Lösung zu finden.

Golferin (G): *Ich weiß nicht weiter. Immer schlage ich in der zweiten Hälfte ab dem circa 13. Loch die Bälle nicht mehr so gut. Ich verkrampfe dann immer mehr.*
Slatco (S): *Ist das immer so?*
G: *Nein. Aber sehr oft.*
S: *Wenn du die letzten 100 Spieltage, wo du 18 Loch trainiert hast, Revue passieren lässt, wie oft hast du dann in der zweiten Hälfte verspannt und nicht mehr so gut gespielt?*

G: *So 30-mal.*

S: *Also hast du 70-mal gut gespielt?*

G: *Ja, das stimmt.*

Wir nennen diesen Prozess Generalisierung, den die Golferin vollzogen hat. Aus 30 von 100 wurde »immer«. Dann nur noch »sehr oft«. Der Verstand neigt dazu, vieles zu generalisieren. Das kann verheerende Auswirkungen haben, wenn es mit einem negativen Fokus verknüpft ist. Ich hatte durch die Frage den Rahmen ihrer Wahrnehmung verändert.

S: *Du weißt, wie es sich anfühlt, gut zu spielen, oder? Wann weißt du, dass du gut spielst?*

Es geht hier um eine Vorannahme beziehungsweise ein Weltmodell, das sich hinter dieser Frage verbirgt: Wir haben die Ressourcen, ob wir gut oder schlecht spielen, sie sind immer vorhanden. Wenn wir schlecht spielen, rufen wir sie nur nicht ab.

G: *Wenn ich am Ball stehe und gleich den Ball spielen werde.*

S: *Hast du ein festes Ritual beim Schlag?*

G: *Ja, immer. Da bin ich wie im Flow. Da bin ich total entspannt. Da bekomme ich nichts von meiner Außenwelt mit.*

S: *Ist das nur so, wenn du gut spielst oder auch, wenn du schlecht spielst?*

G: *Immer. Daran liegt es nicht.*

S: *Und wie ist es beim Abschlag? Oder passieren dir die Fehler eher bei dem 2. Schlag auf dem Weg zum Grün?*

G: *Beim Abschlag nie.*

S: *Okay, also machst du irgendwas anders auf dem Weg zum 2. Ballkontakt. Du kannst ja gut spielen. Bis zum 12. Loch machst du fast nie Fehler?*

G: *Vielleicht nur 10 bis 20 Prozent gehen daneben.*

S: Was machst du auf dem Weg zum 2. Schlag bei den ersten Löchern anders?

G: Ich beobachte den Weg, auf dem ich gehe.

S: Machst du dir Bilder oder Filme von dem perfekten Schlag?

G: Nein, gar nicht. Aber nach dem 12. Loch male ich mir Szenen im Kopf aus, wie der Ball woanders hinfliegt.

S: Wie ist die Perspektive in diesem Film? Siehst du dich von außen, also dissoziiert, wie auf einer Postkarte? Oder siehst du dich und den Ball wie in 3-D, also aus der Augenperspektive, assoziiert?

Um es abzukürzen: Der Unterschied, der die Fehler bewirkte, war eine Verspannung beim 2. Ballkontakt, die aber schon vorher auf dem Weg zum Ball entstanden war. Denn die Golfspielerin machte sich Bilder von einer ungünstigen Flugbahn des Balls, sah innerlich vor sich, wo er falsch landen würde. Je besser sie den Platz kannte, desto größer war die Wahrscheinlichkeit, dass sie die Fehler, die sie auf dem Platz schon einmal gemacht hatte, wiederholte. Der eigentliche Schlag war dann natürlich genauso falsch, wie sie ihn vorher in ihrem Kopfkino immer und immer wieder durchgespielt hatte.

Wenn sie auf neuen Plätzen spielte, die sie noch nicht kannte, war sie oft sehr gut. Deswegen spielte sie schon instinktiv nie zu Übungszwecken am Vortag auf einem Platz, der ihr neu war. Sie wollte ohne falsche Filme im Kopf spielen.

Ich habe mit ihr in einer Stunde Coaching – ja, so schnell kann das gehen – fünf Interventionstechniken entwickelt, damit sie sich nicht mehr mit Negativ-Filmen die Chance auf ein gutes Spiel nahm:

1. Sie durfte von nun an den Weg, auf dem sie zum Ball ging, sehr aufmerksam beobachten. Und zwar so genau, dass sie nicht nur die Steine und Gräser wahrnahm, sondern auch alle kleinen Details. Bis sie am Ball angekommen war, durfte sie diese Auf-

merksamkeit und Konzentration aufrechterhalten. So konnte sie keine negativen Filme im Kopf produzieren.

2. Wenn sie bemerkte, dass sie doch ins Kopfkino ging, durfte sie laut STOPP sagen, um den Kreislauf zu unterbrechen.

3. Wenn sie es einmal nicht schaffte, durfte sie, wenn sie am Ball angekommen war, den Film kurz und schnell rückwärts laufen lassen und sich dabei innerlich lustige Musik abspielen. Du erinnerst dich an meinen Kunden mit der Flugangst? Diese Kino-Reverse-Technik habe ich auch mit der Golfspielerin ein paar Mal geübt, sodass sie die Technik bald beherrschte.

4. Wenn Verspannungen noch spürbar waren, durfte sie die Vierer-Atemtechnik über zwei Minuten durchführen, um Verspannungen zu lösen und den Kopf frei zu machen. (Zweimal beim tiefen Einatmen den unteren Bauchraum mit Luft füllen und zweimal den Brustbereich mit Luft füllen und dann wieder von vorne beginnen) Durch Atempausen wird mehr Magnesium ausgeschüttet, das bekanntlich das »Salz der Entspannung« ist.

5. Sie konnte genau beschreiben, wie es sich kurz vor dem Schlag anfühlte, wenn sie verkrampft war und schon »wusste«, dass dieser Schlag nichts werden würde. Genau dieses Gefühl lernte sie in wenigen Sekunden in das Gefühl zu verwandeln, einen guten Schlag zu machen.

Das Beispiel zeigt, wie viele unbewusste Strategien wir im Kopf haben, um uns selbst zu boykottieren. Sie hatte bis zu meinem Coaching keine Ahnung, was sie falsch machte. Durch meine Fragen kamen wir ihrem Irrweg schnell auf die Schliche. Wenige Wochen nach dem Coaching schickte sie mir eine E-Mail. Sie hatte ihr Handicap von sieben um drei Schläge verbessert.

Wir sind uns des größten Teils unseres Tuns nicht bewusst. Wir wachen morgens auf und fühlen uns depressiv oder verstimmt – und wissen nicht warum. Oder wir wachen auf und fühlen uns wunderbar – ohne zu wissen warum.

Bis jetzt!

Mentaltraining, Meditation und das Beobachten der Gedanken und inneren Bilder, Filme, Dialoge und Gefühle ist am Anfang erst einmal anstrengend. Es ist wie die erste Joggingeinheit. Doch mit jedem Üben wird es leichter und leichter. Wir handeln bewusst. Und genau hier besteht die Chance auf rasche Veränderungen, die wir anstreben.

Die wirksamste Diät ist keine Diät

Sie war sehr verzweifelt. Sie kam zu mir, weil sie sich nicht mehr zu helfen wusste. Seit über 25 Jahren kämpfte sie verzweifelt mit ihrem Gewicht. Über 20 unterschiedliche Diäten hatte sie ausprobiert. Nun, mit über 45 Jahren, kam sie in der Hoffnung zu mir, ich würde ihr nun die richtige Diät verschreiben, die dauerhaft und nachhaltig wäre.

Mein Ansatz war und ist jedoch ein anderer, weil ich weiß, dass das Übergewicht – es waren gut 25 Kilogramm bei ihr – ein Symptom für etwas anderes ist. Mich interessieren die unbewusst wirkenden Glaubenssätze. Also brachte ich meine Coachee erst einmal in einen entspannten Zustand und fragte sie dann, ob es Sätze gab, die ihr die Energie raubten. Sätze, die sie in einen schlechten Zustand brachten. Ich fragte weiter, was genau sie tat, wenn sie unkontrolliert aß. Nach wenigen Minuten brach es aus ihr heraus:

Ihr wurde bewusst, dass sie, als sie etwa sechs Jahre alt war, von ihrer Mutter immer wieder den Satz gehört hatte: »Du bist das Schlimmste, was mir je in meinem Leben passiert ist.«

Kannst du dir vorstellen, dass es für einen Menschen sehr schwer ist, loszulassen? Im wahrsten Sinn des Wortes das Übergewicht loszulassen? Dass es so einem Menschen sehr schwerfällt, wenn er die Glaubenssätze »Ich bin nicht gut genug. Ich bin nichts wert. Keiner liebt mich« im Kopf hat?

Das ist eingebrannt, eingeprägt, sitzt tief im Gehirn, bis es gelöscht wird. Wir nennen solche Gedanken, die unser Unterbewusstsein »infiziert« haben, Meme. Susan Blackmore hat in *Die Macht der Meme* knapp 400 Buchseiten zu diesem Thema geschrieben. Während des 90-minütigen Coaching-Prozesses änderten wir diesen limitierenden Glaubenssatz. Meine Coachee schrieb mir ein paar Monate später eine E-Mail und hängte ein Foto von sich dran, auf dem deutlich zu sehen war, dass sie 25 Kilogramm abgenommen hatte. Ohne großen Aufwand, ohne Stress, ohne Diät. Einfach nur mit anderen Gedanken im Kopf beim bewussten Essen. Sie hatte die Kontrolle über ihr Unterbewusstsein erlangt und konnte ihre Nahrungsaufnahme nun wirklich genießen.

Veränderung geschieht schnell, wenn das Unbewusste das Ruder übernimmt. Wir dürfen nur beobachten, ob die Richtung der Veränderung stimmt.

Fünf Prozent Bewusstsein

Erinnere dich an deine erste Fahrstunde, wie du damit beschäftigt warst, gleichzeitig mit viel Gefühl Gas zu geben und die Kupplung kommen zu lassen. Gleichzeitig solltest du in den Rückspiegel schauen und den richtigen Gang einlegen. Und dann kam das Unvermeidliche: Dein Fahrlehrer hat irgendetwas gesagt oder gefragt, was deine Aufmerksamkeit forderte. Und WUMMS hast du den Motor abgewürgt.

Wir nennen diesen Zustand *bewusste Inkompetenz*. Alles, was du tust in dem Moment, verlangt höchste Konzentration, da du das Autofahren noch nicht beherrschst.

Und jetzt? Denke mal an deine letzte Autofahrt. An was kannst du dich erinnern?

Im Kapitel Meta-Programme hatte ich es bereits angesprochen, dass wir im Alltag mehr in einem Trancezustand leben als in einem bewussten Zustand. Gehirnforscher und Psychologen sprechen davon, dass der Anteil des Unbewussten bei 95 Prozent liegt. Wir bewegen uns, arbeiten, machen alles Mögliche, ohne darüber nachzudenken, was wir denken, was wir sagen und was wir tun. Das alles läuft automatisch ab. Wir putzen uns die Zähne, wir pflegen routiniert wie ein Roboter unseren Körper, wir bereiten unser Frühstück vor, essen, fahren zur Arbeit, alles ohne es bewusst wahrzunehmen. Und so ganz nebenbei regelt auch das vegetative Nervensystem all unsere Körperfunktionen wie Herzschlag, Atmung, Verdauung usw. Oder hast du schon mal gedacht »Huch, ich habe vergessen zu atmen!«?

Das unbewusste Funktionieren unseres Körpers ist auf der einen Seite überlebenswichtig und sicherlich der entscheidende Grund, warum es die Spezies Mensch noch gibt. Auf der anderen Seite begrenzen uns viele unbewusst ablaufenden Sätze und Handlungen, die uns nicht guttun. Im oben angeführten Beispiel haben sie meine Coachee daran gehindert, endlich abzunehmen. Denn sie hatte die Gewohnheit, sich mit Essen zu trösten. Und da half keine Diät, sondern ein Bewusstwerden und Ändern ihres unbewusst abgespeicherten automatischen Programms. Und das wiederum ging nur durch Entspannung und Innehalten.

Ich wiederhole es gerne: Nur wenn wir entspannt sind, entwickeln wir Kreativität, um Wahlmöglichkeiten für ein anderes Verhalten zu erkennen. Das ist der Grund, warum sich so viele Menschen Dinge unter die Nase schieben, die schnell Energie geben, zum Beispiel Zucker und/oder Koffein. Es ist der Grund, warum so viele Menschen beim Fernsehen so unkontrolliert Dinge in sich hineinschaufeln, die sie im entspannten Zustand nie essen würden. Denn Fernsehen stresst unseren Organismus! Messbar. Der Adrenalinspiegel steigt nachweislich. Einzige Ausnahme: Sendungen, bei denen du herzlich lachen kannst, denn Lachen baut Stresshormone ab.

Die Erkenntnis ist der erste Schritt zur Veränderung. Wenn du verstehst und akzeptierst, dass du dein Leben bisher fast ausschließlich wie automatisch gelebt hast, ist das der erste wichtige Schritt zur mentalen Transformation. Denn damit verstehst du, dass es keinen Schweinehund gibt, keine äußeren Widrigkeiten, die als Schicksalsschläge in dein Leben kommen, keine Probleme und Krisen. Sondern dass du dir alles selbst in deinem Leben erschaffen hast. Unbewusst. Und nun ist es an der Zeit, dein Leben bewusst so zu gestalten, damit du es noch mehr genießen kannst.

Paradigmenwechsel gefällig?

Paradigmen sind innere, tief verankerte Überzeugungen. Einen Paradigmenwechsel, den ich zum Beispiel in meinen Vorträgen für Firmen den Angestellten empfehle, ist folgender: Denke und handle so, als ob das Unternehmen dein Kunde wäre und du selbstständig wärst. Das wird deine Einstellung zu deiner Arbeit und dein Verhalten dramatisch verändern.

Du weißt inzwischen, dass dein Gehirn ein faszinierendes Organ ist, das jeden Computer wie einen Erstklässler beim Drei-Teile-Puzzle-Spielen aussehen lässt. Du weißt weiterhin, dass dein Gehirn alles speichert, was es an Informationen über deine fünf Sinneskanäle aufgenommen hat. Und du kennst die Erfahrung, manchmal den ganzen Tag einen Ohrwurm zu summen, den du morgens gehört hast. Informationen, die wir wiederholt aufnehmen, prägen sich ein und werden zu Glaubenssätzen, zu den bereits erwähnten Memen. Solche Meme oder Gedankenviren lassen sich auf zwei Arten in unser Gedächtnis einbrennen:

1. Durch Wiederholung. Wenn du in deiner Kindheit den dummen Satz gehört hast »Geld verdirbt den Charakter«, wirst du an diesen Satz später glauben;
2. Auf der Grundlage eines emotional starken Erlebnisses. Du wurdest als Kind von einem Hund gebissen? Dann ist die Wahr-

scheinlichkeit groß, dass du gestresst auf Hunde reagierst und Beispiele eher wahrnimmst, die deinen Glaubenssatz »Hunde beißen alle« stärken.

Meme sind wie Viren im Computer. Einmal drin, bekommst du sie nur schwer wieder heraus. Es sei denn, du löschst sie mittels spezieller Techniken nach Anleitung eines Coachs. Beispiele dafür habe ich bereits mehrere gegeben.

In unserer Entwicklungsgeschichte haben sich viele Meme gebildet, die für unser Überleben eine wichtige Funktion haben und von einer Generation zur anderen vermittelt wurden. Es sind Vorannahmen oder Vorurteile im positiven Sinne: etwa die Erfahrung, dass wir uns an einer Flamme verbrennen können, oder dass große Tiere uns gefährlich werden, wenn wir ihren Jagdinstinkt herausfordern.

Auch überlieferte gesellschaftliche Normen sind Meme. Auch du hast Meme, die dein Leben bereichern. Vielleicht glaubst du, dass du ein liebenswerter und wertvoller Mensch bist, weil deine Eltern es gut verstanden haben, dir dies immer wieder zu bestätigen. Und es wird auch Meme geben, die dich limitieren. Wir haben das weiter oben im Kapitel über die Glaubenssätze besprochen.

Hier kannst du den Arbeitsbogen zum Überprüfen deiner Glaubenssätze herunterladen:

www.change-als-chance.com

Frage immer wieder: Bringt dich der Gedanke, den du so unbewusst »dahindenkst«, in einen guten oder in einen schlechten Zustand?

Noch einmal: Schlechte Stimmung oder gar Depression hat nichts mit den Genen oder mit Schicksal zu tun. Es ist das Ergebnis von gezieltem Denken in eine Richtung, die dir nicht guttut. Die Erkenntnis, dass das bisher in deinem Leben größtenteils unbewusst passiert ist, ist der erste wichtige Schritt zur Veränderung.

Erfolgsbarrieren oder Der Vorstadt-Gleichwahn

Ein Vorort. Alle Häuser sehen gleich aus. Überall stehen die gleichen Autos vor der Tür. Selbst die Menschen sehen gleich aus. Die Kinder, die zur Schule gehen. Die jungen Männer, die sich am Café um die Ecke einen Kaffee holen, und die Frauen, die morgens eine Runde laufen. Die gleichen Schuhe, die gleichen Sportsachen, selbst die gleichen Lauf-Capes. Natürlich ist es eine Computer-Animation und der Beginn jeder Serie von *Weeds*.

Sie handelt von einer alleinstehenden Mutter, die sich in dieser gleichgeschalteten Welt einen Marihuana-Markt im feinen Vorort aufbaut. Vor den Türen sind alle angepasst, doch hinter den Türen passieren die wildesten Dinge.

Wenn so viele Menschen nur im Außen »gleich« sind und im Inneren lieber »anders« ,»wild« oder »verrückt« sein wollen, warum solltest du dann anderen gleichen wollen?

Du willst deinen Erfolg verhindern? Dann frage möglichst viele »Normalbürger«, was sie von deiner Idee halten. Betreibe Marktforschung und höre auf die Menschen, die das nicht erreicht haben, was du in deinem Leben erreichen willst.

Erfolgreiche Menschen haben meines Wissens vor der Produktplanung oder -einführung keine Marktforschung betrieben. Sie hatten einfach eine große Vision, für die sie gebrannt haben. Sie waren alles andere als angepasst. Und ja, sie besaßen oder besitzen eine gewisse Cleverness. Intelligenz schadet nie.

Und: Die Vision und das Anderssein sind zwar kein Garant für Erfolg, doch sie sind die Voraussetzung.

Wenn zwei Menschen sich unterhalten, überzeugt oft die Person mit mehr Energie und Power für ihre Idee. Es genügt nicht, nur einfach als Mittel zum Zweck anders zu sein. Das Anderssein ergibt sich aus deiner Leidenschaft für dein Projekt, dein Leben, deine Ziele und Visionen. Du bist ein Unikat. Dich gibt es nur einmal. Warum willst du denn das Leben eines anderen zu leben?

Die häufigsten Erfolg verhindernden Aussagen:

»Das haben wir schon immer so gemacht.«
»Das hat man so noch nie gemacht.«
»Das macht man nicht.«
»Was sollen denn dann die anderen denken.«
»Das geht so nicht.«
»Das ist unrealistisch.«

Vernunft und Realismus

Vernunft allein hat noch nie Großes bewirkt. War Columbus vernünftig, als er sich aufmachte, um die neue Welt zu erkunden? War Mahatma Gandhi vernünftig, als er sich gewaltlos den Engländern entgegenstellte? War Martin Luther King vernünftig? War es vernünftig von Joanne K. Rowling, als alleinerziehende Mutter neben ihrem Beruf als Lehrerin die Buchserie *Harry Potter* zu schreiben? Okay, diese Menschen haben sehr große Fußstapfen hinterlassen. Aber warum willst du sie nicht auch hinterlassen?

Und warst du vernünftig, als du als Jugendlicher deine Abenteuer erlebt hast, die du heute noch nachfühlen kannst und die dir Energie gaben und vielleicht noch geben? Für mich ist Vernunft für die ersten Schritte zur Realisierung großer Visionen kein guter Wegbegleiter. Vernunft darf gern dazukommen, wenn es um die Detailplanung geht. Erinnere dich an die Methode Walt Disneys, die ich dir bereits beschrieben habe. Vernunft ist gut. Doch sie darf nur zum richtigen Zeitpunkt dominieren.

Felix Baumgartner, der österreichische Extremsportler, gibt übrigens mit seinem Stratosphärensprung am 14. Oktober 2012 ein gutes Beispiel ab: Die Vision war da. Und später kam die Vernunft hinzu, als es um die detaillierte Vorbereitung ging. Jede Störgröße hat er analysiert und unter allen möglichen Bedingungen trainiert. Es ist sinnvoll, bei einem solch extrem großen Wagnis alle Eventualitäten einzuplanen.

Ratschläge sind auch Schläge

In meiner ersten Zeit als Coach und Speaker habe ich oft Ratschläge gegeben. Meine inzwischen gemachte Erfahrung ist: Ratschläge unterstützen nicht wirklich. Sie sind lieb gemeint, erreichen jedoch nicht das Beste für den, der die Rat-*Schläge* empfängt. Wenn Kollegen, Freunde oder Familienangehörige dir Ratschläge geben, gib acht. Bleibe bei dir, denn diese Menschen kennen nicht alle Details. Sie geben dir Tipps aus ihrer subjektiv gefilterten Wahrnehmung heraus. Ihre Realität ist eine komplett andere als deine, das haben wir bereits besprochen. Suche dir Menschen, die gute Fragen stellen und dich dann selbst die Antworten finden lassen. Ha, das war auch ein Ratschlag. Ich höre auf damit und frage lieber:

Welche Menschen in deiner Umgebung fragen einfach nur nach? Welche Menschen hören gut zu? Mit welchen Menschen kannst du »ver-rückt« sein?

Suche diese Menschen, denn es sind die richtigen Leute, deren Gesellschaft dir dabei hilft, deine wenig nützlichen Glaubenssätze zu identifizieren und für dich nützliche, zielführende Glaubenssätze zu finden.

Blut muss fließen

Es ist der 2. September 2003: Ich bin zur präventiven Untersuchung bei meiner Internistin Frau Dr. Spany in München. Das Belastungs-EKG, die Spiroergometrie und auch die Kontrastmitteluntersuchung meiner Arterien ergeben beste Werte. Wie bei einem Ausdauersportler nicht anders zu erwarten. Das Ultraschallbild meiner Karotis, das ist die Halshauptschlagader, zeigt, dass sie frei ist, dass hier viel Blut hindurchfließen kann. Diese Untersuchung wird gemacht, um das kardiovaskuläre Risiko abzuschätzen. Sind Ablagerungen zu sehen, die den Blutfluss behindern? Bei mir ist alles rein und sauber. Prima, denke ich.

Ein paar Wochen später bin ich morgens zum Krafttraining im LEO'S SPORTS CLUB in München, in dem ich auch SPINNING®-Kurse gebe. Plötzlich bemerke ich ein Stechen zwischen den Rippen. Ich denke, ich habe mich verrenkt, was manchmal bei intensivem Krafttraining bei mir geschieht, da meine Wirbelsäule leicht verschoben ist. Abends bin ich mit einem Kunden im Englischen Garten verabredet, wir wollen gemeinsam 90 Minuten lang joggen. Das ungünstige Wetter stört uns nicht, eine Mischung aus Schnee und Regen. Nach der Hälfte unseres Laufs wird mir etwas komisch. Ich vermute eine beginnende Erkältung. Etwas geschwächt laufe ich mit meinem Coachee den gleichen Weg zurück. Ein paar Tage später bekomme ich nachts beim Atmen Schmerzen, sodass ich am nächsten Tag zum Arzt gehe. Er findet nichts. Doch die Schmerzen lassen nicht nach. Sie treten nur nachts auf, tagsüber bin ich normal leistungsfähig. In dieser Zeit bin ich auch in der Höhenloipe in St. Anton unterwegs, wo ich dann das Gefühl bekomme, irgendetwas stimmt mit meiner Leistungsfähigkeit nicht. Ich kann nicht richtig atmen. Also gehe ich, nach München zurückgekehrt, ins Krankenhaus. Mittlerweile kann ich seit vier Wochen nachts nur noch aufgerichtet schlafen, weil die Schmerzen zu stark werden.

Ich werde von einer zur anderen Abteilung weitergereicht, bin beim Internisten, beim Neurologen, beim Kardiologen und auch beim Orthopäden. Keiner kann etwas finden. Der Oberarzt in einem anderen Krankenhaus schaut mich dann kurz an und meint, dass ich wahrscheinlich wegen meiner Skoliose (einer Krümmung der Wirbelsäule) eine Intercostalneuralgie (Schmerzen aufgrund eines eingeklemmten Nervs zwischen zwei Brustwirbeln) hätte und ich deswegen zu einem Physiotherapeuten gehen solle. Das Ganze hat nicht mal zehn Minuten gedauert, und die Rechnung hatte einen stolzen Preis. Ein interessanter Stundensatz.

Ich befolge den Rat und gehe zu meiner Osteopathin, einer Physiotherapeutin mit sechsjähriger Zusatzausbildung. Sie meint, ich hätte irgendetwas an der Lunge, und ich solle doch unbedingt noch mal eine Untersuchung der Lunge fordern. Also suche ich schließlich noch eine Pulmologin auf, die ein Lungenszintigramm durchführt, eine CT-Aufnahme mit einem Kontrastmittel. Und siehe da, die Diagnose lautet: Lungenembolie. Das bedeutet, ein großes Blutgefäß der Lunge ist von einem Blutklumpen verstopft. Eine gefährliche Sache: 50 Prozent der Menschen mit einer Lungenembolie sterben daran. Die anderen landen auf der Intensivstation und kämpfen ums Überleben.

Warum ist keiner der Ärzte auf die Idee gekommen, was ich haben könnte? Ich war immerhin bei zehn Ärzten, bevor die Ostheopathin mich zum Lungenfacharzt schickte. Die Symptome, die ich hatte, passten einfach nicht zur Embolie: Ich hatte ja keine Atemnot, im Gegenteil, ich war noch in der Höhenloipe skaten.

Ich werde die Aussage meines behandelnden Arztes nie vergessen: »Herr Sterzenbach, wenn Sie nicht so fit wären, wären Sie nicht mehr da.« Mein regelmäßiges Training, meine Fitness, meine Achtsamkeit für meinen Körper haben mir das Leben gerettet.

Warum erzähle ich dir diese Geschichte? Weil du daraus dreierlei lernen kannst:

1. Ärzte sind keine Götter in Weiß, sie stoßen auch an Grenzen ihres Wissens, und nicht immer können wir dem ersten Urteil trauen. Ich habe selbst Ärzte in Sachen Trainingslehre und Ernährung fortgebildet und war oftmals über deren Wissensstand erschrocken. Manchmal sind es – wie in meinem Beispiel – die

Körpertherapeuten, die ein besseres Gespür haben, wenn etwas nicht stimmt mit dem Organismus. Denn sie arbeiten Tag für Tag am und mit dem Körper der Patienten, berühren ihn, fühlen ihn, erspüren unmittelbar Reaktionen. Und was machen heute viele Ärzte? Sind sie noch in der Lage, gute manuelle Untersuchungen durchzuführen?

2. Ausdauertraining ist ein Investment in deine Ressourcen. Du hast bei physischen Engpässen, verursacht durch eine Operation, einen Unfall oder eine ernsthafte Erkrankung, wesentlich bessere Überlebenschancen.

3. Auch als Sportler kannst du krank werden. Es gibt keine Garantie für Gesundheit.

Sicherlich fragst du dich, warum ein so durchtrainierter Mann wie ich eine Lungenembolie bekommen kann? Die Ärzte konnten sich auch keinen Reim darauf machen. Ich habe keine Krampfadern, ich habe keinen Gendefekt, und ich habe auch keine anderen Risikofaktoren. Es gibt ein paar Theorien, dass Extremausdauersportler dieses Risiko eben mit sich tragen, da sie einen geringen Ruhepuls haben und das Blut deswegen eher »steht« und zu Gerinnseln neigt. Diese Theorie »kaufe« ich nicht, denn Ausdauersportler zeigen auch oft mehrere erhöhte *Anti*-Thrombose-Werte, die vor einem Gerinnsel schützen.

Allerdings haben Ausdauersportler, die EPO einnehmen, das die Anzahl der roten Blutkörperchen erhöht, ein größeres Risiko für Lungenembolien. Doch so einen Quatsch wie EPO habe ich nie genommen, ich bin ja nicht lebensmüde.

Ich habe meine eigene Erklärung gefunden: In meinem Glaubenssystem sind die physischen Symptome eng an die mentale Verfassung gekoppelt. Ich bekam »keine Luft« mehr – in meiner damaligen Ehe. Ich hatte mich zu lange selbst verleugnet in dieser Beziehung. Und der Körper hat mir ein Signal gegeben. Ob du an so etwas glaubst oder nicht, für mich ergibt es einen Sinn. Denn eine andere Ursache konnten ich und die vielen Ärzte nicht finden. Ich durfte dann noch sechs Monate lang Marcumar einnehmen, um mein Blut »flüssig« zu halten.

Jedes Jahr sterben etwa 340.000 Menschen in Deutschland an Herz-Kreislauf-Erkrankungen. Dabei spielt der Blutfluss eine entscheidende Rolle. Entweder ist er zu gering oder hat einen zu hohen Druck. Ich für meinen Teil habe beschlossen, aus diesem Verein von Opfern auszutreten. Die eine Erfahrung reicht mir. Gibt es eine Garantie dafür, dass es nicht mehr passiert? Nein. Erhöhst du mit regelmäßigem Ausdauertraining deine Chancen auf eine stabile Gesundheit und eine Senkung des Risikos, eine Herz-Kreislauf-Erkrankung zu bekommen? Aber hallo! Ja. Ja. Ja. Willst du mitmachen?

Bringe dein Blut also jeden Tag zum Fließen, und wenn es nur vier Minuten mit einer kleinen Tabata-Trainingseinheit sind.

Welche Konsequenzen eine Verbesserung des Blutflusses haben kann, zeigen immer wieder Forschungen mit Magnetmatten, die den Blutfluss in den kleinsten Gefäßen anregen. Mit zunehmendem Alter nehmen Elastizität und Pumpkraft in den Kapillaren ab. Gerade nachts führt das zu einem Stau roter Blutkörperchen im Gewebe. Schlackstoffe können nicht so gut abgebaut werden. Es gibt hierzu interessante Filme, die das belegen.

Ich nutze seit nun ein paar Monaten eine BEMER-Matte. Ich habe sie mir nach meinem schweren Radsturz gekauft. Ich wollte, dass mein Schlüsselbein und die Bänder möglichst schnell wieder 100-prozentig funktionieren. Resultat? Nach nicht mal sechs Monaten war ich wieder bei der fast kompletten Bewegungsamplitude und bei 80 Prozent meiner Kraft angelangt. Die Ärzte hatten so eine schnelle Heilung bei einem solchen Bruch noch nie gesehen.

Nach Gebrauch der Matte fühle ich mich heute gerade nach harten Trainingseinheiten am nächsten Morgen wesentlich besser erholt.

Die Geschichte meiner Lungenembolie war ein kleiner Ausflug, um dir zu zeigen, dass du deinem Instinkt vertrauen darfst, wenn es dir nicht gut geht, und vor allem, dass du Glaubenssätze wie »Die Ärzte werden es schon wissen« lieber überprüfst. Das heißt ja nicht gleich, dass du kein Vertrauen mehr haben darfst in Medizinmänner und -frauen. Gute Ärzte retten Leben, Tag für Tag. Und du darfst hartnäckig Fragen stellen, wenn du spürst, dass ein Arzt mit seinem Latein am Ende ist. Vergiss bei aller Ernsthaftigkeit solcher Themen nicht den Spaß, mach es wie Hank Moody!

Der Ernst des Lebens

Ich gebe es zu. Ich war ein Fan der Serie *Californication*, in der David Duchovny als Hank Moody so ziemlich alles macht, was »man« nicht macht. Er nimmt Drogen, sagt das, was er denkt, und stößt damit oft andere vor den Kopf, hat eine Affäre nach der anderen ... nur das ist es nicht, was mich an der Serie faszinierte: Es ist sein eigenes Wertesystem, das hier zu erkennen ist und all seine Aktionen leitet. Es ist die Liebe. Die Liebe zu seiner Frau, mit der er eine Tochter großgezogen hat. Es ist die Liebe zu seiner Tochter. Und es ist die Liebe zu den Frauen als solche. Nur ernst ist er dabei nicht. Er nimmt das Leben auf seine Weise leicht.

Ist er gesellschaftsfähig? O Gott, nein. Gibt es viele Menschen, die diese Serie abstoßend finden? Auf jeden Fall. »Der Ernst des Lebens« ist für mich synonym mit der Aussage: »Das Leben ist hart.« Diese Aussage posaunen Menschen aus, die den Spaß am Leben verloren haben. Menschen, die ihre Erfahrungen auf eine Art und Weise verarbeitet und interpretiert haben, die nicht förderlich für ein schönes Leben ist. Ich wiederhole mich gern an dieser Stelle:

Hab Spaß! Und zwar von morgens bis abends – und nachts mit Halogenlampen!

Wie oft am Tag lachst du? Wie oft feierst du ausgelassen? Wie oft hast du Spaß und bist albern? Ist das, was du einen Großteil deines Tages machst, mit Spaß verknüpft? Empfindest du dieses innere Gefühl der Erfüllung? Oder erfüllst du nur eine Aufgabe?

Sei ein Gefühlsdetektiv

Die Natur, die Evolution oder Gott und das Universum haben uns fünf Sinne gegeben. Wir haben sie besprochen: den visuellen, den auditiven, den kinästhetischen, den olfaktorischen und den gustatorischen. Und dann gibt es da noch diesen sechsten Sinn. Die Intuition. Die Vorahnung: Etwas fühlt sich gut oder nicht gut an. Du stehst vor einer Entscheidung, und aus irgendeinem Grund zögerst du, weil du fühlst »Irgendetwas stimmt da nicht«. Das kann eine private oder auch eine berufliche Entscheidung sein, ganz gleich, das ist jetzt unwichtig. Wesentlich ist nur, dass du auf dieses Gefühl hörst und dich fragst, auf welchem verborgenen Glaubenssatz es beruht, den du identifizieren und ändern kannst. So kommst du deinem Ziel, ein schönes Leben zu führen, näher.

Alles ist Glaube

Alles, was wir wissen, ist Glaube. Unsere Vorfahren wussten, dass die Erde eine Scheibe ist. Dann wussten wir Menschen, dass die Sonne das Zentrum des Universums ist und alles sich um sie herum dreht. Dann wussten wir, dass es ADHS gibt und die Kinder Ritalin dagegen einnehmen sollten. Letzten Endes kann die Wissenschaft immer nur der letzte Stand des Irrtums sein. Wir glauben daran, wenn wir es nur oft genug gehört oder gesehen haben. Selbst wissenschaftliche Studien sind von dem Glauben beziehungsweise von Vorannahmen beeinflusst.

Wiederholung wirkt. So funktioniert Werbung. So funktionieren die Medien. So funktioniert die Kirche beziehungsweise Religion. Doch Kirche und Religion sind für mich nicht gleich Glaube. Was die Kirche mit dem Glauben gemacht hat beziehungsweise wie sie ihn immer wieder für sich missbraucht und negativ instrumentalisiert hat, zeigt die Geschichte. Natürlich tut die Kirche auch Gutes. Da sind wir uns einig.

Was mir wichtig ist: Jeder darf und soll seinen freien Glauben oder auch keinen haben. Und selbst keinen zu haben ist ein Glaube. Ob du nun an Gott glaubst oder an ewiges Bewusstsein oder daran, dass nach deinem Tod alles vorbei ist. Ob du nun Katholik, Moslem oder Buddhist bist. Jeder Mensch hat ein Recht auf seinen Glauben, und es gibt keinen besseren oder richtigeren. Die Kriege, die wegen unterschiedlicher Glaubensrichtungen geführt werden, sind so krank!

Ich war früher Atheist. Ich habe an nichts geglaubt. Meine erste Frau und deren Familie haben an Gott geglaubt. Mein Glaube hat sich geändert. Ich glaube noch immer nicht an einen Gott, der mit weißem Bart da oben auf uns wartet, um zu entscheiden, ob wir ein guter oder ein schlechter Mensch waren. Ob es da eine Instanz gibt, die darüber entscheidet, ob wir in die Hölle oder in den Himmel kommen. Dieses »göttliche« Urteilen ist mir viel zu menschlich und zu weit weg von »göttlicher« Liebe. An die versprochenen Jungfrauen anderer Glaubensrichtungen könnte ich mich gewöhnen, das ist aber nicht meine Welt.

Scherz beiseite! Ich weiß nicht, welchen Glauben du hast. Ich für mich habe mittlerweile den Glauben, dass wir ewiges Bewusstsein sind. Dass nach dem Stillstand des Herzens unser Bewusstsein noch da ist. Ich habe gehört, dass es in der Noetik ein Experiment gibt, bei dem der Körper gewogen wird und dass mit dem Eintritt des Todes der Körper um einige Mikrogramm leichter wird. Also, was verlässt da den Körper? Dann gibt es die Nahtoderfahrungen, nach denen Menschen gestorben sind, wieder zurückkamen und berichteten, sie hätten sich von oben, von außerhalb ihres Körpers sehen können. Ich weiß nicht, ob es stimmt. Wir können das glauben oder nicht. Ich persönlich finde diese Erkenntnis oder dieses Experiment aus der Noetik spannend. Ob du das nun Energie, Seele oder Bewusstsein nennen möchtest, überlasse ich dir. Es ist nur ein Label, nur ein Wort.

Welchen Glauben, welche Überzeugungen von der Welt und welche Weltanschauung hast du? Und wie viel davon ist das Ergebnis anderer Weltanschauungen?

Ich persönlich halte grundsätzlich die Weltanschauungen derjenigen für gefährlich, die sich die Welt nicht selbst angeschaut haben. Die ihren Glauben primär über Medien bezogen haben. Die selbst wenig Erfahrungen in den unterschiedlichsten Feldern, Kulturen und Arten des Lebens ausprobiert haben. Genau deswegen schreibe ich nur über das, was ich selbst erfahren habe, denn das ist ein anderes, ein tief greifendes Wissen.

Und für dich stellt sich die grundsätzliche Frage: Macht dir dein Glaube, den du hast, gute Gefühle? Unterstützt er dich, dass du dich so oft wie möglich gut fühlst? Bestärkt er dich? Lässt dich dein Glaube Berge versetzen, lässt er dich andere unterstützen in Liebe?

Eine kleine Glaubensreise

Ich lade dich zu einer kleinern »Glaubensreise« ein: Nehmen wir an, wir wären ewiges Bewusstsein. Das bedeutet, wir würden in Ewigkeit da oben irgendwo herumschweben. Vielleicht als Quantenenergie, vielleicht als Seele oder vielleicht auch als Fussel. Und vielleicht ist es ja so, dass wir da oben 2.000 Jahre lang Harfe spielen, die Wolken putzen und neue Planeten erschaffen. Wer weiß das schon so genau. Und ab und zu dürfen wir uns materialisieren, eine Körperhülle aussuchen, um auf der Erde und vielleicht ja auch mal anderswo Erfahrungen zu sammeln. Mal als afrikanischer Löwe, mal als Guru in Indien, mal als Autor in Deutschland und mal als Wurm im Amazonasdschungel – worauf du gerade Lust hast und was du Neues ausprobieren willst.

Vielleicht ist die Zeit hier auf Erden ja unsere »Urlaubszeit«, die wir uns mit der ewigen Arbeit im Himmel verdienen? Und da wollen wir doch mal ein paar interessante, aufregende Erfahrungen sammeln, oder nicht? Wir wissen es nicht. Wir glauben. Und da ja nicht wirklich jemand mal zurückgekommen ist, um uns live zu berichten, können wir es nicht wirklich wissen beziehungsweise bleibt uns nur der Glaube. Und deswegen sammeln wir eventuell die unterschiedlichsten Erfahrungen in unseren verschiedenen Leben. Mal kommen wir als afrikanisches Kind zur Erde, das nach zwei Jahren den Hungertod stirbt, und beim nächsten Ausflug auf die Erde probieren wir das Leben eines erfolgreichen Rockstars aus.

Ich weiß, das klingt alles provokativ. Bitte löse dich einmal nur zum Spaß von alten Gedankenmustern, wie etwas zu sein hat. Es ist ja nur ein Gedankenspiel. Ich will damit deinen Glauben nicht infrage stellen. Ich möchte nur, dass du dich auf das Gedankenspiel einlässt, wie es wäre, wenn es vielleicht doch anders wäre als bisher geglaubt.

Würde es nicht das ganze Drama, welches wir uns im Leben machen, drastisch vereinfachen? Würden wir die Dinge, die passieren, nicht in einem neuen Licht betrachten?

Hier, als Mensch auf diesem kleinen Planeten, sind wir nicht mehr als ein Pups im Universum. So viel steht fest. Wir wissen nicht, was unser Verhalten wirklich bewirkt. Und wir können absehen, dass unser Verhalten heute in 100 Jahren wahrscheinlich keine Rolle spielen wird. Na gut, vielleicht ein bisschen. Doch kümmert diese kleine durch dich bewirkte Veränderung diesen Planeten etwas? Das Universum? Nicht wirklich. Heißt das nun, dass ich unverantwortlich handeln darf? Sozusagen den universellen Freiheitsschein für ein Sch...-Verhalten habe? Mitnichten. Doch das Gedankenspiel relativiert vielleicht dein Lebensdrama und die vielen negativen Bewertungen, die du bisher vorgenommen hast.

Für mich ist es unendlich sinnvoll, einen Glauben zu haben, der mir hier in der Zeit auf Erden guttut. Ist das egoistisch? Ja, vielleicht. Doch der Begriff »Egoismus« ist vielleicht auch nur bewertend und meint schlicht, dass jemand etwas für sich selbst tut. Ich bin zu 100 Prozent bei dir, dass wir uns Gedanken machen dürfen, ob unser Tun das Leben anderer Menschen beeinträchtigt oder Tiere, die Natur und den Planeten insgesamt. Doch ist nichts daran verwerflich, sich selbst etwas Gutes zu tun, solange wir auf andere und die Welt, in der wir leben, Rücksicht nehmen.

Und das kann doch auch die Wahl eines eigenen Glaubens sein, der dir jeden Tag gute Gefühle verursacht. Was für ein Paradigmenwechsel! Sich selbst guttun! Sich selbst lieben!

Ich weiß, dass du Liebe wahrscheinlich anders kennengelernt hast. So wie ich auch. Und zwar auf der unbewussten Ebene: Liebe war immer an eine Kondition geknüpft: »Wenn du dein Zimmer aufräumst, dann darfst du auch fernsehen«, oder »Wenn du eine Eins geschrieben hast, dann darfst du auch studieren ...« Das waren die einfachen Liebe-wenn-dann-Verknüpfungen.

In meiner Glaubenswelt können wir andere nur wahrhaftig lieben und ihnen guttun, wenn wir uns selbst lieben, so wie wir sind. Und wenn wir uns selbst guttun. Du darfst diesen Glauben für dich prüfen. Wenn also – einmal angenommen – »Urlaubszeit« wäre, was würdest du tun?

Nun, was tun wir im Urlaub? Wir lassen es uns gut gehen. Wir tun verstärkt das, was uns gute Gefühle beschert. Wir bereisen ferne Länder, um neue Erfahrungen zu sammeln. Wir gönnen uns endlich mal eine Massage, legen uns faul an den Strand, lesen die Bücher, die wir schon immer lesen wollten, nehmen uns Zeit für unsere Familie oder Freunde. Verbringen romantische Stunden am Strand mit unseren Liebsten ...

In diesem Kontext »Urlaub« ergeben die ersten vier Erfolgsfaktoren noch mehr Sinn:

> Du machst dir Gedanken, was du gerne Schönes im Urlaub erleben möchtest: deine Vision.
> Du planst Reisen, Aktivitäten: deine fokussierten Ziele.
> Du überlegst dir, wenn Dinge nicht so gut laufen, wie du das lösen kannst: deine Strategien, um Hindernisse zu beseitigen. (Zum Beispiel fragst du im Hotel nach einem besseren Zimmer, wenn du ein dunkles, lautes bekommen hast.)
> Und dann lernst du vielleicht im Urlaub eine neue Sportart wie Surfen oder Tauchen oder eine neue Sprache: dein Training.

Wie gesagt, ich habe keine Ahnung, ob das so ist. Doch als ich diese Idee das erste Mal vom NLP-Trainer Marc A. Pletzer gehört habe, rief ich sofort: »Den Glauben nehme ich.«

Ja, du hast richtig gehört, ich nehme mir einen Glauben. Denn wie gesagt, es ist nur ein gedankliches Konstrukt. Und mir hilft dieses Konstrukt noch mehr, mich jeden Tag gut zu fühlen, mir Gutes zu tun. Und damit noch mehr Energie zu haben, um andere Menschen zu unterstützen. Um noch liebevoller zu sein, wenn Menschen in meine Nähe kommen, die so anders sind als ich selbst. So entsteht Toleranz. Und gerade in diesen Zeiten ist es doch das, was dieser Planet so dringend braucht.

Dieser Glaube gibt mir noch mehr dieses Gefühl, jeden Moment genießen zu dürfen. Auch der Glaube, dass ich zu 100 Prozent verantwortlich bin für mich selbst, hilft mir in meinem Lebenskonzept. So erreiche ich die Dinge, die ich möchte.

Wenn du verstehen willst, dass dies alles nur gedankliche Konstrukte sind, die nicht real sind, wirst du dich von vielen einengenden Konventionen und damit eventuell auch negativen Gefühlen befreien können. Ich sage deswegen nicht, dass mein Glaube der richtige Glaube ist. Es ist ja nur meiner, und ich frage dich: Was macht dein Glaube mit dir?

Während ich diese Zeilen schreibe, sitze ich im »Wild Honey« in Singapur, habe eine wunderbare Nacht mit einer atemberaubenden Frau hinter mir und genieße zum Frühstück superleckere, knusprige Waffeln mit Mango- und Bananenscheiben mit Maracujacreme sowie einen sehr guten Cappuccino. Wenn du mal in Singapur bist, besuche diesen magischen Ort.

Ich *glaube*, ich habe mir das verdient. Und ich *glaube*, du auch!

So viel zu: »Das Leben ist hart.« Mein Glaubenssatz ist: »Das Leben darf leicht sein.«

Und weißt du was? So ganz persönlich von mir zu dir, lieber Leser?

Seitdem ich diesen Glauben habe, ist das Leben um so vieles leichter geworden. Denn der Glaube versetzt Berge!

III
Change your life

oder Die zwölf Bereiche unseres Lebens
und ihre bewusste Gestaltung

Das Lebensrad

Alles, was wir sind, ist ein Ergebnis von dem,
was wir gedacht haben.

Buddha (563–483 v. Chr.),
Religionsstifter

Mit dem Lebensrad kannst du nur gewinnen. Dieses Glücksrad hält keine hübsche Blondine in den Händen, sondern du selbst. Du bist die einzige Person in diesem einen Leben, die dieses Leben verändern wird. Du denkst, dass du so bist, wie du bist, weil deine Eltern dich nicht genug geliebt haben? Oder du konntest zu wenig Selbstbewusstsein aufbauen, weil deine Klicke dich damals unter Wasser gehalten hat und ein Schulkamerad dir ständig das Pausenbrot geklaut hat? Wenn du das denkst, dann hast du recht!

Ja, Erlebnisse in unserer Kindheit und Jugend haben einen sehr starken Einfluss auf unser Leben als Erwachsene, wenn sie sich wiederholten und starke Emotionen ausgelöst haben. Und nun?

Jetzt darfst du Verantwortung übernehmen und das Kind-Ich und das Moral-/Gesellschafts-Ich loslassen. Wenn du dein Leben so gestalten willst, wie es sich für *dich* gut anfühlt.

100 Prozent Verantwortung

Ich erinnere dich: Verantwortung ist digital, entweder du hast sie zu 100 Prozent oder gar nicht. Entweder immer oder nie. Natürlich gibt es Dinge im Leben, auf die wir keinen Einfluss haben. Aber wir können in jeder Sekunde Verantwortung für unsere Reaktion darauf übernehmen. Wir treffen die Entscheidungen für unser Verhalten. Kein anderer. Punkt. Du denkst jetzt vielleicht an eine schwere Erkrankung, die du einmal hattest? An die sterbenden Kinder in Afrika? An eine Naturkatastrophe oder den Tsunami damals in Thailand?

Yep, es passieren Dinge auf diesem Planeten, die uns ein negatives Gefühl verursachen und uns fragen lassen: »Warum ich?« Die Heilung besteht im Loslassen. Das ist alles Vergangenheit. Wir widmen uns dem JETZT und kommen zum zentralen Thema dieses Buches, deiner Transformation mithilfe des Glücksrads.

Das Glücksrad findet sich in der Literatur in unterschiedlichen Varianten: mit acht Bereichen, mit sechs Feldern, mit anderen Begriffen. Das Lebensrad, das ich dir vorstelle, ist das Ergebnis meiner langjährigen Erfahrung als Coach. In diesem Rad ist alles enthalten, was das Leben ausmacht. Überprüfe es für dich. Wenn dir etwas fehlt, ergänze es für dich.

Der erste Schritt

Zuerst bewertest du diese zwölf Segmente des Lebens für dich: Wie zufrieden oder glücklich bist du in den einzelnen Bereichen auf einer Skala von null (innen) bis zehn (außen). Null bedeutet sehr, sehr unzufrieden und zehn ist das Optimum.

Ich empfehle dir, auf die letzten vier bis sechs Monate zurückzublicken. Sollte sich in diesen Monaten etwas drastisch verändert haben, so nimm das Gefühl, das zu deiner aktuellen Situation besser passt.

Stopp. Noch nicht davongaloppieren! Bleibe bei mir. Wir gehen die Bereiche zusammen durch. Schritt für Schritt.

Ich erkläre dir kurz jeden Bereich, und dann darfst du ausmalen. Ja, du hast richtig gelesen, ich möchte, dass du das Lebensrad für dich ausmalst. Wenn dir dieses wunderbare Buch zu schade ist, um darin herumzukritzeln, kannst du das Glücksrad entweder kopieren oder ausdrucken. Hier findest du die Vorlage:

www.change-als-chance.com

Beantworte kurz folgende Fragen und achte auf dein Gefühl. Die Zahl, die dir als Erstes in den Sinn kommt, ist die richtige. Wir fangen oben rechts bei *Gesundheit* an. Lies dir immer vorher die unten stehenden Fragen durch, bevor du einen Bereich ausfüllst.

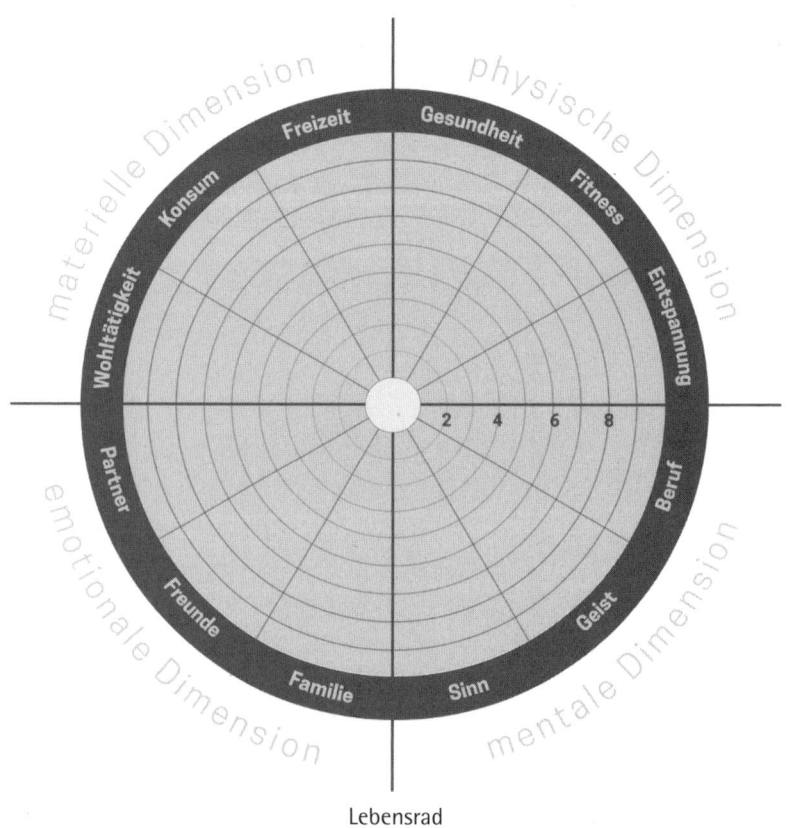

Lebensrad

Fragen, die dich unterstützen

Gesundheit

Wie zufrieden bist du mit deiner Gesundheit? Bist du häufig erkältet? Hast du häufig Rücken- oder andere Schmerzen? Hast du eine schwerwiegende Erkrankung, die eine medikamentöse Therapie über einen längeren Zeitraum verlangt?

Fitness

Wie fit fühlst du dich? Wie gut kommst du in den vierten Stock eines Hauses ... ohne Fahrstuhl und mit zwei schweren Taschen? Wie viele Liegestütze, Klimmzüge und Kniebeugen schaffst du? Brauchst du morgens erst mal eine halbe Stunde Gelenk-Reanimation?

Entspannung

Gönnst du dir genügend Schlaf, sodass du dich morgens frisch und voller Energie fühlst? Schläfst du durch? Schläfst du gut ein? Gönnst du dir genügend kleine Pausen während der Arbeit, um dein System wieder auf *Reset* zu bringen? Oder hast du eher das Gefühl, ausgebrannt zu sein?

Beruf

Gibt oder raubt dir dein Beruf mehr Energie, als du möchtest? Machst du deinen Job, um die Miete zu bezahlen? Oder hast du Spaß dabei? Hast du das Gefühl, dass du deine Meta-Programme ausleben kannst und häufig in den Flow kommst? Ist dein Beruf sogar deine Berufung?

Mentale Kraft (Geist)

Wie viele Fachbücher und Bücher, die dich geistig fördern und fordern, liest du im Jahr? Wie viele Seminare besuchst du? Lernst du neue Dinge in deinem Leben, eine neue Sprache, eine neue

Sportart, koordinative Übungen? Fühlst du dich mental stark und kreativ? Kannst du dich über einen längeren Zeitraum gut konzentrieren?

Sinn

Hast du das Gefühl, dass dein Leben, so wie es jetzt verläuft, wirklich sinnvoll ist? Oder hast du eher ein Hamsterrad-Gefühl und fragst dich oft:»Warum mache ich diesen Sch...?« Hast du das Gefühl, auf einem guten Weg zu deinem Lebenstraum zu sein? Siehst du eine größere Aufgabe in deinem Leben, die über allem steht?

Der eine fühlt sich erfüllt, wenn er zwei Kinder gezeugt hat, die halbwegs geradeaus laufen können, der andere sammelt Briefmarken, und wieder ein anderer möchte eine Delle im Universum hinterlassen, diesen Planeten mit seinem Tun verbessern. Was ist dein Sinn, und hast du das Gefühl, dass du auf einem guten Weg bist?

Familie

Hast du eine gute Beziehung zu deinen Eltern? Hast du das Gefühl, ihnen nahe zu sein? Siehst du sie so oft, wie es dir guttut? Oder siehst du sie zu häufig oder zu selten? Hast du alle die Fragen gestellt, die du deinen Eltern noch stellen wolltest? Kannst du so sein, wie du bist, wenn du bei deinen Eltern bist? (Die Schwiegereltern lasse ich mal außen vor ...)

Hast du ein gutes Verhältnis zu deinen Kindern? Und zum Rest der Familie?

Freunde

Damit meine ich nicht die Facebook-»Freunde«, sondern reale Freunde, mit denen du Zeit verbringst. Bei denen du sein kannst, wie du bist. Hast du Freunde, die für dich da sind, wenn es dir mal schlecht oder auch sehr gut geht? Kannst du das mit ihnen teilen?

Würdest du sie gern öfter sehen? Tust du nach deinem Gefühl genügend für den Erhalt dieser Freundschaften?

Partner

Bist du zufrieden oder sogar superglücklich in deiner Beziehung oder mit deinem Single-Leben? Wenn du zwei Partnerschaften hast, kannst du ja einen Trennstrich machen. Du merkst, ich bewerte nicht, denn es geht ja um dein Leben, nicht um meine Interpretation. In manchen Ländern haben Menschen mehrere Partner. Es ist in Ordnung, wenn es dich glücklich macht, zwei Partner gleichzeitig zu haben und du dabei ehrlich und respektvoll bist. Manche Menschen wachen auf und sind dankbar, dass der Partner neben ihnen liegt, er ist für sie wie ein zweiter Sonnenaufgang. Und andere drehen sich lieber noch mal um, wenn sie ihren Partner morgens sehen. Gibt dir deine Beziehung Energie, oder raubt sie dir Energie?

Wohltätigkeit

Was tust du für andere Menschen, ohne eine Gegenleistung zu verlangen? Spendest du? Hilfst du ehrenamtlich? Hast du eine Stiftung mit aufgebaut? Hilfst du einer älteren Nachbarin beim Einkaufen? Würdest du gern mehr machen? Oder hast du das Gefühl, dass das, was du tust, ausreicht? Noch mal: Es geht nicht um Quantität. Es geht um dein Gefühl, »passt oder passt nicht«.

Konsum

Hast du den Eindruck, dass zu oft am Ende des Gehalts noch zu viel Monat übrig ist? Kannst du dir die Dinge leisten, die du begehrst? Hast du eher ein Gefühl ständigen Mangels, als ob du jeden Euro umdrehen müsstest? Oder hast du das Gefühl, im Überfluss zu leben? Dieses Gefühl hängt erwiesenermaßen und erstaunlicherweise nicht von deinem Kontostand und der Menge des Geldes ab, die dir zur Verfügung steht. Hast du das Gefühl von finanzieller Freiheit?

Freizeit

Hast du das Gefühl, genügend Zeit für dich zu haben? Der eine braucht zwei Stunden am Tag und der andere zwei Stunden in der Woche. Würdest du gern mehr Zeit für dich haben? Hast du Zeit für deine Hobbys? Wie sieht es mit Urlaub aus? Kannst du am Wochenende abschalten?

Male nun die zwölf Bereiche aus. Schreibe nicht einfach nur die Zahl in das Rad, sondern male es wirklich aus. Es ist jetzt sehr wichtig, dass du diesen Schritt wirklich machst und nicht nur liest. Wenn du dies nicht tust, brauchst du das Buch nicht weiterzulesen. Es ist die Voraussetzung für die nächsten Schritte. Vertraue mir. Wenn du nur eine Übung in diesem Buch machst, dann diese!

Wenn du unerfüllt und unzufrieden bist, malst du eher die Bereiche eins bis drei aus. Wenn dein Leben okay ist, dann eher die vier bis sieben, und wenn du absolut begeistert bist, sind es die Segmente acht bis zehn. Zehn bedeutet absolut erfüllt und glücklich zu sein: Du kannst dir dein Leben gar nicht besser vorstellen als so, wie es gerade ist.

Und, wie ist es?

Wie ausbalanciert ist dein Leben? Wie fühlt sich das an, wenn du das Lebensrad nun insgesamt betrachtest? Wo gibt es noch Potenzial, um ganzheitlich und erfüllt erfolgreich zu sein? Erfolg ohne Erfüllung ist Misserfolg, sorge dich also nicht um eine Work-Life-Balance, sondern eher um eine Balance der zwölf Lebensbereiche. Für mich gibt es fünf Hauptthesen beziehungsweise Fragen mit diesem Lebensrad:

1. Wenn du keine Zehn hast in einem Bereich, was fehlt dann? Es ist ein gefühlter Mangel.

2. Was wirst du ab morgen tun, um dein Leben erfüllter zu gestalten?
3. Erfolg in einem Bereich bringt dir nichts ohne Erfüllung in allen Bereichen.
4. Es gibt nur eine Person, die für die Veränderung dieses Zustandes verantwortlich ist. Ach, das hatten wir schon: Verantwortung ist digital!
5. Dieses Lebensrad ist das exakte Abbild deiner Gedanken der letzten Jahre, vielleicht sogar Jahrzehnte.

Und jetzt kommt's: Auch dieses Lebensrad ist schon wieder das Abbild einer Bewertung, die dich vergleichen lässt. Und du weißt ja, dass Vergleichen die Anleitung zum Unglücklichsein ist. Will ich dich nun also unglücklich machen? Nein!
Es gibt Menschen, die hatten einen schweren Verkehrsunfall und geben sich dennoch für den Bereich Gesundheit eine Zehn. Wie kann das sein? Weil sie das annehmen, was ist. Sie sind dankbar dafür, dass sie überlebt haben. Die Frage, die du dir also immer wieder stellen darfst, ist: Womit beziehungsweise mit wem vergleiche ich mich?

Wahnsinniger Gott oder liebendes Universum?

Ich will noch einmal das Thema Verantwortung auf den Tisch bringen, weil es für deine Transformation so elementar ist:
Es ist schon einige Jahre her. Es handelte sich um einen Kunden, der damals seine eigene Firma gegründet hatte und bei dem die mentale Dimension sehr erfüllt war. Er war geistig gefordert, liebte seinen Beruf und empfand seine Tätigkeit als erfüllend. Weil seine Firma erfolgreich war, sah die materielle Dimension ebenfalls perfekt aus. Er konnte sich alles leisten, besaß eine Luxussegeljacht, ein wunderschönes Haus bei München und hatte, wie es so schön

heißt, ausgesorgt. Selbst seine physische Dimension war hervorragend. Er gönnte sich schon lange einen Personal Trainer, der ihn gesund und fit hielt, und somit achtete er auch bewusst auf Entspannung. Also auch hier gab es eine Zehn!

Nur in der emotionalen Dimension gab es Entwicklungspotenzial. Nicht nur, dass er nicht das beste Verhältnis mit seinen Eltern pflegte, er formulierte es an einem Tag so: »Frauen sind echt schwer!« Er blickte auf drei Ehen mit stressigen Scheidungen zurück und hatte in den Zeiten zwischen den Ehen über 20 Lebensabschnittsgefährtinnen. Er war verzweifelt und schob die Verantwortung unbewusst weg. Ich stellte ihm nur eine Frage: »Wer war bei den drei Ehen und den 20 Beziehungen immer dieselbe Person auf der Bühne des Dramas?«

Die Frage fand er gar nicht lustig. Doch es ist, wie es ist. Ist dir schon einmal aufgefallen, dass es immer die gleiche Person ist, die in deinem Leben in der Nähe ist, wenn es viele Probleme gibt?

DU!

Wenn du also wirklich willst, dass dieses Buch die Veränderung bewirkt, die du dir insgeheim wünschst, dann übernimm endlich und für immer und zu 100 Prozent Verantwortung für dein Leben. Dazwischen geht nichts. So ein bisschen Verantwortung ist wie Kaffee ohne Koffein, ein Auto ohne Lenkrad, ein unsichtbarer hoher Absatz im Männerschuh, ein BH ohne Busen ... Das Wichtigste und Beste ist nicht drin! Es gibt übrigens auch nicht »ein bisschen« Führungskraft, Partnerschaft, Schwangerschaft, Vaterschaft. Entweder du gestaltest dein Leben selbst oder nicht.Wenn du dir mehr Liebe und Aufmerksamkeit in deiner Beziehung wünschst, darfst du anfangen, mehr Liebe zu geben. »Ja, aber wenn meine Frau endlich anfangen würde ...« Vergiss es! Schluss mit dem Kindertalk. Du bist erwachsen, kannst allein aufs Klo gehen und somit auch Verantwortung übernehmen.

Wenn du mehr finanziellen Reichtum in deinem Leben haben willst, darfst du dir Strategien überlegen, zu mehr Geld zu kommen. »Ja, aber die Wirtschaft ist gerade so schwer ... mein Chef lässt mich nicht ... Die Kunden sind gerade so zögerlich ...« Wahrscheinlich gibt es so viele Ausreden wie Sterne am Himmel. Unendlich viele. Nur bringen die dich nicht dorthin, wo du hinwillst: In das gesegnete Land der Zufriedenheit, des Glücks, des Spaßes und des inneren und äußeren Reichtums.

Bist du bereit?

Vor dir liegt *dein* Lebensrad, und du siehst, woran du noch arbeiten darfst, in welchen Bereichen dich die meisten Aufgaben erwarten, um dein Leben so zu verändern, dass du erfüllt wirst. Die fünf Erfolgsstrategien helfen dir auf diesem Weg. Du erarbeitest nun Schritt für Schritt für jeden der Bereiche oder Dimensionen aus dem Lebensrad die 5 Erfolgsstrategien. Wenn du nicht in das Buch hineinschreiben möchtest, hier noch einmal der Link zum Download:

www.change-als-chance.com

Erfolgsplan für die physische Dimension

Gesundheit – Fitness – Entspannung

Physische Erfüllung bedeutet, ein hohes Lebensenergie-Niveau zu haben, schmerzfrei und körperlich frei, also uneingeschränkt beweglich zu sein. Für mich ist dieser Zustand das Ergebnis von Ausgewogenheit, Entspannung. Ein Wechselspiel von Training und Erholung, von Anspannung und Entspannung führt zu diesem Gleichgewicht, ist die Voraussetzung für physische und psychische Gesundheit.

Fühlst du dich schlapp und kraftlos oder physisch gut bis stark? Sprühst du vor Kraft und Energie oder kämpfst du dich durch den Tag? Bewältigst du die körperlichen Anforderungen im Alltag eher schwerfällig, oder fallen sie dir leicht? Wie wichtig ist es für dich, physisch stark zu sein? Und vor allem: Was tust du aktiv dafür? Wie wohl fühlst du dich in deinem Körper?

Was ist deine Vision?

Mache dir jetzt Gedanken, wie du vielleicht in 5, in 10, in 20 oder 30 Jahren sein möchtest.

Woran wirst du erkennen, dass du deine Vision realisiert hast?

Welche inneren Bilder siehst du, die du vielleicht noch nicht auf dein Visionboard gemalt oder als Collage auf dem Visionboard gesammelt hast?

Was sind deine Ziele?

Woran wirst du erkennen, dass du dich täglich, Woche für Woche, der Realisierung deiner Vision näherst?

Formuliere deine Visionen in konkrete Ziele und Teilziele um. Das heißt, versehe die Realisierung der Visionen jeweils mit konkreten Zeitangaben, wann du die einzelnen Visionen verwirklicht haben möchtest. Wichtig ist: Begründe unbedingt, warum du dieses oder jenes Ziel erreichen möchtest. Welches Gefühl verbindest du mit dem Erreichen des Ziels?

Ein Beispiel für die Formulierung: Ich gehe dreimal die Woche 15 Minuten zum Krafttraining, damit ich im Winter endlich auch die schwarze Piste runterkomme.

Notiere genau für jedes einzelne Ziel und die Teilziele bis dorthin:

Was?
Bis wann?
Wie oft? (einmalig/täglich/wöchentlich/monatlich/jährlich)

Hindernisse strategisch ausräumen

Was wirst du tun, wenn es einmal nicht so läuft, wie du es dir vorgestellt hast?

Schreibe auf, welche Möglichkeiten und/oder Alternativen es gibt, um deine selbst gesetzten Aufgaben für das Erreichen deiner Ziele zu erfüllen.

Wie kannst du deine Zeit besser einteilen, um deine Aufgaben/Trainingseinheiten/Rituale/Gewohnheiten in dein Leben zu integrieren? Kannst du manche erste Schritte eventuell delegieren?

_____

_____

_____

_____

_____

_____

_____

_____

Aktivitäten: Was wirst du für dich tun?

Welche neuen Aktivitäten/Gewohnheiten wirst du in dein Leben bringen, die du gut und einfach kontrollieren kannst? Was sind neue Verhaltensweisen, die dich bei der Realisierung deiner Visionen unterstützen?

Hier ein paar Beispiele von mir:

> Ich schlafe mindestens sechs Stunden, nach Möglichkeit auch 7,5 Stunden.
> Jeden Morgen mache ich meine Prep-Übungen inklusive Sonnengruß.

> Ich esse primär *Lebens*-Mittel, keine *Tot*-Mittel.
> Ich mache jeden Tag möglichst einen Powernap nach dem Mittagessen.
> Ich trainiere an mindestens 6 Tagen die Woche etwa 1 Stunde abwechselnd Kraft und Ausdauer.
> Ich gehe regelmäßig zu Vorsorgeuntersuchungen.
> Ich gönne mir einmal die Woche einen Saunagang oder eine Massage.

Notiere genau für jede einzelne Aktivität:

Was?
Bis wann?
Wie oft? (einmalig/täglich/wöchentlich/monatlich/jährlich)

_____

_____

_____

_____

_____

_____

_____

_____

Was sind deine Glaubenssätze/Überzeugungen/Vorannahmen?

Schreibe dir auf, welche Glaubenssätze und Assoziationen dir zu den Themen *Gesundheit – Fitness – Entspannung* einfallen – ohne die Sätze zu bewerten. Notiere einfach nur, was dir als Erstes einfällt. Und überlege in einem zweiten Schritt:
Welche von diesen Glaubenssätzen begrenzen dich, engen dich ein, limitieren dich?

_____

_____

_____

_____

_____

_____

Durch welche positiven Glaubenssätze kannst du sie ersetzen?

_____

_____

_____

_____

_____

_____

_____

Erfolgsplan für die mentale Dimension

Sinn – Geist – Beruf

Erfüllung im Beruf, mentale Kraft und Sinnhaftigkeit lassen mich bei der Arbeit und auch im privaten Leben in einen Flow kommen. Das Leben darf leicht sein. Das Gefühl, etwas Sinnvolles zu tun und sich ständig geistig und beruflich weiterentwickeln zu können, ist einzigartig. Mentale Kraft bedeutet für mich, meine Gedanken immer schneller und besser kontrollieren zu können. Woran kannst du deine berufliche Erfüllung messen? Lebst du deine Berufung? Wie sieht für dich ein sinnerfülltes Leben aus? Kannst du deine Stärken und deine positiven Meta-Programme ausleben? Bildest du dich beruflich und persönlich ausreichend mit Literatur und Seminaren weiter?

Was ist deine Vision?

Mache dir jetzt Gedanken, wie du vielleicht in 5, in 10, in 20 oder 30 Jahren sein möchtest.

Woran wirst du erkennen, dass du deine Vision realisiert hast?

Welche inneren Bilder siehst du, die du vielleicht noch nicht auf dein Visionboard gemalt oder als Collage auf dem Visionboard gesammelt hast?

Was sind deine Ziele?

Woran wirst du erkennen, dass du dich täglich, Woche für Woche, der Realisierung deiner Vision näherst?

Formuliere deine Visionen in konkrete Ziele und Teilziele um. Das heißt, versehe die Realisierung der Visionen jeweils mit konkreten Zeitangaben, wann du die einzelnen Visionen verwirklicht haben möchtest. Wichtig ist: Begründe unbedingt, warum du dieses oder jenes Ziel erreichen möchtest. Welches Gefühl verbindest du mit dem Erreichen des Ziels?

Ein Beispiel für die Formulierung: Ich gönne mir jeden Morgen 15 Minuten Meditation vor dem Frühstück, um das Gefühl von Dankbarkeit und den Fokus auf das Wesentliche durch den Tag zu behalten.

Notiere genau für jedes einzelne Ziel und die Teilziele bis dorthin:

Was?
Bis wann?
Wie oft? (einmalig/täglich/wöchentlich/monatlich/jährlich)

_____

_____

_____

_____

_____

_____

_____

_____

Hindernisse strategisch ausräumen

Was wirst du tun, wenn es einmal nicht so läuft, wie du es dir vorgestellt hast?

Schreibe auf, welche Möglichkeiten und/oder Alternativen es gibt, um deine selbst gesetzten Aufgaben für das Erreichen deiner Ziele zu erfüllen. Wie kannst du deine Zeit besser einteilen, um deine Aufgaben/Trainingseinheiten/Rituale/Gewohnheiten in dein Leben zu integrieren? Kannst du manche erste Schritte eventuell delegieren?

_____

_____

_____

_____

_____

_____

_____

_____

Aktivitäten: Was wirst du für dich tun?

Welche neuen Aktivitäten/Gewohnheiten wirst du in dein Leben bringen, die du gut und einfach kontrollieren kannst? Was sind neue Verhaltensweisen, die dich bei der Realisierung deiner Visionen unterstützen?

Hier ein paar Beispiele von mir:

> Ich lese oder höre jeden Tag mindestens 15 Minuten Fachliteratur, um mich weiterzubilden.
> Ich meditiere jeden Tag mindestens 10 Minuten, um meinen Geist zu fokussieren.

> Ich gönne mir jeden Tag eine Aktivität der Freude aus meiner Energie-Engel-Liste und integriere etwas, was mir guttut und mir gute Gefühle verschafft.

> Ich helfe jeden Tag einem oder mehreren Menschen, damit es ihm oder ihnen besser geht.

> Ich plane jeden Morgen meinen Tag und mache mir dabei meine Visionen und meine Ziele bewusst.

> Ich tue mindestens eine Sache, die mich oder mein Unternehmen beruflich voranbringt.

Notiere genau für jede einzelne Aktivität:

Was?
Bis wann?
Wie oft? (einmalig/täglich/wöchentlich/monatlich/jährlich)

_____

_____

_____

_____

_____

_____

_____

_____

_____

Was sind deine Glaubenssätze/Überzeugungen/Vorannahmen?

Schreibe dir auf, welche Glaubenssätze und Assoziationen dir zu den Themen *Sinn – Geist – Beruf* einfallen – ohne die Sätze zu bewerten. Notiere einfach nur, was dir als Erstes einfällt. Und überlege in einem zweiten Schritt:
Welche von diesen Glaubenssätzen begrenzen dich, engen dich ein, limitieren dich?

_____

_____

_____

_____

_____

_____

Durch welche positiven Glaubenssätze kannst du sie ersetzen?

_____

_____

_____

_____

_____

_____

_____

Erfolgsplan für die emotionale Dimension

Partner – Freunde – Familie

Meine Familie ist gerade in Zeiten der Herausforderungen ein wichtiger Ruhepol in meinem Leben. Hier kann ich auftanken. Hier kann ich um Rat und Hilfe bitten. Freunde geben mir Halt und ehrliches Feedback. Sie inspirieren und fördern mich. Familie, Freunde und meine Lebenspartnerin geben mir Energie. Meine Partnerin ist mein wichtigster Sparringpartner in meiner Persönlichkeitsentwicklung. In diesem Bereich bewege ich mich mit ihr in einer intimen Welt, die ich sonst mit keinem anderen teile.

Wie sind deine emotionalen Beziehungen? Nimmst du dir genügend Zeit für die in deinem Leben wichtigen Menschen? Bist du aktiv oder reaktiv bei der Wiederaufnahme von Kontakten? Rufst du deine Freunde regelmäßig an?

Was ist deine Vision?

Mache dir jetzt Gedanken, wie du vielleicht in 5, in 10, in 20 oder 30 Jahren sein möchtest.

Woran wirst du erkennen, dass du deine Vision realisiert hast?

Welche inneren Bilder siehst du, die du vielleicht noch nicht auf dein Visionboard gemalt oder als Collage auf dem Visionboard gesammelt hast?

Was sind deine Ziele?

Woran wirst du erkennen, dass du dich täglich, Woche für Woche, der Realisierung deiner Vision näherst?

Formuliere deine Visionen in konkrete Ziele und Teilziele um. Das heißt, versehe die Realisierung der Visionen jeweils mit konkreten Zeitangaben, wann du die einzelnen Visionen verwirklicht haben möchtest. Wichtig ist: Begründe unbedingt, warum du dieses oder jenes Ziel erreichen möchtest. Welches Gefühl verbindest du mit dem Erreichen des Ziels?

Ein Beispiel für die Formulierung: Ich verbringe, wenn ich nicht auf Reisen bin, mit meiner Partnerin 30 Minuten gemeinsam in der Natur und bespreche dabei die Dinge, die mich bewegen, um eine erfüllte und emotional nahe Beziehung zu führen.

Notiere genau für jedes einzelne Ziel und die Teilziele bis dorthin:

Was?
Bis wann?
Wie oft? (einmalig/täglich/wöchentlich/monatlich/jährlich)

_____

_____

_____

_____

_____

_____

_____

Hindernisse strategisch ausräumen

Was wirst du tun, wenn es einmal nicht so läuft, wie du es dir vorgestellt hast?

Schreibe auf, welche Möglichkeiten und/oder Alternativen es gibt, um deine selbst gesetzten Aufgaben für das Erreichen deiner Ziele zu erfüllen.

Wie kannst du deine Zeit besser einteilen, um deine Aufgaben/Trainingseinheiten/Rituale/Gewohnheiten in dein Leben zu integrieren? Kannst du manche erste Schritte eventuell delegieren?

_____

_____

_____

_____

_____

_____

_____

Aktivitäten: Was wirst du für dich tun?

Welche neuen Aktivitäten/Gewohnheiten wirst du in dein Leben bringen, die du gut und einfach kontrollieren kannst? Was sind neue Verhaltensweisen, die dich bei der Realisierung deiner Visionen unterstützen?

Hier ein paar Beispiele von mir:

> Ich verbringe täglich Zeit mit Menschen, die mir wichtig sind, sei es am Telefon, per Skype oder ganz real.
> Ich bespreche mit meiner Lebenspartnerin die Dinge, die an diesem Tag schön waren, und plane mit ihr die Dinge, die wir noch erleben wollen.
> Ich überrasche meine Lebenspartnerin oder einen Freund mit einer kleinen Aufmerksamkeit, sei es eine Postkarte, ein Blumenstrauß oder ein spontaner Besuch.

Notiere genau für jede einzelne Aktivität:

Was?

Bis wann?

Wie oft? (einmalig/täglich/wöchentlich/monatlich/jährlich)

_____

_____

_____

_____

_____

_____

Was sind deine Glaubenssätze/Überzeugungen/Vorannahmen?

Schreibe dir auf, welche Glaubenssätze und Assoziationen dir zu den Themen *Partner-Freunde-Familie* einfallen – ohne die Sätze zu bewerten. Notiere einfach nur, was dir als Erstes einfällt. Und überlege in einem zweiten Schritt:
Welche von diesen Glaubenssätzen begrenzen dich, engen dich ein, limitieren dich?

_____

_____

_____

_____

_____

Durch welche positiven Glaubenssätze kannst du sie ersetzen?

_____

_____

_____

_____

_____

_____

_____

Erfolgsplan für die materielle Dimension

Wohltätigkeit – Konsum – Freizeit

Wohltätigkeit, Konsum und Freizeit ausüben und genießen zu können bedeutet für mich, materiell frei zu sein. Geld zu haben ermöglicht es mir, neue Erfahrungen sammeln zu können. Welches Verhältnis hast du zum Geld? Fühlst du dich reich beschenkt vom Leben? Oder empfindest du eher Mangel? Woran machst du Reichtum fest? Kümmerst du dich proaktiv um dein Geld? Wie viel Freizeit benötigst du? Gibst du gerne? Und was tust du, um diesen Planeten ein bisschen besser zu machen?

Was ist deine Vision?

Mache dir jetzt Gedanken, wie du vielleicht in 5, in 10, in 20 oder 30 Jahren sein möchtest.

Woran wirst du erkennen, dass du deine Vision realisiert hast?

Welche inneren Bilder siehst du, die du vielleicht noch nicht auf dein Visionboard gemalt oder als Collage auf dem Visionboard gesammelt hast?

Was sind deine Ziele?

Woran wirst du erkennen, dass du dich täglich, Woche für Woche, der Realisierung deiner Vision näherst?

Formuliere deine Visionen in konkrete Ziele und Teilziele um. Das heißt, versehe die Realisierung der Visionen jeweils mit konkreten Zeitangaben, wann du die einzelnen Visionen verwirklicht haben möchtest. Wichtig ist: Begründe unbedingt, warum du dieses oder jenes Ziel erreichen möchtest. Welches Gefühl verbindest du mit dem Erreichen des Ziels?

Ein Beispiel für die Formulierung: Ich schaue mir täglich meine Finanztabelle an, um meine notwendigen Aktivitäten daraus abzuleiten, damit ich in 15 Jahren meine Vision von der absoluten finanziellen Freiheit realisiert habe und meine Zeit nicht mehr gegen Geld zu tauschen brauche – es sei denn, ich habe Lust dazu.

Notiere genau für jedes einzelne Ziel und die Teilziele bis dorthin:

Was?
Bis wann?
Wie oft? (einmalig/täglich/wöchentlich/monatlich/jährlich)

_____

_____

_____

_____

_____

_____

_____

_____

Was wirst du tun, wenn es einmal nicht so läuft, wie du es dir vorgestellt hast?
Schreibe auf, welche Möglichkeiten und/oder Alternativen es gibt, um deine selbst gesetzten Aufgaben für das Erreichen deiner Ziele zu erfüllen.
Wie kannst du deine Zeit besser einteilen, um deine Aufgaben/Trainingseinheiten/Rituale/Gewohnheiten in dein Leben zu integrieren? Kannst du manche erste Schritte eventuell delegieren?

_____

_____

_____

_____

_____

_____

_____

_____

Aktivitäten: Was wirst du für dich tun?

Welche neuen Aktivitäten/Gewohnheiten wirst du in dein Leben bringen, die du gut und einfach kontrollieren kannst? Was sind neue Verhaltensweisen, die dich bei der Realisierung deiner Visionen unterstützen?

Hier ein paar Beispiele von mir:

> Ich beschäftige mich jeden Tag mindestens 10 Minuten mit meiner finanziellen Situation, sei es, dass ich meine Finanzplanung und Ausgaben aktualisiere oder mir den Aktienstand anschaue.
> Ich höre mindestens einmal pro Woche eine Tonaufzeichnung mit einer Trance zum Thema Reichtum.

> Ich gönne mir jeden Tag meinen Sport, eine andere Aktivität, die mir Freude macht, oder Zeit in der Natur.
> Ich investiere 10 Prozent meiner Zeit und meines Geldes in wohltätige Zwecke.
> Ich habe täglich meine Zielplanung vor Augen, um zu überprüfen, wo ich noch aktiv werden darf, um mein Jahresziel zu erreichen.

Notiere genau für jede einzelne Aktivität:

Was?
Bis wann?
Wie oft? (einmalig/täglich/wöchentlich/monatlich/jährlich)

_____

_____

_____

_____

_____

_____

_____

Was sind deine Glaubenssätze/Überzeugungen/Vorannahmen?

Schreibe dir auf, welche Glaubenssätze und Assoziationen dir zu den Themen *Wohltätigkeit – Konsum – Freizeit* einfallen – ohne die Sätze zu bewerten. Notiere einfach nur, was dir als Erstes einfällt.
Und überlege in einem zweiten Schritt:
Welche von diesen Glaubenssätzen begrenzen dich, engen dich ein, limitieren dich?

_____

_____

_____

_____

_____

_____

Durch welche positiven Glaubenssätze kannst du sie ersetzen?

_____

_____

_____

_____

_____

_____

_____

_____

Essenz

Die Qualität deines Lebens lässt sich *nicht* an der Anzahl deiner Atemzüge bemessen. Es sind etwa 16 pro Minute, also rund 23.000 am Tag und bei durchschnittlicher Lebenserwartung etwa 680 Millionen in deinem Leben. Dein Leben lässt sich aber sehr wohl an den Momenten bemessen, die dir den Atem rauben, weil sie großartig sind. Oder an den Momenten, in denen du Gutes getan hast – dir selbst oder anderen – und du von einem Gefühl der Dankbarkeit durchflutet bist. Ferner an den Momenten, in denen du im Flow bist und deine Träume lebst, in denen du vor Aufregung, Leidenschaft, Sehnsucht oder Begeisterung zerspringen könntest.

Damit du solche Augenblicke möglichst oft erlebst, darfst du bewusst atmen. Denn es ist der bewusste Atemzug, der dich im Hier und Jetzt leben lässt. Beim Meditieren. Setz dich hin und atme. Sei entspannt, genieße dein Leben. Und zwar von morgens bis spät in die Nacht. Denn wenn wir nicht wissen, ob unser Leben und unsere Existenz überhaupt sinnvoll sind in diesem riesigen Universum, sollten wir zu Lebzeiten zumindest Spaß haben – oder?

Denn eines ist sicher: Du wirst diesen Körper nicht lebend verlassen. Und bis zu dem Tag, an dem du ihn verlässt, wünsche ich dir viele wunderbare, spannende, belebende, prickelnde, atemraubende, lehrreiche, orgiastische, berauschende Veränderungen, denn jeder Wandel, jede Veränderung ist eine Chance.

Mit folgenden Versen, die ich für dich geschrieben habe, verabschiede ich mich von dir:

272

Die Kraft deiner Gedanken

Gedanken – sie sind die Quelle deiner Taten.
Drum kann ich dir zur Achtsamkeit raten.

Gedanken – können limitieren, vernichten, verletzen und
zerstören.
Jedoch auch inspirieren, schmeicheln, erschaffen,
heilen und betören.

Drum achte auf deine Gedanken,
Denn sie sind die Quelle deines Lebens.
Die Ursache allen Leidens, Tuns und Strebens.

Gedanken – beeinflussen deine Zellen,
Denn Gedanken sind letztlich Teilchen und Wellen.

Drum achte auf deine Gedanken,
Denn sie können dich erkranken, mental und physisch leiden
lassen.
Besser jedoch deine Zellen heilen, gesunden und bespaßen.

Gedanken – sie breiten sich im Raum aus und wirken
immerdar.
Denn sie beeinflussen Wasser, Materie und DNA.

Drum achte auf deine Gedanken,
Vor allem auf die Sorte derer, die dich selbst entsetzen.
Besser jedoch, dich und andere in gute Gefühle versetzen.

Gedanken – lerne sie zu kontrollieren.
Anstelle dich im Wirbel des Unbewussten zu verlieren.

Drum achte auf deine Gedanken,
Denn sie zerstören und erschaffen,
Lassen Wunsch und Realität auseinanderklaffen.

Gedanken – sie wurden im Kindesalter als Meme gepflanzt.
Und jetzt entscheiden sie, ob du traurig bist oder lebendig tanzt.

Drum achte auf deine Gedanken,
Die negativen Glaubenssätze alter Generationen,
Verabschieden darfst du dich anstelle sie zu klonen.

Gedanken – erschaffen Imperien, Gewalt und Kriege.
Jedoch auch Harmonie, Frieden und Liebe.

Drum achte auf deine Gedanken,
Denn sie sind die Saat sowohl des Bösen als auch des Guten.
Um diesen Planeten und die Menschheit zu schätzen,
sollten wir uns sputen.

Gedanken – der letzte Gedanke gilt dir, lieber Leser,
Für deine Zeit, Energie und dein Feedback danke ich dir
ganz doll.
Change your mind – Transform your body – Heal your soul.

Danksagung

Es ist Zeit, Danke zu sagen. Zum einen, dir, lieber Leser. Danke, dass du dir Zeit genommen hast, meine Gedanken zu teilen. Danke, dass du mir Feedback gibst auf meiner Facebook-Seite. Auch freue ich mich über deine persönliche Zuschrift und Geschichte der Veränderung: office@change-als-chance.com.

Sicherlich haben dich bisher viele gute Menschen auf deinem Weg begleitet, sonst hättest du nicht das Bewusstsein und die Bereitschaft gehabt, dieses Buch zu lesen. So geht es mir auch selbst mit Büchern anderer Autoren. Dieses Buch ist wie ein Extrakt von guten Einflüssen und Energien – das Ergebnis von vielen wertvollen und wunderbaren Menschen, die mein Leben positiv beeinflusst haben.

Zuallererst sind da meine *Eltern*. Ohne sie wäre ich nicht da auf diesem Planeten und da, wo ich aktuell im Leben stehe. Es ist und war diese Liebe, die mir die Kraft gab, meinen Weg zu gehen. Lieber Heinz, du hast mir mit deiner Art und Weise viel »Kontrast« gegeben. Es war nicht immer leicht, dich als Vater zu fühlen. Und genau deswegen bin ich diesen Weg gegangen, den ich gegangen bin. Also danke für deine Energie, die so anders ist als die meinige.

Liebe Barbara, lieber Achim: Danke für eure Liebe. Ich liebe euch. Ich liebe diese Momente, wenn ihr euch nach über 30 Jahren Ehe so verliebt anschaut.

Und dann gibt es da viele besondere Menschen, die mir halfen, meinen Weg zu finden. Vielen habe ich schon in meinen früheren Büchern gedankt. Und ich will es wieder tun:

Willy Hähnel. Der Krankenpfleger, der mich Achtsamkeit und Anspruch ans Leben lehrte und mir seine Begeisterung und Leidenschaft für diesen so wichtigen Job vermittelte. Dein Satz »Slatco, ich bin ein König, du dagegen bist ein Kaiser« hat sich tief in mein Bewusstsein eingebrannt. Danke für deinen Glauben an mich, lieber Willy. Ich hoffe, du hast es schön da oben im Universum und lässt es ordentlich krachen, so wie du es auch zu Lebzeiten hier auf diesem wunderschönen Planeten getan hast.

Die *Keynoter.* Da sind diese ganz besonderen Männer-Kollegen Cristián Gálvez, Markus Hofmann, Bernhard Wolff und René Borbonus an meiner Seite, die mich zu einem besseren Speaker und Menschen haben reifen lassen. Diese Qualitätsgemeinschaft war sicher eine der wertvollsten Gründungen, denn sie macht nicht nur uns fünf Keynoter besser.

Danke dir, lieber *Cristián Gálvez.* Ich bewundere deine Scharfsinnigkeit, und ich bin dir für deine ehrlichen und kritischen Feedbacks immer sehr dankbar. Für mich bist du der beste Moderator, den dieser Planet hat. Uns verbindet die gleiche Passion: Menschen zu vermitteln, welche Heldenreise ihre ureigene ist. Dein Buch *Logbuch der Helden* hat mir sehr geholfen, noch mehr Klarheit über dieses Thema zu bekommen.

Danke dir, lieber *Markus Hofmann.* Du gibst so viel in diese Gemeinschaft, dass es mich immer wieder umhaut. Deine Begeisterung für unseren Job und für das Besserwerden ist ein entscheidender Motor für uns beide. Für dein Vertrauen danke ich dir. Ich bin dankbar, dich als sehr nahen Freund zu haben.

Bernhard Wolff. Von dir durfte ich lernen, was Verbindlichkeit bedeutet. Deine Art und Weise, wie du Projekte angehst und mit welch großem Respekt du anderen Menschen begegnest, beeindruckt mich immer wieder.

René Borbonus. Deine absolute Wertschätzung, dein Respekt und deine Klarheit im Umgang mit anderen Menschen berühren mich immer wieder aufs Neue. Und wenn du auf der Bühne stehst, könnte ich dir stundenlang zuschauen beziehungsweise zuhören. Und da gibt es nur ganz wenige, bei denen mir das gelingt. Wir sehen uns nicht oft, doch habe ich immer dieses Gefühl der nahen Verbundenheit. Deine Stimme geht mir direkt ins Herz. Dafür danke. Du inspirierst mich, noch besser zu werden.

Unsere Seite www.keynoter.de war und ist für viele Kollegen ein Vorbild, und wir haben damit einen Meilenstein gesetzt. Oder anders formuliert: Das ist unsere kleine Delle im Universum. Lasst uns noch viele gemeinsame Feste feiern und diesen Fortbildungs-, Trainer-, Seminar- und Speaker-Markt positiv mit Herz und Verstand beeinflussen. *Peer Flachs.* Du begleitest mich seit nun schon knapp 20 Jahren. Der Austausch mit dir ist einer der wertvollsten, den ich habe. Du nimmst mich so, wie ich bin, und siehst mich nicht als erfolgreichen Speaker, sondern als Mensch. Danke dir auch für die vielen Schmetterbälle, die ich dir nun fast wöchentlich um die Ohren schießen darf. Und für die harten Returns beim Tischtennis. Danke, dass du diese alte Leidenschaft wieder in mein Leben gebracht hast. Allein das Lachen in diesen Stunden reicht für Monate. *Johannes Warth.* Mein persönlicher Mutmacher. Dich auf der Bühne zu erleben ist schon ein Augen- und Ohrenschmaus erster Güte. Für mich bist du einer der Besten. Doch dich als persönlichen Freund zu wissen ist noch viel wertvoller. Unsere philosophischen und persönlichen Gespräche sind immer so anregend. Und die Leidenschaft für das, was wir beide tun, ist herzerfrischend. Unsere noch relativ junge Freundschaft ist schon so tief. Danke! *Rudi Hindenburg.* Mein Bruder. Ich weiß, streng genommen bist du nur mein Halbbruder, doch gefühlt bist du mein Blutsbruder. Vom ersten Augenblick an, als du in diese Welt kamst, habe ich dich geliebt. Ich war stolz, als ich dich in meinem 16. Lebensjahr auf dem Arm herumtrug, und ich bin es noch heute, wenn du auf der Bühne stehst. Ich weiß, du wirst die Theaterkunst noch entscheidend prägen, denn du hast Größe – emotional und handwerklich. Nie werde ich deine Theaterprüfung vergessen, die mich umgehauen hat. Du bist einfach ein toller Typ, und ich kann verstehen, warum so viele Frauen ihr Herz an dich verlieren. Ich liebe deine Tiefsinnigkeit und bin dankbar, dass es dich gibt. Wir hatten bisher viel zu wenig Zeit füreinander. *Wiebke Lüth* und *Marc Pletzer* von der fresh-academy. Danke euch beiden. Ihr seid einfach spitze, und eure Art und Weise, NLP zu vermitteln, ist genial. Bei euch habe ich gelernt, was es wirklich bedeutet, die Bilder aktiv und bewusst zu nutzen, und ich danke euch für das häufige, gemeinsame Lachen. Bei euch habe ich es wiedergefunden und in mein Leben integriert. Dir, lieber Marc, ganz besonderen Dank für den neuen Glaubenssatz beziehungsweise für die geniale Frage: »Was wäre, wenn du als ewiges Bewusstsein mit Tausenden von Jahren auf der Wolke putzen musst und hier auf der Erde gerade Urlaub hast?« Dieser Input hat mein Leben komplett verändert. Danke! Ich teile diesen Satz in meinen Vorträgen und Seminaren, weil ich ihn für so elementar halte. Er breitet sich wie ein gutes Mem in der Welt aus.

Wie du, lieber Leser, sicher bemerkt hast, waren es primär Männer, die mein Leben prägten. Aber es gibt neben meiner Mutter noch einige wenige Frauen, die mein Leben und somit dieses Buch maßgeblich ermöglicht haben.

Jessica Schälicke. Ich bin so froh und dankbar, dass du in mein Leben gekommen bist. Meine liebste Lieblingsassistentin. Du denkst an Dinge, die ich vergesse. Du achtest darauf, dass unser Unternehmen wächst und gedeiht. Du hältst mir auf eine Art und Weise den Rücken frei, dass es eine Freude ist. Deine Ehrlichkeit und Genauigkeit sind so wichtig für mich und meine Kunden. Mit dir fühlt sich Arbeit überhaupt nicht wie Arbeit an. Denn dafür lachen wir einfach zu viel, und ich freue mich auf noch mehr Spaß und Wirksamkeit. Du machst es mir extrem leicht, meine Berufung zu leben. Danke!

Maria Koettnitz. Es war Flow vom ersten Augenblick, als wir uns das erste Mal sahen, um mein Werk sprachlich und gedanklich zu sortieren und zu optimieren. Sie haben es geschafft, dass meine wirren Gedanken eine klare Struktur erhalten, und Ihr sprachliches Geschick hat mein Werk noch geschmeidiger und lesenswerter gemacht. Vielen Dank für Ihr Lektorat.

Katja Sterzenbach. Neun wertvolle Jahre durfte ich mit dir teilen. Das, was uns verbindet und was ich dir zu danken habe, in Worte zu fassen würde es in dem Moment limitieren. Danke.

Literatur

Blackmore, Susan: *Die Macht der Meme oder Die Evolution von Kultur und Geist.* Spektrum, Heidelberg 2000.

Blech, Jörg: *Heilen mit Bewegung: Wie Sie Krankheiten besiegen und Ihr Leben verlängern.* S. Fischer, Frankfurt a.M. 2009.

Borbonus, René: *Respekt!: Wie Sie Ansehen bei Freund und Feind gewinnen.* Econ, Berlin 2011.

Charvet, Shelle Rose: *Wort sei Dank. Von der Anwendung und Wirkung effektiver Sprachmuster. Angewandtes NLP.* Junfermann, Paderborn 6. Aufl. 2012.

Cialdini, Robert B.: *Die Psychologie des Überzeugens. Wie Sie sich selbst und Ihren Mitmenschen auf die Schliche kommen.* Hogrefe, Göttingen, 7. Aufl. 2013.

Dijksterhuis, Ap und Ad van Knippenberg: »Trivial Pursuit. The Relation Between Perception and Behavior, or How to Win a Game of Trivial Pursuit«, in: *Journal of Personality and Social Psychology,* 74, Nr. 4 (1998), S. 865–877.

Ferriss, Timothy, *Die 4-Stunden-Woche. Mehr Zeit, mehr Geld, mehr Leben.* Ullstein, Berlin 2015.

Ders., *Der 4-Stunden-Körper. Fitter – gesünder – attraktiver. Mit minimalem Aufwand ein Maximum erreichen.* Goldmann, München 2014.

Gálvez, Cristián, *Logbuch für Helden: Wie Männer neue Wege gehen.* Knaur, München 2014.

Gollwitzer, Peter M., und John A. Bargh, (Hrsg.): *The Psychology of Action: Linking Cognition and Motivation to Behavior.* Guilford Publications, New York 1996.

Hartmann, Alexander: *Mit dem Elefant durch die Wand. Wie wir unser Unterbewusstsein auf Erfolgskurs bringen. Eine Gebrauchsanweisung.* Ariston, München 2015.

Häusel, Hans-Georg: *Limbic Success. So beherrschen Sie die unbewussten Regeln des Erfolgs. Die besten Strategien für Sieger.* Haufe, Freiburg, 2. Auflage 2006.

Ders.: *Think Limbic! Die Macht des Unbewussten verstehen und nutzen für Motivation, Marketing und Management.* Haufe, Freiburg 2000; 4. Auflage 2010.

Lipton, Bruce, *Intelligente Zellen. Wie Erfahrungen unsere Gene steuern.* KOHA, Burgrain, 2. Aufl. 2016.

Ders. und Bhaerman, Steve: *Spontane Evolution. Wege zum neuen Menschen.* KOHA, Burgrain, 2014.

Losier, Michael J., *Das Gesetz der Anziehung.* Heyne, München 2010.

Robbins, Anthony: *Grenzenlose Energie. Das Powerprinzip. Wie Sie Ihre persönlichen Schwächen in positive Energie verwandeln.* Allegria, Berlin 2004.

Sprenger, Reinhard K.: *Das Prinzip Selbstverantwortung. Wege zur Motivation.* Campus, Frankfurt a.M. 13. Aufl. 2015.

Steele, Claude und Joshua Aronson: »Stereotype Threat and Intellectual Test Performance of African Americans«, in: *Journal of Personality and Social Psychology,* 69, Nr. 5 (1995), S. 797–811.

Yogananda, Paramahansa: *Autobiographie.* Hans-Nietsch, Emmendingen 2006.

Links

Das Steve Jobs-Zitat auf Seite 131f. finden Sie hier:
http://weblogit.net/steve-jobs-letzte-worte-bewegendes-zitat-78287/

Lust auf mehr?

Nun ist unsere gemeinsame Reise erst einmal zu Ende. Erst einmal deswegen, weil du noch viele Möglichkeiten hast, diesen wunderbaren Weg der Veränderung gemeinsam fortzusetzen. Aus eigener Erfahrung weiß ich, dass ein gutes Buch den *Startschuss* auf deinem Weg der Veränderung bedeuten kann. Überlege einmal, was du seit dem Zeitpunkt, an dem du dieses Buch zu lesen begonnen hast, schon alles verändert hast in deinem Alltag. Wie denkst du über Sprache? Welche neuen Gewohnheiten hast du schon in dein Leben integriert? Wie hat sich dein Lebensrad verändert?

Was kannst du tun? Zum einen kannst du meine *Facebook*-Seite besuchen und linken, damit du immer die neuesten Infos von mir erhältst. Du kannst auf meinen Youtube-Channel gehen und meinen *Podcast* bei iTunes downloaden.

Die andere Möglichkeit besteht darin, dich für mein *Jahrescoaching* anzumelden. Online oder offline, wie es dir gefällt.

Mein Online-Coaching findest du unter:
www. iron-mind-academy.de

Wenn du lieber den persönlichen Kontakt suchst, kannst du dich zu meinem exklusiven Jahrescoaching *one-to-one* anmelden. Jedes Jahr arbeite ich sehr intensiv mit maximal fünf Personen. Wir sehen uns über ein Jahr lang einmal im Monat für einen Tag und richten dich immer wieder nach aktuellen Zielen aus, die dich der Realisierung deiner großen Vision näherbringen. Wir lösen limitierende Glaubenssätze auf und wandeln sie in bestärkende um. Ob das eine Angst ist, die sich irgendwann bei dir eingenistet hat, oder ein altes Trauma, das dich immer wieder belästigt und dir Kraft raubt, alles ist möglich. Wir werden positive Glaubenssätze tief in dein Unbewusstes verankern. Du wirst spüren, wie sie als Quelle neuer Kraft wirken.

Vielleicht hast du lieber Lust, eines meiner *Seminare* zu besuchen. Ich habe in meinem Leben bestimmt schon über 100.000 Euro für meine Aus- und Weiterbildungen ausgegeben. Und wenn es dann manchmal nur eine neue Erkenntnis war, die ich mitgenommen habe. Die Summe dieser kleinen Erkenntnisse haben mein Leben geformt. Es ist dieses jederzeit vorhandene Gefühl der Freude, der Dankbarkeit und des inneren Friedens. Und das alles ist durch nichts zu ersetzen.

Ich habe über 30 Jahre gebraucht, bis ich das Leben richtig verstanden und diesen Weg gefunden habe. Das Buch in deinen Händen ist die dokumentierte Essenz. Ich biete dir hiermit einen *Turbo*-Motivationskurs an.

Aus Tausenden von Feedbacks weiß ich, dass meine Seminare wirksam sind. Ich bekomme täglich Zuschriften, wie viel sich im Leben meiner Teilnehmer verändert hat, und das ist wunderbar. Dieses Feedback ist mein Elixier. Gönne dir ein Seminar neben diesem Buch; es beschleunigt deine gewünschte Veränderung. Ich verspreche dir, es wird sich lohnen. Solltest du am ersten Tag nicht absolut begeistert sein, erhältst du dein Geld zurück. Diese *Zufriedenheitsgarantie* gebe ich dir.

Eine weitere Möglichkeit besteht darin, dass du mich in deine Firma für einen Vortrag oder für ein Seminar einlädst. Teile dieses so wertvolle Wissen, welches du nun hast, mit möglichst vielen Menschen. Denn das, was du dir Gutes tust, darfst du mit deinen Freunden und Menschen teilen, die dir wichtig sind.

Ich freue mich schon jetzt, dich persönlich kennenzulernen.

Wenn du mich für einen Vortrag, ein persönliches Coaching oder ein Seminar buchen willst, nimm bitte direkt mit mir Kontakt auf:

STERZENBACH GmbH
Service-Hotline: 0800 - 47 66 64 63 (0800-IRONMIND)
Web: www.slatco-sterzenbach.com
E-Mail: office@slatco-sterzenbach.com

VORLAGEN & ÜBERRASCHUNG FÜR DICH ...

Hier findest du alle PDF-Vorlagen,
die dir im Buch versprochen wurden.

Auch findest du für das Seminar
»Erfinde dich neu« extra für dich als Leser dieses Buches
eine kleine Überraschung ...
Reinschauen lohnt sich!

Du registrierst dich auf dieser Webseite und gibst deine
Daten ein. Und dann erhältst du den Zugang zu allen
Arbeitsunterlagen und der Überraschung.

www.change-als-chance.com

Offene Seminare

ERFINDE DICH NEU

Vier Tage geballtes Wissen, viele Experten und vor allem viel Spaß und intensive Erlebnisse machen dieses Seminar zu einem einzigartigen Seminar. Du wirst ein Feuerwerk der fünf Sinne erleben. Du willst schneller Erfolg haben? Du willst finanziellen Reichtum in dein Leben bringen? Du willst deine Beziehungen auf ein neues Energieniveau bringen und du willst deine Fitness stärken und endlich den Körper haben, den du dir schon immer gewünscht hast? Dann ist dieses Seminar genau richtig für dich. Du wirst deine limitierenden Glaubenssätze verlieren, eine klare Vision entwickeln und die notwendigen Schritte planen, die dafür notwendig sind. Am Ende des Seminars hast du einen klaren Plan und bist zu 100% motiviert.

IRON.MIND

Das Top-Seminar für Führungskräfte, Geschäftsführer und Vorstände; zusammen mit Kickbox-Weltmeister Marko Rajkovic. Dieses Seminar ist für Vorstände, Geschäftsführer und erfolgreiche Selbständige. Die Teilnehmerzahl ist klein und streng begrenzt. Dieses Seminar wird dich an deine physischen und psychischen Grenzen bringen. Knallhart, kompromisslos und ehrlich.

FIT 4 LIFE & BUSINESS

In diesem 2-Tagesseminar lasse ich dich an meinen Kenntnissen und umsetzbaren Techniken für ein gesundes Leben in einem schlanken Körper mit einem fitten Geist teilhaben. Gönn dir pure Lebenskraft in einem bewegten Seminar, viel Praxis und viel Humor. Du wirst deine neu gewonnene Energie in den Wochen danach um bis zu 100% steigern.

CHANGE ALS CHANCE

Warum tun wir nicht die Dinge, die wir doch wissen? Das ist die zentrale Frage, die in diesem sensationell wirksamen Seminar beantwortet wird. Lern, wie du deine Visionen in Leichtigkeit erreichen und wie du dich immer selbst leicht und kraftvoll motivieren kannst. Werd zum Gestalter deines Lebens.

VOLL IM LEBEN

Gönn deinen Kindern einen perfekten Start in ihr Berufsleben. Zusammen mit Erfolgstrainer Jörg Löhr und Gedächtnistrainer Markus Hofmann verschaffe ich deinem Kind den entscheidenden Vorsprung durch Wissen in den Bereichen Motivation, Fitness und Leistung durch richtiges Training und gesunde Ernährung, Entspannung und gehirngerechtes Lernen.

VORTRÄGE

IRON.MIND – Sieger denken anders

Wer bist du wirklich? Darum geht es bei den legendären Ironman-Wettkämpfen. Ich weiß, wer ich bin – schon 17 mal habe ich den IRONMAN TM gefinisht. Lass dich und die Teilnehmer deiner Veranstaltung in dieser packenden Keynote begeistern! Diese Keynote wird ein Highlight deiner Veranstaltung sein – denn ich fahre am Ende der Keynote auf einer freien Rolle balancierend auf meinem Rennrad.

Vortragsthemen: Warum ist Erfolg ohne Erfüllung Misserfolg? Wie funktionieren Visionen wirklich, sodass sie Kraft geben? Wie behalte ich den Fokus bei? Warum sind Krisen die wertvollsten Zeiten unseres Lebens? Wie schaffe ich die mentale Transformation, sodass Veränderung leichtfällt?

DER PERFEKTE TAG – EnergieManagement 10.0

Unterhaltsam. Humorvoll. Lebendig. Authentisch. Der Vortrag zum gleichnamigen Bestseller-Buch. Ich präsentiere zahlreiche sofort umsetzbare Techniken für mehr Energie. Diese Keynote ist ideal für jede Kunden-, Jahres- und auch Vertriebsveranstaltung. Selbstverständlich stimme ich meine Keynote individuell auf deine Bedürfnisse ab. Vortragsfragen: Wie funktioniert wahre und langfristige Motivation? Warum entscheidet die Quantität deiner Muskeln über die Qualität deines Lebens? Warum gönnen sich Löwen, Könige und andere »Alpha-Tiere« den Alpha-Schlaf? Warum sind Gedankenhygiene und Informationsdiät die Basis für deinen Erfolg? Und warum solltest du dich vor der Kohlenhydrat-Lüge hüten?

LEBENSKRAFT STATT BURN-OUT – Raus aus dem Hamsterrad

Ich setze auf das Prinzip »Prävention statt Therapie«. Diese Keynote stärkt wirkungsvoll das Bewusstsein für die Eigenverantwortung jedes Menschen für seine Gesundheit. Ich vermittle dieses spannende Fachthema so kurzweilig und praxisnah, dass die Teilnehmer meine Impulse mit Freude in die Tat umsetzen. Vortragsthemen: Warum ist »Burn-out« ein Indiz für eine aus der Balance geratene Gesellschaft und Individuum? Wie schaffe ich die Balance von An- und Entspannung durch ein kluges Selbstmanagement? Ist in vielen Fällen ein »Burn-out« nicht eher ein »Bore-out«?

CHANGE ALS CHANCE – Veränderung geht schnell und leicht

Vom Krankenpfleger zu einem »... der gefragtesten Motivationstrainer Deutschlands ...« (Süddeutsche Zeitung). Vom absoluten Unsportler zum 17-fachen IRONMAN. Ich weiß, wie Veränderung geht und warum es vielen bisher schwerfällt, sich zu verändern. In diesem denkwürdigen Vortrag erkläre ich, wie unser Gehirn funktioniert und warum es uns so schwerfällt, neue Gewohnheiten in unser Leben zu integrieren und wie uns dies in Zukunft leichterfällt. Ich gehe mit dir auf eine neue mentale Reise zum Ich.

COACHING

Du kannst mich entweder für ein Life-1-to-1-Coaching buchen oder dich online von mir betreuen lassen. Diese neue Form des Online-Coaching hat eine extrem hohe Nachhaltigkeit. Hier findest du mehr Informationen:

Life-1-to-1-Coaching:
www.slatco-sterzenbach.com/coaching

WERTVOLLE LINKS

www.slatco-sterzenbach.com
Hier findest du alle Dienstleistungen auf einen Blick und meinen Trailer.

www.change-als-chance.com
Hier findest du alle im Buch versprochenen Arbeits- und Notizvorlagen als PDF zum Gratisdownload. Und eine kleine Überraschung.

www.keynoter.de
Hier findest du neben mir die von mir geschätzten vier Kollegen für deine Veranstaltung.

https://sterzenbach.bemergroup.com/de
Hier findest du mehr Informationen zu der BEMER-Magnetmatte für eine schnelle Regeneration.

www.lifeplus.com
Hier findest du sehr gute Nahrungsergänzungsmittel der Firma Life Plus, die ich selbst seit mehreren Jahren schon nehme. Der Vorteil liegt zum einen in der natürlichen Quelle der Inhaltsstoffe und somit der Bioverfügbarkeit und zum anderen in der hohen Qualität. Ich habe vor einigen Jahren alle gängigen Nahrungsergänzungsmittel auf das Preis-Leistungsverhältnis getestet und dabei war Life Plus die Nummer 1, wenn es darum ging, wie viel Mikrogramm Nährstoffe pro Cent du bekommst.

www.underarmour.de
Hier findest du funktionelle Sportkleidung für jeden Geschmack.

www.lightweight.info/de/de
Hier findest du die besten Carbonrenn- und Laufräder, die ich kenne.